# 논쟁과 상처

권성우

1963년 서울 출생
서울대학교 국문과 및 동 대학원 박사
1987년 서울신문 신춘문예 평론부문 당선
현재 『문학수첩』 편집위원, 숙명여자대학교 인문학부 교수

저서
『비평의 매혹』(1993)
『모더니티와 타자의 현상학』(1999)
『비평과 권력』(2001)
『비평의 희망』(2001)

논쟁과 상처

지은이 | 권성우
펴낸곳 | 숙명여자대학교 출판국
펴낸날 | 1판1쇄 2006. 1. 31

주소 | 서울특별시 용산구 효창원길 52(140-742)
등록일 | 1968. 3. 20
전화 | 02) 710-9161~3
팩스 | 02) 710-9090

ISBN 89-7182-164-7 03810 값 15,000원

* 이 저술은 숙명여자대학교 2003년도 교내연구비(숙명문화예술총서)의 지원을 받았음.

우리 시대 문학의 주요 논쟁에 대한 탐사!

# 논쟁과 상처

권성우

숙명여자대학교 출판국

머리말

# 새로운 비평적 모색을 위하여

가끔은 그 시기를 회상하면 마치 희망과 우울, 격정, 절망이 뒤범벅된 아련한 꿈과 같이 여겨지기도 한다. 개인적으로 어떤 시기보다도 열정적으로 글을 썼으며, 적극적으로 논쟁에 개입해 편향적인 문학제도 및 그 행태에 대한 적극적인 비판을 시도했으며, 동시에 커다란 상처를 받기도 했고, 생각을 같이하는 새로운 친구들을 만나기도 했으며, 아직도 때로는 그리운 나의 비평적 고향을 비판할 수밖에 없었던 그 파란만장했던 시기. 나는 글을 쓰는 한, 영원히 그 시절을 잊지 못할 것이다. 당시에는 힘들었으되, 지금은 내 인생의 그 시기를 기꺼이 사랑한다고 말할 수 있다.

아마도 후세의 문학사가들은 1999년부터 2002년에 이르는 시기를 우리 비평사의 문제점이 가장 투명하게 드러났던 '논쟁의 시대'로 서술하게 될 것이다. 이 시기에 이 땅의 비평가들은 이른바 문학권력, 서정주, 이문열, 문학상 제도, 안티조선, 불공정한 비평 카르텔, 4·19세대 비평의 성격, 주례사 비평 등의 민감한 주제에 대해서 동시다발적으로 논쟁을 전개한 바 있다. 논쟁이 문학적 글쓰기에서 가장 소중한 것이라고는 말할 수는 없을 테지만, 문학논쟁을 통해서 그 시대 문학의 풍향과 지형, 실상과 허상, 성과와 한계, 심층적인 구조와 맥락에 대해서 한층 투명하게 인식할 수 있다는 점은 분명한 사실일 것이다. 이러한 논쟁들에 대한 탐사를 통해, 우리는 한 시대의 가장 치열한 문학정신과 민감한 환부를 마주하게 되는 것이다.

위에서 열거한 몇몇 논쟁에 참여하게 된 것은 개인적으로 참으로 뜻 깊은 체험이었다. 때로는 논쟁 상대자의 신랄한 공격에 상처를 받기도 했으며 때로는 논쟁적 글쓰기가 지닌 엄청난 마력에 가슴 설레기도 했다. 간혹 스스로의 비평적 관점과 정체성에 대한 근본적인 질문을 던져보기도 했다. 그 과정에서 나는 마치 또 한 사람의 비평가로 새로 태어나는 것 같은 소중한 인식론적 제의를 겪게 되었다. 물론 그 논쟁의 과정에서 필자가 담보하고 있는 관점이 기본적으로 정당하다는 자신감이 있었기에, 어떠한 눈치도 보지 않고 소신껏 논의를 펼쳐갈 수 있었다.

이 자리에서 분명하게 말할 수 있는 것은 1999년 이후 약 3년간 필자가 나름대로 치열하게 문학논쟁에 참여했던 것을 결코 후회하지 않는다는 사실이다. 그 논쟁이 아니었더라면, 우리 시대 문학장의 다양한 생리와 행태, 습속, 구조적 모순을 명쾌하게 인식할 수 없었으리라. 그보다 한층 중요한 것은 논쟁 자체를 통해 나는 스스로의 편향과 문학적 기질, 글쓰기의 관점에 대해서도 많은 생각과 성찰을 진전시킬 수 있었다는 점이다. 다시 유사한 상황에 마주하더라도, 나는 기꺼이 논쟁에 적극적으로 참여하는 쪽을 선택할 것 같다. 이러한 의미에서, '문학권력 논쟁' 을 비롯하여 몇몇 논쟁에 참여한 체험은 다른 어떤 체험보다도 필자를 문학적으로 성숙하게 만든 것이 아닌가 한다. 그리고 그 논쟁을 통해 나는 진정한 의미의 자유를 얻을 수 있었다. 내 자신과 연관된 여러 가지 사회적 이해관계나 흔히 패거리문화로 얘기되는, 예컨대 학맥, 문학에콜, 언론 등에서 거리를 둘 수 있는 자유 말이다. 내게는 그 자유가 참으로 소중하다.

물론 모든 비평가가 논쟁을 할 필요는 없을 것이다. 그러나 나는 몇몇 논쟁을 진행하면서, 논쟁을 통한 '상처'의 체험이야말로 역설적으로 상처받기를 회피하는 이 시대의 비평가에게 절실하게 필요한 통과제의(通過祭儀)가 될 수도 있다고 생각했다. 논쟁은 자신의 편향과 입장, 세계관에 대한 근본적인 성찰을 유도하기 때문이다. 나는 이렇게 말하고 싶다. 논쟁의 상처를 통해서 비평가는 진정으로 성장한다고.

그 어떤 치열했던 논쟁도 역사의 격류와 세월의 흐름 속에서는 아득한 작은 점으로 보이기도 한다. 그 논쟁의 시대로부터 3년여의 세월이 지난 현재, 문단과 평단은 쟁점과 논쟁 없는 시대의 적요함을 견뎌내고 있다. 이제 위의 논쟁들을 좀 더 객관적인 입장에서 해석되고 평가될 시점에 이르렀다고 할 수 있다. 이 논쟁들의 성과와 한계는 무엇인가에 대한 면밀한 검토 없이 우리는 새로운 시대의 문학비평과 논쟁문화를 제대로 이끌어 갈 수 없을 것이다.

앞에서 열거한 문학논쟁들이 그 주제에 접근하는 주체의 문학적 관점과 세계관에 따라 참으로 상이한 평가와 해석이 내려지고 있다는 점은 대단히 흥미로운 대목이다. 물론 나는 일련의 논쟁에서 취한 내 입장이 무조건 정당하다고 주장하지는 않겠다. 다만, 이 책을 통해, 내 입장에서 바라본 논쟁의 풍경과 지형에 대해서 기록으로 남기고 싶었을 따름이다. 그러니, 논쟁의 지형과 맥락을 좀 더 정확하게 탐사하고자 하는 독자라면, 이 책에 수록된 글들과 대화 관계를 이루고 있는 다른 평문들에 대한 간(間) 텍스트적 독서가 필요할 것이다.

이 책의 1부는 〈논쟁을 넘어서〉라는 제목 아래 세 편의 평문을 수록하고 있다. 1부에 수록된 첫 글 「문학을 넘어서는 문학의 길」은 2005년 봄에 발표한 글이다. 이 평문을 통해 필자는 궁극적으로 문학권력 논쟁을 넘어서는 새로운 문제제기를 시도하고 싶었다. 두 번째 글 「문학과 언론: 자유로운 문인이 되기 위하여」라는 글은 미디어(언론)에 대한 문제의식 없이 이 시대의 문학과 논쟁에 대한 근본적인 성찰이 불가능하다는 문제의식을 담고 있다. 세 번째 글 「대안적 비평문화의 정착을 위해: 새로운 비평 커뮤니티의 도전적 실험을 기대하며」는 '비평집의 홍수' 라고 표현될 수 있는 시대에 주류 비평의 우산 속에서 어떻게 대안적 비평을 모색할 수 있는지에 대해서 탐색한 글이다. 이 세 편의 글은 비교적 최근에 씌어졌다. 나로서는 이 글들이 기존의 문학권력에 대한 문제제기에서 한 발 더 나아가, 새로운 대안적 비평문화를 모색하기 위한 시도라는 맥락에서 수용되기를 바란다.

2부는 〈논쟁 속으로〉라는 제목 아래, 본격적인 논쟁적 글 다섯 편을 묶어 보았다. 계간 『창작과비평』 및 남진우, 류보선, 황종연

씨 등과의 논쟁적 대화를 통해, 필자는 통상적인 의미에서 보기 좋고 생산적인 논쟁의 맥락으로 문학권력 논쟁을 파악하는 것은 분명한 한계가 있다는 사실을 인지하게 되었다. 이러한 자각은 참으로 소중한 수확이었다. 2부의 글들 중 몇 편은 1987년 등단 이후 필자가 써온 수많은 글들 중에서 가장 치열한 문제의식을 동반하면서 작성된 글들이다. 〈상대방의 인식공격적 발언에 대해 어떠한 방식으로 대응해야 하는가?〉에 대한 절박한 문제의식이 이 글들에 배어 있다. 그것은 무엇보다 '단호함'과 '용기'를 필요로 했다. 필자가 왜 이토록 치열한 논쟁을 전개할 수밖에 없었는가 하는 문제에 대해서 독자들이 조금이라도 이해해준다면 그 이상의 바람은 없을 것이다.

3부는 〈논쟁의 풍경들〉이라는 제목 아래 몇몇 논쟁과 연관된 네 편의 에세이들을 묶었다. 이 글들을 통해, 논쟁의 진행과정 및 논쟁을 대하는 비평가의 실존적 내면을 엿볼 수 있을 것이다.

직장을 옮기면서, 모든 것을 새롭게 보고자 노력했다. 어떤 유형의 도그마와 고정적 진리로부터도 탈주하고 싶었다. 그 전에 발표되었던 글들을 다시 한 번 읽어보면서, 내 자신의 글쓰기에 대한 응시의 시간도 가져 보았다. 다른 공간, 다른 사람들과의 만남은 내 자신을 되새김질하게 만드는 가장 근본적인 동기로 작용한다. 이러한 의미에서 숙명여대 인문학부 국어국문학 전공 교수님들, 재학생, 대학원생들과의 대화가 이 책의 갈피갈피에 스며들어 있다는 점을 고백하고 싶다. 숙명동산의 넉넉한 품과 아름다운 사람들은 때로 글쓰기에 지친 내 정신을 따뜻하게 보듬어주었다. 나는 그들과의 새로운 만남을 통해 이전에 발표했던 논쟁적 글들을 차분하게 되돌아보면서, 새로운 비평적 모색을 기획할 수 있는 여유와 문학적 거리를 지닐 수 있었다. 이런 의미에서 올해로 창립 백년이 되는 숙명의 캠퍼스는 내게 자유와 성숙의 텃밭이다. 아울러 『문학수첩』을 함께 만드는 박혜영, 방민호, 유성호 형과의 대화가 나에게 커다란 격려와 지적 자극이 되었다는 사실을 밝혀두고 싶다.

이 책의 발간이 논쟁의 시대를 넘어 새로운 비평적 모색을 추구하기 위한 뜻 깊은 이정표가 되기를 소망한다.

마지막으로 이 책의 발간을 지원해준 숙명여자대학교 출판국에도 마음 깊은 곳으로부터 고마운 마음을 전하고자 한다.

청명한 겨울날,

새 봄을 기다리며 청파동 연구실에서 권성우 씀

# 1 논쟁을 넘어서

1. 문학을 넘어서는 문학의 길 | 2. 문학과 언론 | 3. 대안적 비평문화의 정착을 위해

# 문학을 넘어서는 문학의 길 —J형에게

## 1. 우리 시대의 문학은 건재한가: 가라타니 고진과의 대화

J형 오레건 대학에 무사히 도착했다는 E-mail 잘 받았습니다. 앞으로 일 년은 J형의 인생에게 가장 여유 있는 시간이 되리라고 확신합니다. 골프장이 바로 눈앞에 있고, 아름드리 전나무와 푸른 잔디가 펼쳐져 있는 아파트에서 거주하면서 가끔씩 그곳의 한인들에게 일본현대사와 한국근대문학을 강의할 J형의 모습을 상상해 봅니다. 몇 년 전인가 J형의 연구실에서 우리가 일본의 탁월한 비평가 가라타니 고진 얘기로 대화의 꽃을 피우던 때를 기억하시는지요? 그때의 추억을 생각하면서 저는 오늘 가라타니를 화두로 지금 J형이 무척이나 궁금해 하고 있을 이 시대 우리문학 얘기를 전해주어야겠다고 생각했습니다. 며칠 전에 읽은 가라타니의 비

평「근대문학의 종말」이 저로 하여금 J형과의 문학적 대화를 시도하게 만들었답니다.

언젠가 지금 이 시대의 문학적 주역이라고 할 수 있는 젊은 작가들의 작품에 대해서 신랄한 질타를 하면서 이제 한국문학도 죽었다고 탄식을 하던 J형의 모습이 눈에 선합니다. 그때 제가 J형 발언의 근본적인 취지에는 동감을 표하면서도, 그러나 너무 1970~1980년대의 문학적 잣대만으로 이 시대의 문학을 바라볼 필요는 없지 않느냐, 어떤 작가나 자기 세대와 시대의 고유한 몫이 있는 것 아니냐고 가벼운 문제제기를 했던 것으로 기억합니다. 실상 소설가를 꿈꾸다가 결국 1980년대 초반의 현실에 대한 절망 끝에 일본유학을 가서 일본현대사를 전공한 J형의 반골기질과 치열했던 인생여정을 생각해 보면, 지금 이 시대의 문학적 풍경이 형에게 바람직하게만은 다가오지 않을 것이라고 짐작됩니다.

저는 최근에 가라타니의 비평적 에세이를 읽으면서 J형의 그 발언의 의미와 맥락을 좀 더 객관적으로 검토해 볼 수밖에 없는 문학적 현상이 우리 문단에도 이제 나타나고 있는 것이 아닌가 하는 생각을 하게 되었습니다.

과연 우리 시대의 문학은 제대로 살아 있는 것일까요? 바로 이와 같은 진부하다면 진부한 화두를 가지고 J형과 함께 얘기해보고 싶습니다. J형의 생각과 달리 1990년대 중반 이후 현재에 이르는 문학이 어느 때보다도 다양하고 풍요롭다는 논자도 있는 것 같습니다. 가령 문학평론가 류보선 씨는 2001년 발표된 글에서 "최근 한국문학의 큰 변화 중의 하나가 한국문학이 대단히 풍부하고 다양해진 것", "90년대 문학비평 전반이 현재의 한국문학 속에서 가장 빛나는 작품, 작가, 전통 등을 골라 그것을 의미화하고 문맥화하는 데 정진했다"등의 표현을 구사하고 있습니다. 류보선 씨의 이러한 생각은 지금 이 시대의 문학을 바라보는 자세와도 유사하게 연결되는 것 같습니다. 주목할 것은 그의 문학동료들인 『문학동네』 편집위원들이 하나같이 이 시대문학에 대한 적극적인 의미부여와 최대의 찬사를 보내고 있다는 점에서 유사한 문학관을 공유하고 있다는 사실입니다. 그들의 최근 비평들을 읽다 보면, 작품에 대한 단순한 애정 이상의 어떤 필사적인 노력이 느껴집니다.

그런가 하면, J형과 같은 관점에서 지금 이 시대 문학을 비판적으로 조망하는 사람들도 상당수 있는 것 같습니다. 몇 년 전에 황석영 소설가는 "90년대 문학은 거품뿐인 '사이비문학' 이었다. 한국문학은 다시 지금 시대의 아픔에 정면으로 맞서야 한다"(한겨레신문 1998.3.14), "90년대 이후 우리 문학은 그러한 변화의 와중에서 제대로 된 문제를 잡아내고 시대의 변화에 맞게 새로운 옷을 입는 데 실패했다. 변화에 부응하려는 새로움에 대한 조급성이 문제다"(중앙일보 1998.3.27)라고 말한 적이 있지요. 다소 거친 일반화의 문제가 없는 것은 아니지만, 위의 발언에 대해 필요한 소리 잘 했다는 반응이 제 주위에 상당수 있었습니다. 물론 황석영 씨의 이러한 의견이 지금 어떻게 변모했는지는 모르겠지만 1990년대 문학을 바라보는 류보선 씨의 입장과 참으로 현격한 차이가 난다는 점이 흥미롭군요. 지금 이 시대의 문학을 바라보는 시각도 여전히 이처럼 커다란 시각차가 있는 것 같습니다. 이제 이러한 차이가 의미하는 바가 무엇인지에 대한 면밀한 문학적 검토가 필요하지 않을까 싶습니다.

J형도 잘 알다시피, 1990년대 이후의 한국문학은 예의 '위기론'을 연료삼아 그 존재를 입증해 왔는지도 모르겠습니다. 그리고 그 위기론에도 불구하고, 나름대로 문제적인 문학작품이 지속적으로 출간되었으며 새로운 세대의 문인들이 자신들의 고유한 문학적 자리를 형성해 나가고 있다는 사실은 부인할 수 없는 현실이겠지요. 그런데 이러한 현상과 별도로 류보선씨의 주장에서 볼 수 있듯이, 이즈음 문학은 아직 번성하고 건재하다는 관점, 더 나아가 이 시대의 문학은 어느 때보다도 풍성하고 다양하고 문학적 밀도가 높다는 관점이 몇 년 전부터 등장하고 있습니다(저는 이러한 관점을 '문학 번영론(건재론)'으로 칭하면서 논의를 전개하고자 합니다). 물론 특정한 시대의 문학 존재론에 대한 스펙트럼은 서로 다를 수 있습니다. 그리고 지금 이 시대의 문학이 건재하고 번성하고 있다면 문인의 입장으로서 환영해야 마땅할 일이겠지요.

그런데 J형, 문제는 이러한 발언들이 이 시대의 문학 현실에 대한 냉철하고 객관적인 성찰에서 도출한 것으로 여겨지지 않는다는 점입니다. 그토록 집중적으로 제기되었던 '문학의 위기'에 대한 근본적인 고민과 처방이 제대로 이루어지지 않은 채, 일부 문학 집단에 의해 '문학 번영론'이 전파되고 있다는 사실은 다소 전략적이고 성급한 행위라고 생각됩니다. 특정한 시대의 문학이 이전 연대보다 다양하고 풍요롭다는 식의 주장은, 그것이 합리적이며 객관적인 진단이 동반되지 않는다면, 주관적 미망에 그칠 가능성이 크겠지요. 특히 그러한 발상이 동시대 문학에 대한 주관적 애정과 파당적 이해관계와 맞물려 있을 때, 한 시대 문학의 객관적 위상이 호도될 수도 있을 것입니다.

저로서는 '문학의 위기'의 실체를 좀 더 현미경처럼 냉철하게 들여다보는 것이 우리 문학의 미래를 위해서 한층 생산적인 자세라고 판단하고 있습니다. 즉 위기를 위기로 제대로 되돌아보는 자세가 지금 이 시대 문학의 도약과 진전에 한층 생산적인 도움이 된다는 것이지요.

사실 원론적인 의미에서, 인간의 사유와 성찰 자체가 완전히 없어지지 않는 한, 언어를 기반으로 한 문학 행위는 결코 사라질 수 없을 것입니다. 예의 '문학 위기론'이 제기하는 문제의식은 문학의 대 사회적 영향력의 감소, 문인이 지니고 있는 위상의 하락, 전체 문화 판도에서 문학이 차지하고 있는 역할의 축소, 문학작품의 질의 전반적인 하락 등을 의미하는 것이지, 문학 자체가 없어지거나 급격하게 사라진다는 차원에서 논의되는 것은 아닐 것입니다. 이러한 지평에서 본다면 언제 어느 시대일지라도 문학은 건재하다고 말할 수 있습니다. 설사 문학의 위기를 인정하더라도, 모든 예술의 텃밭이라고 할 수 있는 문학의 소중한 역할과 영상으로 쉽게 환원될 수 없는 문학 고유의 특성은 결코 사라지지 않을 것이라고 판단합니다. 이러한 논리는 J형과 저를 포함하여 아직 상당수의 문학인들이 고수하고 있는 문학관에 해당되지요.

물론 최근에 제기되고 있는 문학 번영론(건재론)은 문학 위기론을 비판하면서 지금 이 시대 문학을 적극적으로 옹호하고 긍정적으로 의미부여하고 있다는 점에서 문학의 고유한 역할을 소중하게 여기는 원론적인 관점과는 차원을 달리 합니다. 저 역시 한 사람의 비평가로서 이 시대 문학에 대한 애정과 커다란 관심을 지니고 있으며, 이 어려운 시대에 창작혼을 불태우는 우리 시대의 문인들에게 마음 깊은 곳으로부터 존경의 마음을 지니고 있습니다. 그러나 그 애정과 관심을 표시하는 방식은 '문학 번영론'의 입장과는 근본적으로 다른 것 같군요.

최근의 '문학 번영론'이 담보하고 있는 문제의식과 문학적 전제는 다음과 같이 정리될 수 있을 것 같습니다.

> 지난 연대에 비해서 좋은 작품이 드물다거나, 특정한 문학집단이 설익은 작품을 과대포장하고 있다는 식의 비판과는 달리, 지금 이 시대 문학판은 전대보다 좋은 작품이 넘치고 참으로 다양한 문학적 성과가 제출되고 있다. 오히려 지금 이 시대야말로 새로운 문학적 전성기이다. 이러한 소중한 문학적 성과를 몰라보는 것은 새로운 미학적 흐름에 둔감한 비평가들의 편협함의 소치일 뿐이다

대체로 위의 예문과 같이 정리될 수 있는 '문학 번영론(문학 건재론)' 은 이 시대 문학인들의 자존심을 만족시키는 데에는 심정적인 차원에서 도움이 될지 모르겠습니다. 표면적으로 보면, 최근 문학판이 번성하고 있다는 조짐들이 전혀 없는 것도 아닙니다. 가령, 소설가 김영하 씨의 예에서 볼 수 있듯이 단지 문학상의 상금만으로 일 년 수입이 1억원이 넘는 초대형 스타 작가가 탄생하고 있는가 하면, 1억원의 상금을 내건 문학상이 다시 등장했습니다. 소재의 표면적인 다양성과 엽기성이라는 측면에서만 보면 지금 이 시대가 문학적 활황기라는 발언도 나올 법합니다. 서사가 다시 부활했다는 풍문도 들립니다.

그러나 광화문 교보문고의 도서 판매량이 1981년 개점 이래 작년에 처음으로 감소했다는 점, 더군다나 소설은 11.8%나 대폭 줄었다는 엄연한 사실(연합뉴스 2004. 12. 21), 한국 현대문학을 전공한 대학생들의 문예지 구독 비율과 독서량이 보잘것없다는 실증적 현실(문화일보 2003. 6. 4) 앞에서 이 시대 문학의 건재와 번성을 얘기하는 것은 둔감함의 소치이거나 의도된 미학적 책략이 아닐까요.

물론 판매 부수나 문예지 구독 문제만을 가지고 문학출판의 위기를 판단할 수는 없겠지요. 설사 소설책들이 지금보다 훨씬 덜 팔리고, 문학 전공 대학생들이 지금보다 훨씬 문예지를 안 본다 하더라도, 정말 문학적으로 가치 있는 밀도 깊은 작품들이 활발하게 발표된다면, 그 시대를 문학적으로 의미 있는 시대라고 할 수 있겠지요. 그러나 지금은 설사 대중성이 없더라도 전문 비평가나 소수 마니아들로부터 폭넓은 지지를 받는 작품도 드문 시대가 아닌가 생각됩니다. 이러한 의미에서, 최근의 '문학 번영론'이 과연 문학적 질과 밀도를 고려한 주장인지 의문스럽습니다. 단도직입적으로 말해봅시다. 지금 이 시대의 문학출판물은 언젠가부터 문학적 독서로부터 떠나간 저 수많은 평범한 독자들의 감식안을 만족시키고 있는 것인가요? 아니 문인 자신들은 지금 이 시대 문학의 전반적인 질에 대해서 기꺼이 긍정적으로 평가하고 있는가요?

이러한 일련의 물음에 대해 긍정적인 답변이 내려질 수 없다면, 이 시대 문학에 대한 안이한 긍정적 시각과 좋은 게 좋다는 식의 우호적 정서에 기반한 '문학 번영론'은 말의 바른 의미에서의 문학의 번영과 건재에 오히려 해악이 될 수도 있습니다. 무엇보다 우리 시대의 문학작품에 대한 의례적인 해설 비평과 주도면밀하게 계산된 세련된(?) 주례사 비평들은 작가 자신으로 하여금 자기 갱신과 미학적 쇄신에 대한 욕망을 근원적으로 자극하지 못합니다. 동시에 이러한 점은 작가들의 자기 교정에 반드시 필요한 비판적 문제제기에 대한 작가들의 내성까지도 약화시킬 수 있습니다. 상투적인 '문학 위기론'을 남발하는 것도 이 시대의 문학을 위해서 별 도움이 안 되는 무성의한 태도이지만, 동시에 이 시대 문학에 대한 지나친 애호와 주관적인 의미부여야말로 정작 '문학의 위기'를 조장하는 중대한 이유가 아닐까 싶습니다.

J형, 지금까지 전개된 제 말에 동의하신다면, 일본의 비평가 가라타니 고진의 다음과 같은 발언은 우리들에게도, 우리 문단에도 한층 절실한 울림으로 다가올 것입니다.

> 그러나 지금 문학이 건재하다고 하는 사람들은 그런 사람들이 아닙니다. 오히려 반대로 그 존재가 문학의 죽음을 역력하게 증명할 뿐인 패거리들이 그런 말을 합니다. 일본에서는 아직 문학잡지가 있어서 매월 신문에 크게 광고도 싣고 있습니다. 그러나 실제로는 전혀 팔리지 않습니다. 팔린다고 하더라도 참담한 정도의 부수입니다. 그리고 소설이 팔리는 것은 '문학'과는 무관한 화제에 의해서입니다만, 어쨌든 문학은 아직 번영하고 있다는 허위의 현실을 만들어내고 있습니다(가라타니 고진, 「근대문학의 종말」, 『문학동네』 2004년 겨울호, 439쪽).

이러한 발언과 더불어, 가라타니는 또한 혁명을 팽개친 문학은 죽은 문학이라고도 말하고 있습니다. 위에서 인용한 가라타니 고진의 발언은 단지 일본문단에 해당되는 편향적인 발언일까요? 결코 그렇지 않을 것입니다. 실제로 가라타니의 발언은 지금 이 시대의 우리 문단에도 상당히 유사하게 적용되고 있습니다. 예컨대, 대부분의 창작집이나 장편소설의 유료 판매부수가 초판 3,000부도 소화하지 못한다는 사실, 그리고 대부분의 문예지가 1,000부도 팔리지 않는다는 점은 이제 공공연한 사실입니다. 그리고 보니,

탄핵 이후에 노무현 대통령이 읽었다는 문학 외적인 이유로 소설가 김훈 씨의 『칼의 노래』 돌풍이 불어 닥쳤다는 점도 흥미롭군요. 그런데, 바로 이러한 현실 속에서도 문학책은 넘쳐나고 있고, 일 년에 백 명이 넘는 문인들이 새로 탄생하고 있으며, 문예창작과 졸업생만도 일 년에 수천 명이 배출되고 있지요. 그러니, 객관적인 위기 상황에도 불구하고, 문학은 여전히 번성하고 있다고 주장하는 논리가 문학장에서 위력을 발휘하는 점도 이해가 됩니다. 어떤가요. 가라타니가 언급한 일본 문학계의 현실과 우리 문학계의 모습이 정말 비슷하지 않나요? 1990년대 초반 제주도에서 있었던 '한일작가회의' 때 참석하여 가라타니의 발언을 경청했던 기억이 나는군요. 그때 가라타니는 일본문학의 위기를 얘기하면서 한국문학의 역동성을 부러워했었지요. 이제 피차 마찬가지가 된 것 같습니다.

가라타니가 주장하고자 하는 발언의 핵심은 문학이 아직 번영하고 있다는 허위의식을 주장하는 패거리들의 존재야말로 실은 문학의 죽음을 역력하게 증명한다는 것입니다. 이러한 발언을 우리 시대의 문학에 접속시키면, 이 시대 문학에 대한 주관적 과대평가, 그리고 사회적 상상력과 정치적 비판에서 멀어진 문학의 현실이 다름 아닌 이 시대 문학을 위기로 이끄는 요인이라고 말할 수 있을 것입니다. 처음에는 현란한 신문광고와 유려하기 그지없는 작품해설에 혹해서 문학작품을 구입하던 독자들도 차차 광고와 해설이 의례적인 치장에 불과하다는 사실을 인식하고 점차 소설책을 구입하지 않는 것 아닐까요. 마치 양치기 소년의 거짓말에 더 이상 속지 않는 마을 사람들처럼.

요컨대 겉으로 보기에 여전히 번성하지만, 정작 좋은 문학작품은 줄어들고 있다는 것, 진지한 사회적 상상력과 정치적 비판을 담보한 작품들이 현저하게 줄어들었다는 것이 이 시대 문학판의 풍경이 아닐까요.

물론 혁명과 정치로부터 떠난 문학은 죽었다는 가라타니의 입장은 상징적인 차원의 발언이겠지요. 설사 가라타니의 현실 인식이 대체로 사실이라고 하더라도 지금 이 시점에서 문학 행위를 수행하는 문인들의 입장에서는, 자신을 포함한 동세대 문인들의 글쓰기가 그 나름의 소중한 의미와 미학적 가치를 지니고 있다고 생각하겠지요. 그것이 아무리 사소한 세계라 할지라도 문학은 살아있다고 생각하면서 말입니다. 그것은 모든 예술가의 운명이기도 합니다.

그렇다면, 지금까지 언급한 문학판의 현실을 어떠한 방식으로 바꿀 수 있을까요. 일본적 스노비즘이 세계적 대세가 되었다는 가라타니의 진단에서 이제 우리 문학도 결코 자유로울 수 없는 것일까요. 문제가 구조적인 측면에 있는 만큼 이 모든 정황을 일거에 뒤집을 수 있는 대안이란 있을 수 없다고 생각됩니다. 실상 그러한 대안은 텅 빈 형이상학적 상징일 뿐입니다. 결국 이러한 문제는 근대세계가 공통적으로 마주하고 있는 문화사적 문제가 개입되어 있기에, 대단히 장기적이며 의식적인 노력이 필요하다는 점을 인정해야 할 것입니다. 여기서, 우리 문학의 위기를 가져온 원인을 영상매체나 인터넷 등의 문학 외부에서 찾는 것은 더 이상 신선하지 않습니다. 영상매체와 인터넷의 범람은 이제 어찌할 수 없는 문화적 대세가 아닐까요. 이제 문학 내부의 차원에서 우리 문학판의 문제점을 근본적으로 성찰하는 것이, 우리 문학의 혁신과 쇄신을 위해서 정말 필요한 과정이 아닐까 생각됩니다. 이러한 내부적 노력이 생략된 문학의 위기에 대한 담론은 밥그릇의 위기에서 나오는 투정과 본질적으로 다르지 않을 지도 모릅니다.

## 2. 우리 시대의 작가들에게: 속도전에 저항하라!

지금으로부터 70여 년 전 식민지시대의 대표적인 소설가 이태준은 다음과 같이 말한 바 있습니다.

> 아마 조선문단 전체로도 이대로 3년이면 3년을 나가는 것보다는 지금의 작품만 가지고라도 3년 동안 퇴고를 해놓는다면 그냥 나간 3년보다 훨씬 수준 높은 문단이 될 것이라 믿는다.
>
> (이태준, 「명제 기타」, 『무서록』, 깊은샘, 1994, 64쪽)

문학적 장인정신을 표상하는 이러한 이태준의 발언은 당시 문단, 아니 자기 자신의 문학세계까지 통렬하게 비판하고 있는 발언으로 수용될 수 있을 것입니다. 이미 두루 알려진 바와 같이 이태준은 장인적 염결성만으로 작품을 썼던 작가는 아닙니다. 그는 누구보다도 신문연재소설을 활발하게 연재하면서 생계를 해결했습니다. 그러나 동시에 이태준은 오로지 쓰고 싶은 글만을 쓸 수 없는 안타까움을 위와 같은 방식으로 표출하고 있는 것이지요. 문제적인 것은 이러한 발언이 바로 이 시대의 문단에도 그대로 적용되는 면이 있다는 사실입니다.

이른바 이 시대의 잘 나가는 작가들 중에서 2년 정도의 침묵과 여백의 시간을 가지면서 자신의 글쓰기에 대한 근원적인 성찰을 시도하는 경우를 저는 거의 보지 못했습니다. 거의 일 년에 한 권 꼴로 장편소설, 창작집, 산문집 등을 발간하는 문학출판의 빡빡한 순환회로 속에서 우리 시대 작가의 비상한 상상력은 끊임없이 탕진되고 소모되는 것은 아닐까요. 최근에 은희경 씨가 장편소설 『비밀과 거짓말』을 이년 여 동안 끊임없이 수정, 퇴고한 끝에 출간했다는 사실이 오히려 신선하게 느껴질 정도로 잘 나가는 젊은 작가들의 작품 출판 사이클은 현격하게 단축되었습니다. 물론 이러한 시각에 대해서, 전업작가의 생계유지를 위해서는 별다른 대안이 없지 않느냐는 반론이 가능할 것입니다. 모든 작가가 마루야마 겐지가 「소설가의 각오」에서 말한 바와 같이 일종의 수도승처럼 살 수는 없는 일이니까요.

그러나 이 문제는 다음과 같은 두 가지 차원에서 달리 생각할 여지가 있는 것 같습니다. 우선 문학적 질과 미학적 가치가 담보되었을 때에 비로소 장기적으로 작가의 생계에도 도움이 될 수 있다는 점을 고려해야 합니다. 설사 오 년에 한 권씩 책을 발간하더라도, 그것이 정말 의미 있는 문학적 성과라면 일 년에 한 권씩 발간되는 평범한 작품보다 스테디셀러가 될 수 있는 가능성이 월등 높다는 점을 감안해야 합니다. 그리고 이러한 철저한 자기관리가 독자들의 지속적인 신뢰를 획득하는 데에도 커다란 도움이 될 수 있다고 봅니다. 물론 모든 작가들에게 이러한 행보를 강요할 수는 없을 것입니다. 그러나 최소한의 생계유지가 가능한 작가들이라면 공백과 일시적인 침묵을 두려워하지 않아야 할 것입니다. 경우에 따라서는 일정 기간 동안 문학판에서 망각될 각오까지 하면서 지속적으로 퇴고와 수정을 거듭하는 장인정신이 이 시대에 절실하게 필요한 문학적 덕목이 아닐까 여겨집니다. 정말 생계유지가 어렵다면 다른 일을 하면서 소설을 쓰라고 권유하고 싶습니다. 소설로 생계를 유지해야 한다는 강박관념으로 인해 그렇고 그런 작품들을 남발하기보다는, 다른 직업을 가지더라도 필생에 걸쳐 쓰고 싶은 작품만을 쓰겠다는 예술가의 자존을 가질 필요가 있지 않을까요.

이러한 의미에서 어떤 작품보다도 문학적 염결성에 기반하여 피를 흘리며 씌어진 소설이라고 할 수 있는 조세희 씨의 『난장이가 쏘아올린 작은 공』이 삼십여 년이 지난 이 시대에도 여전히 팔리고 있다는 사실은 이 시대의 작가들에게 소중한 시사를 던지고 있는 것 아닐까요. 물론 누구나 조세희 씨나 오정희 씨가 밟아온 길을 따라갈 수는 없을 것입니다. 그러나 역설적인 의미에서 그 누구도 조세희 씨와 오정희 씨의 길을 걷지 않으려 하는데 우리 소설이 당면하고 있는 위기의 중대한 요인이 있는 것 아닐까요. 유희의 글쓰기 운운하면서 미학적 장인정신을 고리타분하게 생각하는 문단 일각의 착각이야말로 우리 문학의 위기를 가져온 중요한 요인이라고 생각됩니다. 지금까지 설명한 의미에서 저는 이 시대의 젊은 작가들에게 다음과 같은 진단에 자기 자신을 비추어보라고 말하고 싶습니다.

> 소설가 지망생 대군을 축축한 밀실로부터 대학이라는 광장으로 끌어들여 작품의 생산방법을 교육 · 훈련시키는 새로운 환경의 등장 및 그 유행적 번식, 개인용 PC의 활용이 일상화되면서 소설 쓰기가 과도한 육체노동으로부터 어느 정도 자유로워지고 공산품을 방불케 하는 출력원고의 수려한 외형이 일종의 자족적 나르시시즘을 유발하는 현상 또는 오늘의 소설공화국의 양적 확장에 크게 이바지하고 있는 것이 사실이다. 그러나 이 고무적 현실이 오히려 작가들을 조급한 질주의 생산벨트 위에 올려놓아 상상공간을 무리한 엽기나 메마른 타성과 허욕의 불모지로 만들고 있는 것은 아닐까?
>
> (김화영, 「고갯마루에서 조각난 삶을 바라보다」, 『현대문학』 2002년 1월호, 147쪽)

제가 여기까지 얘기하고 나니, 가령 한 편의 작품에 모든 작가적 열정을 투여하는 고전주의적 장인정신을 지금 이 시대의 문인들에게 요청하는 것은 지나치게 낭만적인 발상 아니냐는 목소리가 들려옵니다. 그러나 적어도 한국문학을 이끌어갈 예외적 몇몇에게는 기꺼이 좀 더 느리게 가라는 얘기를 하고 싶습니다(그들을 어떻게 경제적으로 지원해 줄 수 있는지에 대한 공적인 논의가 필요하다고 생각됩니다). 이른바 문학적 속도전의 시대일수록, 문학은 부박한 물량주의에 제동을 걸면서 '느림의 미학'을 실천하는 인문정신의 보루가 되어야 하는 것이 아닐까요. 혁명이 사라진 시대일수록 이 시대의 문학은 한층 간접화되고 문학적인 방식으로 혁명과 정치와 역사를 얘기해야 하는 것 아닐까요.

결국 이 시대 문학의 주체는 작가 자신입니다. 작가의 결기와 각오만이 문학을 살릴 수 있습니다. 자기 관리를 철저하게 하는 작가만이 궁극적으로 문학을 떠난 독자들을 다시 문학으로 되돌아오게 만들 수 있을 것입니다. 그러니, 출판산업과 저널리즘의 유혹과 압박을 끝끝내 견디면서 한번이라도 작품을 더 손질하고 퇴고하는 문인의 기개 속에서 우리 시대 문학의 진정한 갱신은 가능하리라고 생각해 봅니다.

## 3. 김영하의 『검은 꽃』과 우리 문학의 검은 심연

J형, 지금까지 얘기해 온 문제를 2004년의 소설가 김영하 씨의 경우를 통해 검증해 보는 것은 어떨까요. 생각해 보니, 김영하 씨는 그래도 이 시대의 작가 중에서 J형과 제가 공통적으로 좋아하는 작가라고 할 수 있군요. 2004년은 김영하 씨에게 현 한국문단의 실정에서 한 작가에게 부여될 수 있는 영예와 가능성의 최대치를 선사해준 한 해였다고 생각됩니다. 창작집 『오빠가 돌아왔다』로 '이산문학상'을 수상했고, 중편소설 「보물선」으로 '황순원문학상'을 거머쥐었으며, 장편소설 『검은 꽃』으로 '동인문학상'을 받았지요. 또한 이러한 성과와 문학적 명성으로 인해, 그는 한국예술종합학교의 전임교수가 되었습니다. 한 작가가 평생에 걸쳐서 노력해도 얻기 힘든 문학적 영예를 김영하 씨는 2004년 한 해에 달성한 것이죠.

이러한 과정에 김영하 씨의 남다른 노력과 성실성, 비상한 문학적 재능이 작용했다는 점은 분명한 것 같습니다. 한 사람의 비평가로서 제가 김영하 씨의 문학세계에 대해서 커다란 애정과 관심을 지니고 있다는 점을 J형도 알고 있지요. 김영하 씨의 등단작 「거울에 대한 명상」(『리뷰』 창간호)에 소개 글을 쓴 것도 저였지요. 그 이후에도 김영하 씨의 작품이 발표될 때마다 비상한 관심을 가지고 읽어보았습니다. 어쨌든 개인적으로 김영하 씨에게 다가온 엄청난 영예와 축복에 대해서 진심으로 축하의 마음을 전하고 싶습니다.

그러나 저는 이와는 다른 맥락에서 김영하 씨의 2004년 성공 스토리에 한국문학의 가능성과 블랙홀이 동시에 함축되어 있다는 생각이 들어 한편으로는 우울하기도 합니다. 그 블랙홀은 무엇인가요? 문제는 김영하 씨의 이러한 성공이 역설적으로 최근의 한국 문단의 어떤 부실함의 바탕 위에서 탄생한 것이라는 사실입니다. 이것이 무슨 얘기일까요.

김영하 씨는 『검은 꽃』에 대해 언급하면서, "모험이었죠. 당시를 잘 모르는 데다 참조할 만한 것들이 많지 않았고 지금껏 써온 것과 완전히 다른 소설이었으니까요. 모든 재능을 쏟아 부어야 했어요. 이젠 소설적 실수나 미숙함에 대해 용서받거나 변명이 가능하지 않을 때라는 생각도 있었고요"(동아일보 2003. 8. 20)라고 말하고 있습니다. 이러한 발언은 여간한 자신감이 없으면 쉽게 할 수 발설할 수 없는 작가적 자존심을 표상하고 있습니다. 그만큼 『검은 꽃』의 문학적 성과에 대해 모종의 확신과 자부심을 가지고 있다는 의미겠지요. 자신의 모든 재능을 쏟아 부은 작품이라고 한 점이 인상적이군요.

이러한 김영하 씨의 재능과 열정에 2004년의 우리 문단과 평단은 참으로 적극적으로 부응했습니다. 『검은 꽃』에 대해서 2004년 동인문학상 사위원회는 "올해의 한국문학이 배출한 최고의 수작이라고 서슴없이 말해도 좋으리라"고 극찬한 바 있습니다. 또한 "근대로의 먼 항해가 곧 무를 향한 긴 여정임을 말하는 이 작가의 소설은 무거우면서도 경쾌하고 광활하면서도 안정감이 있다. 그 여정의 끝에서 우리는 다시 잃어버린 자기 자신의 얼굴을 발견한다"는 남진우 씨의 유려한 해설은 『검은 꽃』에 대한 평가에 유력한 지침을 제공하고 있습니다. 그런가 하면, "아무런 국교도 없는 국가 멕시코에 내버려진 1033명의 조선인들의 삶을 철저하게 발로 뛰어 고증해내고 문학적 육체를 입힌 이 『검은 꽃』은 그 시도 자체만으로도 우리 역사소설의 새로운 시도라 할 만하다. 그 맨얼굴의 역사를 이 소설은 보여주고 있다"(서경석, 「현재를 반성하는 두 방향의 서사」, 『동서문학』 2003년 여름호, 427쪽)는 평가나 "『검은 꽃』의 놀라운 성취 중의 하나는 속도감 넘치는 문체이다"(서영채, 「질주하는 아이러니」, 『문학동네』 2003년 겨울호, 240쪽)라는 주장은 『검은 꽃』을 해석하는 상당수 비평가들의 태도와 논리를 전형적으로 보여주고 있습니다.

지금까지 인용한 『검은 꽃』에 대한 비평적인 레토릭은 권위 있는 문학상을 주는 입장에서는, 그리고 해설이나 작품론을 쓰는 입장에서는 충분히 가능한 표현일 것입니다. 그리고 "올해의 한국문학이 배출한 최고의 수작이라고 서슴없이 말해도 좋으리라"라는 표현 역시 심사위원들 입장에서는 그 나름의 진실을 담보하고 있을 것입니다. 2004년에 출간된 다른 소설들과 비교하여 『검은 꽃』이 지닌 여러 가지 미덕과 상대적 장점이 분명히 존재하기 때문입니다. 문제는 한 해를 결산하는 최고의 작품치고는 그 가능성만큼이나 간과할 수 없는 중대한 한계들이 너무나 뚜렷하게 존재하고 있다는 사실입니다.

우선, 이미 최원식 씨가 지적했듯이 실증적, 역사적 오류가 자주 발견됩니다(최원식, 「남과 북의 새로운 역사감각들」, 『창작과비평』 2004년 여름호). 당시의 자료와 문학작품에 대한 작가의 관심과 공력이 부족했다고밖에 판단할 수 없는 그러한 오류들은 김영하 씨가 『검은 꽃』의 숙성을 위해서 더 많은 시간을 견뎌냈어야 되는 것이 아닌가 하는 생각을 하게 만듭니다. 물론 김영하 씨는 '작가의 말'에서 "이런 유의 소설은 자료의 도움 없이는 한 발짝도 전진하지 못한다. 제 아무리 대단한 상상력도 누군가의 피로 씌어진 단 한 줄의 1차 자료에서 출발하는 것이다"면서 자료의 중요성을 강조하고 있으며, "나는 자료를 찾기 시작했다. 그때가 2001년이었다"(김영하, 「'검은 꽃'이 피기까지」, 『문학동네』 2003년 겨울호)라는 대목에서는 자료를 탐색한 시간의 기원에 대해 얘기하고 있습니다. 그러나 중요한 것은 자료나 역사적 감각에 대한 주관적 열정이 아니라, 정확한 인식 여부겠지요.

그리고 김이정과 이연수가 처음 만나는 장면, 그 후 손을 잡고 서로의 육체에 탐닉하는 장면에 대한 묘사는, 이연수가 당시 대한제국 황실의 법도에 익숙한 여성이라는 점을 감안하면, 지나치게 작위적이고 현대적입니다. 이와 연관하여, "그럴 때마다 그녀는 육체의 명백한 동물성에 대해 생각하지 않을 수 없었다"라는 이연수의 내면을 묘사하는 대목은 바로 이 시대의 현대적인 감각이 투사된 전형적인 문장이라고 할 수 있지요. 『검은 꽃』에서 박정희가 등장하는 대목을 어떻게 보아야 할 것인가의 문제가 바로 이러한 논점들과 연결된다고 생각됩니다. 김영하 씨는 황종연 씨와의 대화(「고난 속에 떨어지는 카니발, 그 쾌활한 지옥도」, 『문학동네』 2003년 겨울호 참조)에서 이처럼 현대적인 감각과 현대사가 투사된 서술자의 언어를 마치 새로운 소설적 실험인 것처럼 얘기하고 있는데, 과연 그렇게 볼 수 있을지 의문입니다. 오히려 이러한 대목들은 작가가 당시의 실제 역사적 감각과 자료, 미시사, 일상사에 대해서 철저하게 장악하지 못하고 있다는 반증이 아닐까 싶네요. 이연수의 아버지 이종도를 황제의 사촌으로 설정하는 작위적인 인물 배치도 바로 이러한 역사적 감각에 대한 철저한 장악이 이루어지지 않았다는 사실에서 연유한다고 생각됩니다.

『검은 꽃』 전반을 관류하고 있는 이러한 작위성과 현대적 관점이 투사된 어색한 서술은 '국가'에 대한 사유에서 그 절정에 달합니다. 가령, "그까짓 나라, 해준 것이 무엇이 있다고 돌아가겠는가"라고 말하는 전직군인 박정훈의 발언, "국가가 영원히 사라질 수 있을까? 그렇게 된다면 어떻게 될까?"라고 고민하는 이정의 일기, "언제부터 개인이 나라를 선택했지? 미안하지만 국가가 우리를 선택하는 거야"라고 말하는 요시다의 논리, "죽은 자는 무국적을 선택할 수 없어. 우리는 모두 어떤 국가의 국민으로 죽는 거야"라는 국가에 대한 이정의 사유 등등에서 볼 수 있듯이 『검은 꽃』에는 이 시대의 지적 유행이라고 할 수 있는 탈국가주의적 사유가 곳곳에서 생경하게 노출되어 있습니다. 저로서는 당시의 지성사적 감각에서 이 정도의 탈국가주의적, 탈민족주의적 사유가 가능했으리라고는 생각하지 않습니다. 모르겠습니다. 물론 어떤 예외적인 개인들이 있어, 그 당시에도 국가나 나라에 대한 회의의 감정을 지닐 수 있었다고 합시다. 문제는 이러한 탈국가주의적 사유가 한 편의 소설 속에서 미학적으로 형상화되기 위해서는 대단히 정교한 접근과정과 자연스러운 스토리 배치가 필요하다는 사실입니다. 그것은 당시의 역사적, 이념적 감각에 대한 면밀한 조회를 통해서만 가능한 경지가 아닐까요. 『검은 꽃』의 경우는 이러한 철저한 노력 없이, 작가 자신의 탈국가주의적 사유를 지나치게 직접적으로, 빈번하게 드러내고 있다는 것이 문제입니다. 마치 김영하 씨가 이 시대 인문사회과학의 중요한 쟁점인 탈국가주의를 어떻게든 소설 속에서 드러내기 위해서 이 소설을 쓴 것처럼 보일 정도입니다. 이러한 『검은 꽃』의 한계는 결코 가볍게 여길 수 있는 사소한 오류가 아니라는 것이 제 생각입니다. 다른 작품도 아니고, '2004년의 한국문학이 배출한 최고의 수작'이 이와 같은 중대한 한계들을 지니고 있다면 그것은 이 시대 우리 문학판 전체의 문제이기도 한 것 아닐까요.

지금까지 언급한 『검은 꽃』의 몇몇 한계와 아쉬움은 작가의 재능의 문제라기보다는 시간과 퇴고의 문제라는 것이 제 생각입니다. 이러한 점은 김영하 씨를 비롯한 우리 시대의 작가들 상당수가 미학적 완성도나 실증적 치밀함에 대해 생각보다 안이하게 여기고 있다는 사실을 극명하게 보여주고 있는 대목이 아닌가 싶습니다. 설사 자신의 주관으로는 아무리 많은 자료를 찾아보았다 하더라도 그 자료를 끊임없이 되새김질하고, 소설의 내적 구성과 표현에 대해 천착하는 시간이 좀 더 주어졌다면, 적어도 지금의 『검은 꽃』보다는 한층 뛰어난 작품이 되지 않았을까 싶네요.

이즈음의 김영하 씨는 많이 쓰고 너무 자주 책을 발간하는 것이 아닌가 싶습니다. 그는 2002년 9월에 발간된 『포스트 잇』부터 2003년 2월의 『김영하 · 이우일의 영화이야기』, 2003년 9월의 『검은 꽃』, 2004년 3월에 발간된 『오빠가 돌아왔다』까지 1년 6개월 사이에 네 권의 책을 발간했습니다. 물론 이 중의 상당수는 그전에 발표한 글이겠지만, 그런 점을 감안해도 너무 많지요.

저는 김영하 씨가 작품 수를 줄이더라도 한층 성실한 자료조사와 치열한 퇴고를 하는 것이 궁극적으로 김영하 씨를 위해서도 한국문학을 위해서도 커다란 도움이 될 것이라고 확신합니다.

## 4. 배제의 카르텔을 돌파하여 비평적 공정성을 확보하자

J형, 이제 저는 이 시대 한국문학의 발전과 성숙을 가로막는 또 하나의 요인에 대해 얘기하고자 합니다. 그것은 이 시대의 문학장을 교묘하게 지배하고 있는 '배제의 카르텔' 입니다. 저 개인적으로 현재의 문학판에서 횡행하고 있는 배제의 카르텔을 극복하지 못할 때, 이 시대 문학의 진정한 혁신은 대단히 힘들다고 보기 때

문입니다.

그것이 비판이든, 찬사든 김영하 씨의 『검은 꽃』이 문단에서 받은 이례적인 관심에 비하면, 철학자이자 문학비평가인 김진석 씨의 문학비평집 『소외에서 소내로』(개마고원, 2004)에 대한 평가는 정말 인색하기 그지없습니다. 만약 2004년에 출간된 평론집 중에서 가장 탁월한 비평집 단 한권을 선정하는 기회가 된다면 저는 주저 없이 김진석 씨의 『소외에서 소내로』를 꼽을 것입니다. 그래서 저는 개인적으로 가령 소설 분야에서 김영하 씨의 『검은 꽃』에 쏟아진 스포트라이트에 비견되는 비평 쪽의 평가가 김진석 씨의 『소외에서 소내로』에 부여되어야 마땅하다고 생각합니다.

『소외에서 소내로』는 저자의 탄탄한 철학적 기반과 문학적 감수성이 행복하게 만나 당대의 예리한 문학적 쟁점에 대해 소신 있는 문제제기를 수행하고 있는 문학비평집입니다. 특히 이 비평집에 수록된 「초월적 서정주의에 스민 파시즘적 탐미주의: 서정주 비평을 비판한다」라는 평문은 그간의 서정주 논쟁을 총결산하는 기념비적인 글이 아닐까 생각됩니다. 이 글을 통해, 김진석 씨는 서정주 시와 그의 정치적 삶의 관계에 대한 치밀한 내적인 분석을 시도하고 있습니다. 이러한 문제의식은 서정주의 시를 미적 자율성의 관점에서만 파악하거나 역으로 서정주의 정치적 행적을 문학세계에 기계적으로 겹쳐놓는 일차원적 논의들을 가뿐하게 넘어서고 있습니다. 김진석 씨의 이 글로 인해, 기존의 공전하던 서정주 논쟁이 한 차원 성숙하게 되었지요. 또한 김기택, 정현종,

황지우, 이성복, 김소진, 박경리 등등의 문인에 대한 작품론, 작가론 역시 그가 얼마나 텍스트의 기미에 민감하면서도 편협한 텍스트주의에 머물지 않고 텍스트와 역사, 사회적 콘텍스트를 섬세하게 연결시키고 있는 비평가인가 하는 점을 여실히 보여주고 있습니다.

그러나 이러한 소중한 비평적 성과에도 불구하고, 김진석 씨의 문학비평집 『소외에서 소내로』는 문학장에서 철저하게 소외되고 배제되었습니다. 세계의 어느 나라보다도 문예지 숫자가 많다는 이 땅의 어떤 문예지도 『소외에서 소내로』에 대한 서평이나 리뷰를 수록하지 않았습니다. 또한 김진석 씨의 비평집은 그 어떤 비평문학상의 수상작 후보 목록에도 오르지 않았습니다.[1] 물론 김진석 씨의 『소외에서 소내로』에 대한 평가는 다양할 수 있겠지요. 관점에 따라서는 김진석 씨의 문학적 견해와 현장비평에 대해 신랄한 비판과 문제제기를 수행할 수도 있을 것입니다. 예를 들어 저 개인적으로도 「초월적 서정주의에 스민 파시즘적 탐미주의」에서 구사된 비판의 수사학이 과연 적절한 것인가에 대한 논의의 여지가 있다고 봅니다. 그리고 비평집과 장편소설을 기계적으로 비교할 수는 없다는 점을 감안하도록 합시다. 그러나 이 모든 점들을 고려해도 김진석 씨의 『소외에서 소내로』가 문단의 평가에서 철저

---

1 | 이 글이 발표된 후에야, 김진석 씨의 비평집 『소외에서 소내로』는 2005년 '팔봉비평문학상'의 최종 후보에 선정되었다.

하게 배제되었다는 점은 부정하기 힘든 엄연한 사실입니다. 유사한 맥락에서 문학비평가 이명원 씨의 『파문』, 『해독』, 『타는 혀』 등의 문제적 저작들이 이른바 주류 문단에서 완전히 배제되거나 싸늘한 대접을 받는 것도 상식적인 비평적 판단이라는 생각이 들지 않습니다.

우리 시대의 문학이 풍요롭다, 다양하다, 좋은 작품이 많다, 이런 발상 좋습니다. 그런데 문제는 정작 탁월한 문학적 성과는 배제하고 제쳐 두면서, 상대적으로 많은 퇴고와 수정이 필요한 작품에 대한 지나친 의무부여를 하는 비평가들의 이상한 관행, 바로 이것이 한국문학의 위기를 가져온 진짜 원인이 아닐까요?

저는 이러한 사태에서 '배제'의 논리를 내면화하고 있는 문단 카르텔의 편협성을 실감하게 됩니다. 정, 김진석 씨의 문학관과 비평관에 동의하지 않는다면, 김진석 씨의 이번 비평집을 비판적인 형태로라도 다룰 수 있는 것 아닐까요. 그러한 논쟁을 통해 우리 문학은 한층 성숙해질 수 있겠지요. 논쟁의 성숙이야말로 우리 비평의 쇄신과 연결된다고 생각합니다. 앞으로는 수백 매에 이르는 구체적인 반론을 써도, 자신들에게 불리하다 싶으면 아무런 해명도 없이 갑자기 논쟁에서 발을 빼는 태도만은 정말 보고 싶지 않습니다.

김진석, 이명원, 두 사람의 비평가 모두 기존 문학권력에 대한 예리하고 소신 있는 비판을 보여준 바 있다는 점은 익히 아는 사실입니다. 현재로서는 이들의 문제적인 비평집이 문학장에서 완벽하게 소외된 것은, 바로 이들의 올곧은 비판적 태도가 주요 비평가들을 위시한 문단권력의 심기를 건드린 사실에서 비롯되었다고 해석할 수밖에 없습니다. 만약 그렇지 않다면 이 땅의 비평가들과 문예지 편집자들의 불성실과 둔감한 문학적 감수성을 타매할 수밖에 없는 것입니다.

김영하 씨와 김진석 씨의 최근 저서에 대한 관심과 평가가 보여주고 있는 극명한 대비에서 볼 수 있듯이, 제대로 된 평가와 공정한 판별, 합리적인 의미부여가 이루어지지 않는 문단의 풍토 속에서는 정말 좋은 글을 쓰고자 하는 문인도 상대적인 박탈감과 무력감에 빠지지 않을까 우려됩니다. 바로 이러한 비상식적인 일들이 계속 쌓이면서 문학의 위기와 문학판에 대한 냉소가 증폭되고 있는 것이겠지요. 물론 평가와 비평의 속성상 그 어떤 비평도 모든 문인들을 만족시킬 수 없습니다. 문제는 정말 좋은 글을 쓰는 시인, 작가, 비평가가 신바람을 내면서 쓸 수 있는 공정한 평가의 환경이 조성되지 않고 있다는 사실입니다. 이러한 상황에서 발설되는 문학의 새로운 번성, 문학의 건재는 특정한 문학집단의 주관적인 미망에 불과하지 않을까요.

지금까지 서술한 바로 이러한 문제의식이 저로 하여금 단지 문학권력에 대한 비판적 문제제기만으로는 새로운 문학적 대안을 설득력 있게 제시하고 공정한 비평 행위를 수행하는 데 근본적인 한계가 있다는 깨달음을 가져다주었습니다. 이러한 의미에서 이제 기존 주류문단의 해석학이 의도적으로, 혹은 무의식적으로 배제하고 있는 소중한 문학적 성과에 대해 정교한 의미부여를 할 수 있는 새로운 매체가 필요하다고 생각됩니다. 무엇보다도 문학 매체 간의 변별성이 제대로 확보되지 않은 이 시대의 문학판이야말로 진정한 문학적 다양성을 보여줄 수 없기 때문입니다.

## 5. 문학의 외부에서 문학을 바라보기

J형, 몇 번인가 저보고 소설을 써보는 게 좋겠다고 하셨지요. 저의 문체 얘기를 하면서 그러한 얘기를 꺼냈던 것으로 기억됩니다. 재능이 없기도 하겠지만, 앞으로 제가 소설을 쓰기는 힘들 것 같습니다. 근본적으로 말해서, 이제 가장 근대적인 문학장르인 '소설' 이라는 특정 형식으로 제 문학과 글쓰기를 한정할 필요가 없다고 생각하기 때문입니다. 가라타니 고진이 인도 작가 아룬다티 로이와 『녹색평론』 발행인 김종철 선생의 예를 들어 언급했다시피, 지금 이 시점에서는 전통적인 협소한 범주의 문학을 탈피하는 것이 오히려 진정 문학을 복원하고 혁신하는 길이 아닌가 생각됩니다.

이러한 의미에서 J형, 『문학수첩』 2005년 봄호에 수록된 아룬다티 로이의 글 「평화와 신(新) 기업 해방신학」과 고모리 요이치의 비평에 대한 정선태 씨의 글 「문학비평의 탈영토적 상상력」을 읽어보시기 바랍니다. 한 사람의 작가라는 입장에서 이 시대의 세계사적 비극에 대해 아룬다티 로이는 냉철하게 고발하고 있습니다. 바로 이러한 생생한 목소리가 아룬다티 로이에게는 또 하나의 문학일 겁니다. 또한 도쿄대학에서 문학을 가르치고 있으면서도 "문학 및 문학이론을 탈영토적으로 역사 · 사상 · 정치에 연결시키려고" 노력하는 고모리 요이치의 자세도 이러한 문맥과 일맥상통한다고 여겨집니다. 그렇다고 저도 정치 얘기를 하겠다는 것은 아닙니다. 제가 아룬다티 로이나 고모리 요이치처럼 살 수 없다는 것을 잘 알고 있습니다. 다만 제 입장에서 할 수 있는 것, 예를 들어 문학텍스트에 대한 미시적 분석에서 더 나아가 사회문화 비평을 포괄하는 어떤 자유로운 에세이를 써보고자 합니다. 물론 제가 전통적인 문학비평을 포기할 것 같지는 않습니다. 다만, 특정 시대의 문학작품에 대한 쇄말적 애정에 갇히지 않겠다는 표현으로 이해해주시기를.

누구나 자신이 영위하는 시대를 한편으로는 지루해하면서 또 한편으로는 사랑할 것입니다. 그것은 근대인의 운명이라고 생각됩니다. 유사한 의미에서 비평가라면 동시대의 작품에 대한 애정과 관심이 없을 수 없겠지요. 정말 중요한 것은 과연 어떤 태도가 동시대 문학의 전반적인 문학적 성장과 미학적 쇄신, 문학적 도약을 위해 필요한가의 문제입니다. 그것은 참으로 역설적이게도 기존의 편협한 문학에서 탈주하는 과정에 존재할 것입니다. 아울러, 애정에 바탕을 둔 동시대 문학에 대한 예리한 비판과 문제제기가 절실히 필요합니다.

이러한 의미에서 비판을 위한 비판만큼이나 동시대 문학에 대한 과도한 의미부여는 동시대 작가들의 미학적 성장에 '독'으로 작용할 것입니다. 물론 비평가 김현이 보여주었듯이, 흔히 '공감의 비평'으로 일컬어지는 섬세한 텍스트비평은 창작자들에게 커다란 격려가 되기도 합니다. 제가 그러한 비평의 소중한 역할까지 부정하는 것은 결코 아닙니다. 그러나 여기서 반드시 환기되어야 할 점은 김현의 책읽기는 항상 작품에 대한 애정만큼이나 미학적 쇄신을 촉구하는 예리한 조언으로 채워져 있었다는 사실입니다. J형도 김현의 『행복한 책읽기』를 읽어보셨지요. 물론 애정 어린 비평은 참으로 따뜻하지만, 또 다른 한편 김현의 비평은 얼마나 서늘한 비판과 예리한 통찰로 가득하던가요. 이와 비교하자면, 지금 이 시대는 텍스트에 밀착된 단순한 해설 비평이 범람하고 있는 것 아닐까요.

지금 이 시점이야말로 우리 문학을 위해 비평가들이 어떤 자세를 취해야 하는가에 대해 새롭게 생각할 때가 아닌가 싶습니다. 그것의 한 방법은 문학의 외부에서 문학을 바라보는 것이라고 개인적으로 생각하고 있습니다. 이를 위해서는 역설적으로 이 시대 문학에 대한 지나친 옹호에서 탈피해야 한다고 생각합니다.

J형, 문학으로부터 탈주하는 어느 순간 다시 문학이 보이기 시작할 것입니다. 아마도 이러한 깨달음이 없었다면 제가 2년 만에 다시 비평을 재개하지 않았을지도 모릅니다.

마지막으로 J형이 미국에 거주하는 1년 동안, 미국의 모든 것들을 최대한 많이 보게 되기를 기원합니다. 그러했을 때 바로 우리 사회, 우리 문학이 한층 투명하게 보일 것입니다.

J형의 건강을 기원하며,
청파동 연구실에서 권성우 드림.

(『문학수첩』 2005년 봄호)

# 문학과 언론

자유로운 문인이 되기 위하여

## 1. 새로운 부흥과 문학의 위기 사이에서

과연 한국문학에 새로운 부흥과 제 2의 문학적 활황기가 찾아온 것인가? 그렇게 판단할 수도 있는 몇 가지 문학적 징후들이 있는 듯하다. 우리나라가 주빈국으로 참여한 프랑크푸르트 도서전에 참관한 외국 출판사의 에이전트들과 비평가들이 한국문학의 잠재력과 가능성에 대해 호의적으로 평가했다는 기사들이 몇몇 신문 지상에서 발견된다. 예컨대 슈페판 슈톨 프랑크푸르트 도서전 행사 컨설턴트는 "최근 번역된 황석영의 소설 2편은 한국인의 생의 운명을 매우 견고하게 그려내고 있다. 이 작품들은 내가 몇 년간 읽은 작품들 중 최고에 속한다. 내가 만약 그처럼 몇 년간 수감 생활을 경험했다면 그렇게 담담하고 긍정적인 어투로 작품을 쓰지는 못했으리라"[1]고 말한 바 있다. 이러한 소식들은 일부 견해에서 찾아볼 수 있는 그 상투성과 계산된 오리엔탈리즘의 혐의에도 불구하고 이제 정말 우리 문학이 세계의 창으로 본격적으로 진입하기 시작하는가 하는 기대를 고양시키기도 한다. 이와 연관하여 시인 김지하는 프랑크푸르트 도서전을 계기로 해서 유럽에서도 영화나 문학을 비롯한 한류 문화가 커다란 관심의 대상으로 떠올랐다는 소식을 전하고 있다(한겨레신문 2005. 11. 2). 또한 비록 아깝게 수상하지 못했지만, 올해 노벨문학상의 유력한 후보로 거명된 고은 시인의 수상 가능성은 그 어느 해보다도 높았던 것으로 전해진다. 그러나 정확히 말해 그 아쉬움은 다음에 대한 기대에 다름 아닐 것이다. 이러한 일련의 현상이 프랑크푸르트 도서전이라는 제한적 특수에 기인한 것인지, 아니면 우리문학 및 그 번역의 의미 있는 문학적 진전에 기인한 것인지는 꼼꼼히 따져보아야 할 터이다. 그렇지만 우리문학에 대한 대외적 관심이 이전과 비교하여 괄목할 정도로 높아지고 있다는 사실은 분명한 것 같다.

앞에서 소개한 것이 프랑크푸르트 도서전과 노벨문학상을 둘러싼 대외적인 문학적 분위기라면 우리문학 내부의 정황도 문학의 새로운 부흥을 예감함직한 몇 가지 문학적 징후들이 나타나고 있다. 가령, 조선일보는 주요 일간신문들이 연재소설을 폐지한 지 실로 오래간만에 신예작가 정이현의 연재소설 「달콤한 나의 도시」

1 | 슈테판 슈톨, 「독일인이 본 '프랑크푸르트 도서전' 후기」, 한겨레신문 2005. 11. 2.

를 연재하고 있다. 이 신문은 2005년 11월 1일자 기사에서 신세대의 경쾌한 연애풍속도로 채워진 이 새로운 연재소설에 대한 독자들의 "뜨거운 성원"을 다소 흥분된 어조로 전하고 있다. 그런가 하면 올해 초에는 한때 사라졌던 일억 원 문학상 시대가 다시 등장했으며('세계일보문학상', 1회 수상작은 김별아의 『미실』), 김영하의 경우에서 볼 수 있듯이 작년 한 해에 문학상 상금만으로도 일억 천 만원에 이르는 거금을 확보한 작가가 탄생하기도 했다('동인문학상', '황순원문학상', '이산문학상').

새로운 문학적 호황을 예감하는 듯이 보이는 이러한 징후들은, 그토록 자주 언급되는 '문학의 위기'라는 진단에도 불구하고, 표면적인 층위에서 나타나는 문학적 번성과도 연동되어 있는 듯하다. 예컨대 우리는 시내 대형서점에 가면 마치 명동거리의 화려한 간판들을 조우하듯, 거의 매일 새롭게 출간되는 무수한 신간 소설책과 시집들을 만날 수 있다. 그리고 문학의 위기라는 풍문에도 불구하고 새로운 세대의 젊은 시인과 작가들이 신선한 문학적 문법으로 무장하여 한국문학의 다양성에 기여하고 있다는 점도 사실일 것이다. 그런가 하면 아마도 인구대비 문학상의 숫자가 지구상에서 유례가 없이 많은 이 땅에 그럼에도 불구하고 문학상은 계속 증가하고 있다. 문예지 시장의 엄청난 불황에도 불구하고, 그리하여 실제로 몇몇 문예지들이 폐간되고 있음에도 불구하고, 새로운 문예지들은 그 이상으로 창간되고 있다. 그리고 적어도 통계학적 수치에서 보자면, 문학 출판의 절대량은 분명히 증가하고 있다.

지금까지 설명한 최근의 이러한 문학적 분위기는 최근 몇 년 사이에 한국문학의 전반적인 위기에 대한 비평적 담론들이 증폭되던 정황과는 사뭇 다르다. 그렇다면 최근 몇 년 동안 그토록 운위되던 한국문학의 위기에 대한 담론은 과연 그 근거를 상실한 것인가? 그리하여 문학의 위기라는 저 끈질긴 풍문을 어느 순간 돌파하면서 이 시대의 한국문학은 화려하게 부활하고 있는 것일까? 나로서는 이러한 질문들에 대해 긍정적인 답변을 내리기에는 이 시대의 한국문학과 문인들에게 수많은 문제가 산적되어 있다고 생각한다.[2] 문제는 그 중요한 문학적 사안들에 대한 면밀한 논의와 투명한 대화가 이루어지지 않은 채, 우리문학의 세계화라는 새로운 테제로 우루루 달려가는 저 놀랍도록 날렵한 방향전환에 있다. 물론 우리문학이 세계 속으로 전파되고 외국인들에게 폭넓게 읽혔으면 하는 소망은 누구나 가지고 있을 터이다. 그러나 우리문학의 대외적 홍보와 번역의 필요성이라는 전제와 별도로 이 시대의 한국문학과 문인이 과연 제대로 된 문학성과 역사성을 담보하고 있는가 하는 물음에 대해서는 세심하게 따져보아야 할 많은 쟁점들이 존재한다. 바로 그 점이 활발하게 논의되고 해결되어야 특정한 행사로 인한 프리미엄 차원이 아니라 스스로 자부심을 느낄 수

---

2 | 필자는 「문학을 넘어서는 문학의 길」(『문학수첩』 2005년 봄호)라는 평문에서 최근 우리문학과 문단의 몇 가지 문제점에 대해 언급한 바 있다.

있는 진정한 의미의 '세계 속의 한국문학'이 가능한 것이 아닐까.

이러한 의미에서 앞에서 설명한 새로운 문학적 융성과 우리 문학의 가능성에도 불구하고 상당수의 문인들이 이 시대의 문학판과 문단의 현실, 문학적 경향에 대해 선뜻 긍정적인 진단을 내리지 못하는 원인은 무엇일까. 표면적 층위의 문학적 번성 현상과는 달리 이 시대 문학에서 '거품'을 발견하는 이들도 많다. 또한 이 시대 문학과 문학판에 대한 뿌리 깊은 냉소를 느끼는 문인들도 여전히 적지 않다. 그리하여 우리 문학의 새로운 번성(?)이 문인들에게 흔쾌히 공유되지 못하고 특정 문학집단이나 에콜의 '그들만의 잔치'로 전락하는 이유는 무엇일까? 그 원인은 여러 가지로 들 수 있을 것이다. 나로서는 이 시대 문학을 둘러싼 중요하고 민감한 의제들이 제대로 토론되지 않고 있다는 현실, 그리하여 심층적으로 논의되어야 할 문학적 쟁점들이 은폐되거나 회피되고 있는 현실이야말로 대다수의 문인들에게 이 시대 문학판에 대한 환멸을 느끼게 만드는 요인이라고 본다.

나는 『문학수첩』을 통해 앞으로 연재될 이 비평적 에세이에서 그 의제들에 대해 정면으로 논의해보고자 한다. 비평가가 할 일 중의 하나는 문인들의 자유로운 사고와 행동을 억압하는 권력의 실체를 과감하고 투명하게 드러내는 일일 것이다. 그러한 과정은 이 시대 문학의 미학적 성숙과도 연계된다. 이것은 궁극적으로 이 시대의 문인이 진정한 자유인이 되었을 때 가장 자연스러운 문학적 역량을 발휘할 수 있다고 생각되기 때문이다. 그것은 문학적 매혹을 탄생시키는 중요한 문학적 지반으로 작용할 수 있다. 이 연재의 첫 번째 에세이에서 문학, 혹은 문인과 언론의 관계에 대한 성찰이라는 민감한 주제를 다루는 이유는 바로 이러한 문제의식에서 발원한다.

## 2. 새로운 권력, 언론

이제 대통령을 비롯하여 정권을 비판하는 일은 한 정치가의 표현에 의하면, 일종의 '국민적인 스포츠'로 인식될 만큼 비판자에게 어떠한 부담감도 주지 못한다. 오히려 대통령과 집권여당을 옹호하는 행위가 일종의 왕따가 될 만큼 정치적 환경은 급변했다. 그것은 우리 사회가 그만큼 실질적인 민주화가 진척되고 탈권위주의 문화가 정착되었다는 사실을 의미하기도 한다. 이러한 점은 이른바 제왕적 대통령의 이미지와 보스적인 정치구도를 완전히 포기한, 비판적으로 보자면 권위주의는 해체했지만 유의미한 권위를 보존하지 못한 현 집권층의 정치적 한계와도 연관될 터이다. 그들이 과거의 절대권력과 비교하여 정치공학이나 방법의 측면에서 완전히 다른 모습을 보여주고 있다는 점은 분명하다. 그 성취와 한계에 대해서는 따로 면밀한 탐구가 필요할 것이다. 어쨌든 이러한 권력의 속성의 변화로 인해, 이제 이 시대는 "그 어떤 진보적인 발언도 존재를 위협하는 불이익을 받지 않는 시대"[3]가 되었다. 그러나 그렇다고 해서, 지금 이 시대를 옥죄고 지배하는 권력이 존재하지 않는다고 볼 수는 없을 것이다. 우리가 염두에 두어야 할 것은 전통적인 정치권력에 못지않은, 아니 그보다 장기적이며 막강한 신흥권력이 부상하고 있다는 사실이다. 권력의 운용방식과 지배 형태가 변하면, 사람들은 새로운 권력의 실체에 대해서 제대로 체감하지 못하는 것이 아닐까. 그 새로운 권력은 세상에 편재하지만, 대단히 교묘한 방식으로, 은폐된 형식으로 우리의 일상과 예술과 삶을 규정하고 억압하기도 한다.

그렇다면 이 시대의 지식인들이 비판에 대해 부담감을 느끼는 새로운 권력의 실체는 무엇일까? 그것은 단연코 몇몇 거대보수언론과 삼성으로 대변되는 초거대기업이라고 할 수 있다. 삼성이 얼마나 막강한 거대권력인가 하는 점은 이건희 회장의 명예박사 학위수여를 둘러싼 고려대 사태가 극명하게 보여준 바 있다. 그 행사에 문제제기를 했던 고려대 총학생회의 행동에 책임을 지고 고려대 보직교수들이 일괄 사퇴한 사건은 이 시대 대학이 대기업의 권력과 영향력으로부터 얼마나 자유롭지 않은가 하는 점을 여실히 증명했다. 백년역사의 전통적인 명문사학의 자율성과 자존심조차도 초거대기업 삼성 앞에서 여지없이 무너졌던 것이다.

그렇다면 거대언론의 경우는 어떠한가. 우리시대의 정치가, 지식인, 문인들은 과연 거대언론 앞에서 자율성과 자존심을 지키고

---

**3** | 최보은, 「진심은 최고의 정치행위다」, 『씨네21』, 2005.9.16.

있는가?

거대언론의 영향력이 얼마나 막강한가를 설파하는 구체적인 예로 나는 국회의원 유시민과 동아일보의 논쟁을 들고 싶다. 한때 『창작과비평』을 통해 소설가로 등단하기도 했던 유시민은 최근 조선일보와 동아일보를 '독극물'이라며 격렬하게 비판했으며, 이에 대해 동아일보는 사설을 통해 유시민의 '싸가지' 없음에 대해 역시 강한 어조로 반론한 바 있다. 이에 조선일보는 동아일보의 사설을 자세히 소개하는 방식을 통해 유시민을 간접적으로 비판했다. 겉으로 보기에는 공평할 것 같은 이 논쟁은 그러나 소통(기사화)을 둘러싼 역학관계에 의해 한 쪽이 월등 유리한 구도로 전개될 가능성이 크다. 이 점과 연관하여 유시민과 동아일보의 논쟁에 대한 '미디어 오늘' 기자의 아래와 같은 대화는 언론이라는 거대권력의 실체와 속성에 대한 중요한 암시를 던지고 있다.

> 유의원이 권력을 갖고 있고, 5년 뒤에 역사의 평가 앞에 알몸으로 서게 될 것이라고도 했다.
>
> "수백만 독자를 가진 신문이 더 강자라는 것은 말할 필요도 없다. 동아는 나를 매일 두들겨 팰 수 있지만 나는 내 목소리가 기사화되지 않으면 안된다. 내가 가진 것은 299분의 1의 입법권과 논리뿐이다. 신문의 권력이 영원하니 각오하라는 뜻이다."[4]

---

4 | 온라인기사, '미디어 오늘' 2005.10.20.

앞 문장은 유시민에 대한 동아일보의 사설을 '미디어 오늘' 기자가 요약하는 대목이다. 뒤의 단락은 그에 대한 유시민의 답변에 해당한다. 위의 대화는 전통적인 정치권력과 새로운 언론권력 사이의 역전현상을 인상적으로 보여주고 있다. 특히 "5년 뒤에 역사의 평가 앞에 알몸으로 서게 될 것"이라는 표현은 이즈음 정치권력의 한계와 유한성을 상징적으로 보여주는 듯하다. 유시민은 그 자신이 권력이 아니냐는 문제제기에 대해 언론권력에 비하면 자신의 권력은 대단히 제한적이라고 설명하고 있다. 그것은 무엇보다도 대중과의 소통(기사화) 가능성의 키를 유시민보다는 동아일보가 장악하고 있기 때문이다(최근 조선일보와 동아일보에 유시민에 대한 비판적 기사가 자주 등장하고 있는 것도 이러한 소통의 역학관계와 '배제의 논리'에서 연유할 것이다). 만약 지금이 박정희 치하의 유신시대나 전두환 치하의 5공정권이라면 유력한 실세의 말 한마디로 이 모든 문제가 봉합되었을 수도 있다. 그러나 지금이 어떤 시대인가? 대부분의 유력한 국회의원과 정치가들까지도 거대언론의 눈치를 살피고 알아서 행동하는 시대이다. 다시 국회의원이 되고자 하는 정치적인 처세술에 연연하지 않는 극소수의 정치가들, 즉 자유로운 정치가만이 거대언론에 대해 떳떳한 자세를 보이고 있는 현실이 아닌가.

이제 앞에서 인용한 대화에서 인식할 수 있듯이, 대중적인 명성과 확고한 정치적 소신을 지닌 헌결찬 국회의원도 방송과 신문을 포괄한 거대 미디어(언론)의 영향력 앞에서는 부담감을 느낄 수밖에 없는 것이 지금 이 시대의 언론을 둘러싼 정황이다. 물론 유시민은 예상되는 정치적 불이익에도 불구하고 거대신문과 정면 대결했다. 나는 그가 지금 정치판의 왕따가 된 이유는 기간당원제로 상징되는 참여민주주의에 입각한 정당혁명에 대한 그의 소신과 더불어 거대보수언론과 그의 불편한 관계에서 연유한다고 생각한다. 크게 보면 노무현 정권에 대한 평가 역시 거대보수언론과 정권의 불화라는 정황을 감안해야 제대로 이루어질 수 있는 것 아닐까 싶다. 이렇듯 이제 몇몇 거대언론은 이전에는 막강했던 정권과 그 실세에 대한 평가를 좌지우지할 정도의 공룡으로 성장했다. 다른 부문의 불합리와 모순에 대해서는 그토록 비판의 칼날을 예리하게 휘두르는 논자들이 가장 비판을 주저하는 대상이 거대언론이라는 사실은 이 시대 정치계와 문화계의 새로운 역학관계, 새로운 권력의 실체를 여실히 보여준다. 그래서 정치권력에 대한 비판에는 어떤 망설임도 없는 논자들이 언론권력에 대한 비판에는 이 눈치 저 눈치 다 보는 경우가 많다. 추상적인 정치권력보다는 언론권력이 오히려 자신의 삶을 제한하거나 규정할 수 있다는 사실을 본능적으로 인식하고 있기 때문이다. 이 점은 진보적, 비판적인 지식인의 경우에도 전혀 다르지 않다. 이러한 의미에서 〈거대미디어(언론)에 대해서 얼마나 독립적이고 비판적일 수 있는가?〉라는 문제는 이 시대 지식인의 소신과 열린 비판을 근본적으로 검증할 수 있는 리트머스시험지가 아닐까 생각된다.

그렇다면 문인의 경우는 어떠할까. 우선 이런 문제를 제기하고 싶다. 당신은 아직도 문학이 정치나 언론권력과 같은 것과는 상관없는 고상한 실체라고 생각하고 있는가? 문학은 순수하고 언론이나 권력 같은 불순한 것과 연관해 설명할 필요가 없다고 생각하는 문인이 아직도 있다면 그것은 엄청난 착각이라고 말해주고 싶다. 오히려 문학과 정치, 문학과 언론, 문학과 권력의 연관성을 열린 자세로 탐구하는 것이 이 시대 문학판에 긴요한 과제 아닐까. 여기서 구태여 문학작품이 소통되는 중요한 통로가 언론이라는 사실, 더 나아가 부르디외 식의 장(場)이론을 장황하게 서술할 필요는 없을 것이다. 좀 더 구체적으로 이러한 예를 들어볼 수 있겠다.

여기 문학적 가능성을 지닌 전업 신예소설가가 있다고 가정해 보자. 그가 의욕적인 첫 소설집을 발간했다. 그 나름대로 문학적 가능성과 새로운 소설미학을 선보인 그의 첫 소설책이 언론으로부터 전적으로 배제당하는 경우를 상정해 보자. 그러했을 때, 그의 신간은 실상 이 세상에 존재하지 않는 것과 마찬가지 운명에 처할 수 있다. 그래서 그 소설집의 문학적 가능성과는 별도로 몇몇 눈 밝은 문인들 외에는 그가 문단과 독자들에게 자신의 소설을 전하는 통로는 결정적으로 제한되어 버린다. 이는 궁극적으로 전업소설가인 그의 생계에도 커다란 영향을 미칠 것이다. 물론 이 모든 것을 신경 쓰지 않고 언론과 독자의 외면에도 불구하고 자신만의 고독한 창작과 예술의 길에 몰두할 수도 있을 것이다. 그러나 모든 문인들이 그러한 태도를 선뜻 선택하기에는 문학과 유통과 전파에 언론이 차지하고 있는 역할이 적지 않아 보인다.

문학 행위는 전통적으로 다른 어떤 지적 행위보다도 언론과 밀접한 연관성을 맺어왔다. 근현대문학사를 통해 상당수의 문인들이 신문사에 근무했다는 사실, 신문이야말로 문인들의 가장 중요한 발표지면 중의 하나였다는 사실이 이를 증명한다. 또한 "한국 문단이 언론에 많이 종속돼 있다는 건 움직일 수 없는 사실이다. 주요 일간지 출판 면의 신간 서평 하나도 큰 위력을 가지고 있는 게 현실이다. 사정이 이러하니 문인들 역시 언론에 민감할 수밖에 없는 것이다."[5]라는 발언을 참조해볼 수 있겠다. 이때보다 언론과 문학을 둘러싼 환경이 뚜렷하게 호전된 것으로 보이지 않는다. 오히려 어떤 문학적 행위도 언론의 조명과 창구를 통해서만 세상에 자신의 존재를 알릴 수밖에 없는 시대가 전개되고 있다. 그러니 문학행위에서 미디어(언론)에 대한 종속여부는 더욱 강화된 것이 아닌가 생각된다. 비판적 글쓰기, 민중문학도 이 점에서는 예외가 아니다. 그러므로 한 사람의 평범한 문인이 스스로 언론과 출판으로부터 자율성을 확보하고 독자적인 태도를 지니기란 보기보다 쉬운 일은 아닐 것이다.

여기서 흥미로운 문학적 아이러니가 생성될 수 있다. 역설적으로 이 시대의 새로운 신(神)으로 추앙받는 거대언론으로부터의 자유, 거대언론의 정치적 편향을 비판할 수 있는 소신은 그 문인이

---

5 | 고종석 · 정과리 대담, 「'꽃을 든 괴물' 어떻게 볼 것인가」, 『한겨레21』 320호, 2000.8.

얼마나 자유로우며 주체적인 존재인가를 검증하는 잣대로 작용할 수 있다는 것이다.

문학이 궁극적으로 추구하는 가치가 모든 형태의 억압에 대한 비판과 자유라면, 지금 이 시대 문인들에게 가장 크게 다가오는 억압의 기제는 무엇일까. 그것은 단연코 정치권력보다는 언론권력이다. 물론 거대언론은 문인들에게 직접적인 간섭과 폭력을 행사하지 않는다. 그보다 언론이 문인을 활용하고 상대하는 운용방식은 지면을 둘러싼 '배제와 선택'의 논리에 의해 작동한다. 물론 기사로서의 가치가 있는 대상을 정당하게 다루는 것 자체가 언론의 순기능이라는 사실을 부정할 생각은 없다. 아울러 한국근대문학사에서 구체적으로 확인할 수 있듯이 전통적으로 언론은 문학의 발전과 대중적 소통에 커다란 기여를 했다. 이 공로를 무시할 생각은 전혀 없다. 다만 지금 이 시대에 언론과 문학이 맺는 관계는 그렇게 단순하고 순수하지 만은 않다는 점을 강조하고 싶다. 그것은 여러 가지 정치적 편향, 배제의 논리, 인맥의 카르텔, 인정투쟁의 욕망, 우연, 데스크의 주관 등등이 복합적으로 개입하는 고도의 정치적인 장이기도 하다. 이제 언론은 문인들의 인정욕망을 실현시킬 수 있는 가장 유력한 '욕망의 전시장'에 다름 아니다. 이러한 의미에서 문학과 언론이 맺고 있는 부정적 양상에 대해서도 열린 정신으로 얘기할 시기가 도래한 것이 아닐까.

80년대 우리 문학은 당대의 지배권력인 폭압적인 정치권력에 대해 온몸으로 저항해온 역사를 가지고 있다. 그렇다면 이제 이 시대 문학이 감당해야 할 소중한 몫 중의 하나는 바로 거대언론의 폐해에 대한 문제제기가 아닐까. 바로 그러한 일을 감당할 수 있는 문학이 문학 본연의 자유정신에 충실한 문학이며, 이 시대에 필요한 문학일 것이다. 나는 이 시대의 유능한 젊은 문인들이 이러한 문학적 과제에 조그마한 관심이라도 기울여 주기를 기대하고 있다. 물론 대단히 문학적인 방법으로 말이다.

나는 지금까지 설명한 의미에서 이 시대에 진정으로 자유로운 문인은 자신이 동의하지 않는 세계관과 정치적 입장을 지닌 언론에 대해 소신껏 비판할 수 있는 문인, 자신의 정치적, 문학적 입장에 따라 특정한 언론에 대해 투명하게 문제제기를 할 수 있는 문인이라고 생각한다.

이것은 물론 특정 언론에 기고를 하느냐, 거부하느냐의 문제로만 축소될 수 있는 것은 아니다. 그것은 근본적으로 일종의 투명성과 열린 자세의 문제이다. 말하자면 이렇다. 가령 한 문인이 조선일보에 기고했다면 그 행위를 조선일보가 취하고 있는 세계관과 정치적 입장에 대한 동의로 기계적으로 연계시킬 수는 없을 것이다. 그러나 동시에 조선일보의 편파적 보도행태와 세계관, 극우에 가까운 정치적 입장에 대한 지식사회와 문단의 지속적인 문제제기가 있었다는 점을 감안하면, 그 문인은 자신의 기고행위가 지닌 문화적, 정치적 의미에 대한 성찰적인 자의식을 지녀야 하는 것이 아닐까. 노파심에서 말하자면 나는 안티조선 서명자도 아니며, 그 운동의 방식에 대해서도 일정한 이견을 지니고 있다.[6] 그리고 『문학수첩』 편집위원들만 해도 이 문제에 대해 각자 조금씩 다른 생각을 가지고 있다. 당연히 이 글은 『문학수첩』의 공식적 입장을 대변하는 것은 아니다. 다만, 최근에 들어와서 조선일보를 비롯한 몇몇 거대보수언론의 보도행태와 정치적 지향에서 드러나는 문제점이 한층 노골화되고 있다는 점[7], 이러한 대목에 대한 비판과 인식이 필요하다는 점을 분명히 지적하고 싶다. 개인적으로 이 문제에 대한 성찰과 대화 없이는 이 시대 문학을 정말 열린 마음으로 얘기할 수 없다고 생각한다.

---

6 | 나는 2001년에 씌어진 「다시 비판의 방법과 형식을 논한다」(『비평과 권력』, 2001)라는 글에서 "강준만의 열정적인 조선일보 비판 작업에 의해서, 명확하게 감지하지 못하고 있던 언론 전반의 문제점, 특히 그 중에서도 조선일보의 모순과 폐해에 대해서 구체적으로 인식할 수 있었다. 아울러 문학작품의 홍보와 전파에 언론이 얼마나 막중한 역할을 하고 있는가, 그래서 그토록 비판적인 문인들이 유독 언론에 대해서는 너그러운 자세를 취할 수밖에 없는가를 인식하게 된 것도 강준만의 집요한 언론 비판 작업과 문학계 비판 작업이 중요한 계기가 되었다고 할 수 있다. 언론 비판 운동이 폭넓게 전개되어야 하며, 그 비판의 과정에서, 조선일보가 전술적 타깃으로 설정될 수 있다는 정도는 충분히 공감할 수 있다. 다만, 강준만과 안티조선이 취하는 관점이 언론개혁운동의 가장 현실적인 대안인가? 하는 점에 대해서는 좀 더 면밀한 검증이 필요한 것 같다"고 언급한 바 있다.

7 | 현 정부의 미숙과 정치적 과오와는 별도의 맥락에서, 최근 조선일보는 현 정권을 저주한다고 표현할 수 있을 정도로 대단히 편파적인 내용으로 이루어져 있다.

## 3. 언론에 대한 자의식

조선일보를 비롯한 몇몇 거대언론의 최근 행보에 대한 자의식과 입장은 여러 가지 방향으로 드러날 수 있다. 예컨대 스스로 조선일보의 세계관 및 정치적 입장에 동의한다고 밝힐 수 있을 것이다. 조선일보가 취하는 정치적 입장과 자신의 기고 행위 사이에는 전혀 연관성이 없다고 주장하면서 이른바 '지면 결정론'의 한계, 즉 조선일보에 수록된 글이라도 그 신문에 반(反)하는 정치적 입장과 논리를 전달하는 것이 가능하지 않느냐는 논리를 펼칠 수도 있을 것이다. 물론 그러한 견해의 타당성 여부는 별도로 논의될 수 있으리라.[8] 또한 조선일보에 글을 쓰면서도 동시에 조선일보의 문제점에 대해 다른 지면을 통해 비판적으로 접근하는 것도 가능한 한 선택일 것이다. 역으로 한겨레신문에 기고하면서도 한겨레

8 | 물론 이러한 견해에 대해서는 이미 여러 가지 비판이 이루어진 바 있다. 조선일보가 그 신문의 정체성과 이념에 반하는 글을 실어줄 지도 의문이거니와, 설사 그러한 글이 수록된다고 해도 지금과 같은 언론 정황에서는 조선일보의 전체적인 논지에 용해되어 그 신문의 정치적 편향을 자연스럽게 은폐하는 수단으로 기능할 가능성이 높다. 이러한 의미에서 정과리가 고종석과의 대담(「'꽃을 든 괴물' 어떻게 볼 것인가」, 『한겨레21』, 320호, 2000.8)에서 조선일보가 주관하는 '동인문학상'의 존재와 연관하여 주장한 바, "(조선일보의) 정치적 노선에 타격을 줄 것이다", "작품을 통해 조선일보에 반하는 생각을 갖게끔 해줄 수 있고", "'괴물이 든 꽃'이 괴물의 추악함을 두드러지게 한다"라고 언급한 견해들은 이 시점에서 보건대 그 근거를 완전히 상실한 것으로 보인다.

신문에 대한 비판적인 생각을 지닐 수도 있으므로. 나는 이러한 선택이 충분히 가능하고 필요하다고 생각한다. 그래서 이런 선택들에 대해 동의하지 않을 수는 있지만, 그 태도 자체가 문제가 된다고는 생각하지 않는다. 각자 자신의 세계관과 정치적 입장을 지니고 있으므로. 중요한 것은 입장 자체가 아니라 자신의 입장을 얼마나 열린 마음으로 드러내고 있는가이다.[8]

문제가 되는 것은 조선일보를 비롯한 거대언론의 폐해에 대해 어떤 자의식과 문제의식도 느끼지 못하는 경우이다. 물론 언급하기 불편한 문제에 대해서는 얘기하고 싶지 않거나 아예 언론에 대한 문제의식이 존재하지 않는 경우도 있을 것이다. 개인적으로 이러한 선택에 대해 심정적인 차원에서 이해할 수는 있다. 그러나 세계 앞에서 자신의 글을 온몸으로 드러내고자 하는 문인이라면, 인간과 사회에 대한 끊임없는 성찰을 보여주고자 하는 문인이라면 다음과 같은 시인 함성호의 발언이 단순히 스쳐지나가는 얘기로 다가오지는 않을 것이다.

> 삶과 예술은 분리되어 있을 수 있다. 그러나 삶의 태도와 예술의 태도는 같아야 한다. 선택을 강요하는 것은 나쁘지만 태도를 밝히라는 요구는 얼마든지 가능해야 한다. 나의 정치적 입장, 그리고 나의

---

8 | 이러한 논리에서 이문열과 정과리의 입장에 동의하지는 않지만, 그들이 자신의 견해를 밝힌 것에 대해서는 의미 있는 대화과정이라고 생각하고 있다.

문학적 태도, 나의 삶의 태도에 대해 밝히길 주저한다면, 나는 글을 쓸 이유도 없고, 그림을 그릴 이유도 없는 것이다. 대저 가짜들은 이런 얘기 할 때는 이런 입장, 저런 얘기 할 때는 저런 입장을 아무렇지도 않게 좇어 섬긴다. 태도는 속일 수 있는 문제가 아니다. 다 드러난다.[10]

그렇다. 자신의 정치적 입장, 지식사회에서 중대한 아젠다로 작용하는 특정신문과 그 세계관에 대한 입장을 표명하기를 주저하는 문인이 과연 인간과 사회에 대해 얼마나 열린 마음으로 글을 쓸 수 있을지 나는 확신할 수 없다. 이렇게 자신의 입장과 선택에 대해 투명하게 말하라는 조언조차 억압으로 느낀다면, 그것은 스스로 떳떳하지 못한 심리이기에 그런 것이 아닐까. 적어도 공적인 차원의 문인이라면 이러한 요구조차도 스스로 감당해야 할 것이다. 자신의 글쓰기가 골방에서 이루어지는 낙서가 아니라고 생각한다면.

나는 이 시대의 잘 나가는 젊은 문인들 중에서 조선일보로 상징되는 거대보수언론에 대한 문제의식을 지니거나 그에 대한 입장을 밝히는 경우를 거의 보지 못했다.[11] 그들은 그 모든 것들에 대

---

**10** | 함성호, 「다시 자유의 이름으로」, 『세계의문학』 2005년 봄호, 259쪽.

**11** | 나는 바로 이러한 점들이 지금 이 시대 문학이 보여주는 미학적 한계와 모종의 상관관계가 있다고 생각하고 있다. 진정으로 가치 있는 글쓰기는 자신을 옥죄는 여러 형태의 권력과 억압에 대한 섬세하고도 투철한 자의식 속에서 생성되는 것이 아닐까.

해 자유롭게 얘기하고 에세이를 쓰지만, 유독 그 부분에 대해서는 얘기하지 않는다. 이러한 침묵은 조선일보와 문인의 관계에 대한 강준만, 고종석, 김명인, 김정란 등의 문제제기 이후로도 상당수 문인들의 태도와 처세술로 자리 잡은 듯하다. 동시에 조선일보에 기고하는 문인들 중에서 조선일보의 최근 편파적 보도 행태나 문제점에 대해 술자리가 아닌 공식 지면을 통해 지적하는 문인들을 역시 거의 보지 못했다. 그들은 정말 최근의 조선일보가 보여주는 행태와 정치적 입장에 어떠한 위화감과 불편함도 느끼지 못하는 것일까. 당연히 그럴 수도 있을 것이다.

다만 그렇다면 그들의 그러한 생각을 솔직하게 표출하는 것이 필요하다. 예를 들어 조선일보의 노선과 입장의 어떤 점에 대해서 동감을 하는지에 대해서 언급하는 것이 자신의 문학적 정체성을 확고히 하는 동시에 문학적 소통과 대화에 도움이 될 것이다. 아울러 강준만, 고종석, 박노자, 홍세화, 김진석, 한홍구, 유시민 등의 조선일보 비판에 왜 동의할 수 없는지를 구체적으로 밝혀준다면, 소통과 대화를 통해 언론과 조선일보에 대한 논의가 한결 치밀해질 수 있다고 생각한다.

또한 조선일보에 글을 기고하면서도 조선일보의 세계관과 정치적 입장에 대해 모종의 위화감과 불편함을 느낀다면, 그러한 부분을 섬세하게 드러내는 것이 좀 더 정직하고 투명한 태도이자 문인다운 자세가 아닐까. 바로 이러한 입장을 지닌 문인과 논객이 거의 없다는 것이 조선일보의 불행이 아닐까. 나는 지금 문인들에게 필요한 것은 서로의 문화적, 정치적 차이에 대한 허심탄회한 대화라고 생각한다.

이러한 연장선상에서 다음과 같은 문제제기를 할 수 있을 것이다. 정이현, 박민규 같은 소중한 문학적 가능성을 지닌 신예작가들은 조선일보와 한겨레신문, 혹은 『한겨레21』에 동시에 기고하고 있다. 매일 아침마다 동일한 정치적 사안에 대해 완전히 정반대의 사설을 내보이는 두 신문에 동일 인물이 등장하는 것을 부조화로 받아들일 사람이 아직은 꽤 존재한다. 물론 그들의 이러한 태도를 자연스럽다고 보는 시각도 있을 것이다. 그러나 그러한 행위가 비상식적이라고 생각하고 적어도 아름다운 것은 아니라고 간주하는 문인과 독자들을 위해 그들은 자신의 입장을 좀 더 투명하게 밝혀야 되는 것이 아닐까. 예를 들어 〈이러이러한 이유로 나는 이 두 신문에 동시에 글을 쓰는 것을 자연스럽게 생각한다〉, 〈포스트모던한 시대에 그런 정치적 구분과 이분법은 낡은 발상이다〉, 〈초월적인 창작자에게 그런 세속적이며 정치적인 문제는 사소한 것이다〉라는 식으로 말이다. 그러한 반론과 문제제기는 이 사안에 대한 심화된 토론을 가능케 할 것이다.

강조컨대, 내가 문제 삼고자 하는 것은 정치적으로 완전히 상반된 두 지면에 글을 쓰는 것 자체보다는 그 행위에 대한 자의식을 지니고 있는가의 여부이다. 그동안 우리 문인들은 자신의 입장을 드러내는 과정을 통한 상호 비판과 대화가 너무 부족했던 것이 아닐까. 투명한 자기 드러냄을 통해 지금보다 모두가 좀 더 자유로운 상태에서 한층 좋은 작품을 쓰게 될 수 있기를 희망한다. 그 과정을 통해 나는 이 시대의 문학에 대한 더욱 기꺼운 매혹과 자유로운 영혼을 느끼고 싶다. 이 시대 문인들의 가능성과 열정을 소중하게 여기기에 감히 하는 말이다. 동일한 의미에서 나 역시 이 글에 대한 문제제기를 통해 한 단계 진전하고 싶다. 예를 들어 이 글에서 표명한 거대언론과 문학의 관계에 대한 나의 견해에 대해 누가 논리적이며 근사한 반론을 해준다면 내 생각이 변할 가능성을 열어 놓겠다.

지금이야말로 언론에 대한 문제의식과 투철한 자의식이 필요한 시대가 아닐까 싶다. 나는 우리시대의 작가들에게 언론에 대한 자의식과 생각이 없으리라고는 보지 않는다. 그들로 하여금 그 문제에 대한 침묵을 강요한 것은 스스로의 자기 검열, 즉 거대언론으로부터 배제당할 지 모른다는 본능적인 두려움 때문일 것이라는 심증을 나는 가지고 있다. 이 심증이 그야말로 심증에 불과하다는 것을 그들이 문학적 자유와 자존의 이름으로 담대하게 보여주기를 고대한다. 어떤 방식으로든지, 나는 이 시대의 젊은 작가들에게 거대언론과 미디어에 대한 자의식이 드러나기를 기대한다. 그러한 과정이 자신의 글쓰기의 욕망을 철저하게 들여다보는 과정이기 때문이다. 이미 오래 전에 소설가 이청준이 강조했거니와, 자신의 글쓰기의 욕망과 자의식에 대한 성찰 속에서 작가는 진정으로 자유로워질 수 있으리라.

지금까지 이 글에서 주장해온 언론에 대한 자의식을 드러내는 것조차도 결코 쉬운 문제가 아니라는 사실은 분명하다. 궁극적으로 이 문제는 '생계' 차원의 문제에까지 연동되어 있기 때문이다. 그렇기에 이러한 문제제기를 하는 내 마음이 불편하기도 하다. 그러나 어떤 식으로든지 이 문제에 대한 논의가 있어야 하는 것도 또 하나의 분명한 진실일 것이다. 그 문턱을 넘어야 우리는 좀 더 신선한 자유의 공기를 느낄 수 있는 것이 아닐까. 그래서 이러한 문제를 제기하기가 상대적으로 자유로운 위치가 있다고 생각하는 필자가 이 글을 쓰게 되었다.

이 글을 쓰면서 어떤 발언을 자유롭게 할 수 있는 위치에 있는 사람들의 경우, 특정한 사안 자체에 대한 침묵이 곧바로 책임감이 결여된 방조에 연결될 수도 있다는 생각을 끊임없이 했다. 부디 너그럽게 이해해주기를 바란다.

## 4. 맺는 말: 자유를 통한 문학적 도약을 위해

어떤 경우에 자유와 구속은 한 끝 차이일지도 모른다. 자신이 무의식적으로 설정한 제도와 구속의 경계를 넘어설 때 우리는 새로운 자유의 공기를 호흡할 수 있을 것이다. 한국문학의 제대로 된 도약은, 유사 이래 수많은 작가들이 바로 그것을 위해 모든 것을 헌신하고 심지어 목숨까지 바친, 그 자유에 대한 열망에 의해 가능할 것이라고 나는 생각하고 있다. 이제야말로 우리 문학은 언론을 넘어선 진정한 자유에 대해서 말할 때가 아닐까. 언제나 문학은 자유의 또 다른 이름이었다.

(『문학수첩』 2005년 겨울호)

**보유**

이 글이 발표된 직후에 이른바 황우석 사태가 발생했다. 황우석 사태의 핵심에는 그를 지나치게 영웅시하면서 비판적 검증에 소홀했던 거대보수언론의 선정주의와 국가주의의 문제가 개입되어 있다는 것이 필자의 생각이다. 황우석 사태를 계기로 하여, 거대보수언론의 문제점이 한층 집중적으로 부각되고 있으며 과학과 언론이 맺는 관계에 대한 논의도 전개되고 있다. 과학 분야와는 비교할 수 없을 정도로 '언론'과 밀접하게 연루된 문학 분야에서도 언론에 대한 근본적인 성찰이 이제 본격적으로 전개되어야 할 것이다. 비유컨대, 우리가 상상하고 있는 이 시대의 문학도 몇몇 미디어(언론)가 가공해낸 또 하나의 '상상의 공동체'일 수도 있다. 이러한 의미에서 이 시대의 문학의 실상과 허상에 대한 한층 냉철한 진단이 요청된다고 하겠다.

# 대안적 비평문화의 정착을 위해

새로운 비평 커뮤니티의 도전적 실험을 기대하며

## 1. 비평집의 홍수 속에 던지는 질문

수많은 문학비평집, 문학이론서, 문학 분야의 학술서가 끊임없이 간행되고 있다. 일제 식민지 치하 36년에 이르는 긴 세월 동안 출판된 문학비평집이 임화(林和)의 『문학의 논리』(1940), 김문집(金文輯)의 『비평문학』(1938) 등 단 몇 권에 불과하다는 사실과 비교하면, 최근 문학비평에 해당하는 단행본의 활발한 간행 풍토는 그야말로 격세지감(隔世之感)이라고 부를 수 있을 정도이다. 가령 2005년 올해 현재까지 발간된 문학비평집의 숫자만 따져도 50여 권에 가깝다. 거기다 주로 학술논문으로 채워진 가까운 문학학술서, 문학이론서 등을 합하면 고전문학 분야를 제외하더라도 일 년에 백 권을 훨씬 상회하는 비평 및 문학이론과 연관된 신간들이 매년 지속적으로 출간되고 있는 셈이다. 그렇다면 이미 서 너 권에 달하는 문학비평서와 문학연구서를 간행한 비평가와 문학연구자들은 마치 1930년대 여름의 경성거리에서 맥고모자를 발견하는 것만큼이나 흔할 것이다.

이러한 현상에는 한국현대문학이라는 학적 영역이 근대적 대학제도 속에 제 영역을 확보해 가는 과정 및 비평과 대학이라는 근대적 제도의 결합, 현대문학의 지속적 확대, 출판산업의 비약적 성장이라는 다기한 요인들이 작용하고 있는 것으로 보인다. 비록 비평집의 양산이 대학제도로의 편입을 꾀하는 비평주체의 욕망에서 자유롭지 않다고 할지라도, 어쨌든 비평적 소재와 주제의 면에서 볼 때, 한국현대비평의 스펙트럼이 점점 넓어지고 다양해지고 있다는 점은 분명한 사실일 것이다. 그러나 이러한 비평적 융성의 또 한편에서 우리는 비평문학의 양적인 풍요가 질적인 성숙과 근원적인 문제의식을 동반하고 있는가라는 물음을 던져볼 수 있을 것이다. 단적으로 말해 나는 이 글을 통해, 〈과연 이 시대의 비평이 비평 고유의 비판정신과 엄정한 평가, 냉철한 지성을 얼마나 갖추고 있는가?〉, 〈첨예한 문학적 현안에 대해 이 시대의 비평은 얼마나 성실하게 개입하고 있는가?〉라는 질문들을 던져보고자 한다.

물론 이러한 물음은 결코 새롭지 않다. 사실을 말하자면 '선택과 배제의 논리', '비판과 평가'가 태생적으로 개입할 수밖에 없는 비평 장르는 비평가와 창작자 모두에게 늘 제 역할을 제대로 하지 못하는 의혹과 불만의 대상이었다. 그러나 비평이 늘 그토록 부정적인 대상이었던가? 한때 비평은 당대 지성의 빛나는 전위였으며 치열한 논쟁의 산실이었고, 작품들을 섬세하게 위무하는 부드러운 촉수였으며, 동시에 문학적 위의(威儀)를 상징하는 한 시대의 사제이기도 했다.

그러나 언제부턴가 비평은 그야말로 지리멸렬해지기 시작했다. 그것은 시대사적으로 새로운 밀레니엄이 도래한 이후와 일치하며, 동시에 상당수 비평가들의 글쓰기 행태가 『문학동네』, 『문학과사회』를 비롯한 몇몇 주류 문예지의 제도적 이해관계에 깊숙하게 '연루'되기 시작한 시기와 겹친다. 또한 이 시기는 출판사 편집인의 감각이 비평가의 비판정신을 대체하기 시작한 시기와도 오버랩 된다. 여기서부터 진정으로 비평의 위기가 발원하기 시작한 것이 아니었을까. 요컨대 비평의 독자성과 자율성은, 비평이 특정한 문학집단이나 문예지 에콜의 이해관계에 지나칠 정도로 긴밀하게 '결합'되기 시작하면서 결정적으로 훼손되기 시작했다.

물론 비평가를 중심으로 한 문학에콜의 의의와 필요성 자체를 부정할 필요는 없다. 이미 필자가 몇 년 전에 언급한 바 있지만, 미학적 일관성과 개성적인 감수성으로 무장한 에콜은 오히려 권장되어야 한다. 유사한 맥락에서 특정한 비평가가 특정한 문예지나 비평적 에콜에 관여하고 있다는 사실 자체를 문제 삼을 필요는 전혀 없을 것이다. 비평적 독자성과 자율성을 지킨다는 것과 특정한 에콜에 관여한다는 것은 다른 차원의 문제일 수 있다.

그러나 여기서 문제가 되는 것은 최근에 들어와 비평가들이 특정한 에콜이나 문예지에 연루되거나 결합되는 층위가 비평적 담론의 공공성과 합리성에 대한 신뢰를 근본적으로 의심할 정도로 강화되고 있다는 사실이다. 그리하여 한 비평가가 애초에 가지고 있던 독자적인 비평적 세계관과 미학적 자질조차 그 비평가가 연루된 문예지의 이해관계에 종속되는 현상이 나타나기 시작했다. 몇몇 문예지의 문학적 확장 욕망은 많은 비평가들의 비평 행위를 '문학주의의 복권', '신세대 문학에 대한 옹호' 등의 그 문예지의 문학적 프레임이라는 편협한 동일자의 우산 속으로 편입시키기 시작했다. 그 비평적 프레임에서 탈주하고자 하는 비평가들은 이른바 주류 문예지의 장에서 배제되는 운명에 처했다. 이러한 일련의 비평적 징후들은 특정한 비평가가 취하고 있는 비평적 입장과 그 진정성, 자율성, 평가의 엄정성 여부에 대한 전반적인 신뢰를 결정적으로 감퇴시키게 만들었다.

이러한 현상의 폐해는 생각보다 심각하다. 이제 거의 모든 비평적 발언은 그 배후와 이해관계를 의심받는 지경에 이르렀다. 물론 그 어떤 비평적 발언도 그 발화자(주체)가 취하고 있는 입장과 맥락, 이해관계, 해석공동체에 따라 굴절되어 수용되기 마련이지만, 지금의 비평적 정황은 그러한 소박한 원칙론을 넘어서 각자의 비평적 발언에 대한 기본적인 신뢰를 상실하고 있다는 점에서 문제가 된다. 이에 따라 비평적 현안들에 섬세한 해석학적 충돌은 충분히 진척되지 않고 있으며, 문학논쟁은 불건강한 냉소주의에 의해 심화되지 못하고 있다. 또한 치밀한 텍스트 비평과 부적절한 과잉 해석이 합리적으로 구별되지 않은 채 텍스트에 종속된 범박한 차원의 비평, 혹은 현란한 문학주의로 위장해 결과적으로 상업주의를 정당화하는 비평이 난무하고 있다. 이제 이 시대 문학적 현상의 뿌리까지 투시하는, 비평적 자의식으로 무장한 비평가에게 유일하게 남은 것은 문학과 비평에 대한 철저한 허무주의일지도 모른다.

그렇다면 이 문제들을 어떻게 풀어나갈 것인가? 대안은 무엇인가. 그런데 여기서 이러한 부정적 현상의 중대한 요인을 몇몇 주류 문학권력이나 문예지의 패권적 욕망에서만 찾는 것은 사태를 단순화하는 것일 수 있다. 그러니, 유의미한 대안적 발상은 기존의 매체권력의 문제점에 대한 비판을 넘어 생산적인 대안을 모색하는 것이다. 좀 더 구체적으로 말하면 지금 이 시대의 문학장과 비평적 관행에 대한 문제의식을 지닌 비평가라면 이제 불만과 의혹의 시선에서 더 나아가 기존의 문학매체 권력과는 질적으로 다른 비평적 기획과 대안을 실천적인 차원에서 전개할 필요가 있다. 이러한 과정 속에서 비평의 자율성과 독자성이 제대로 복원될 수 있으며, 문학장의 다양성이 확보될 수 있다고 나는 판단한다. 그러므로 이 시대 비평문학의 문제는 기존의 문예지 에콜과 질적으로 구별되는 대안적 비평 커뮤니티와 비평적 기획을 충분하게 현실화하지 못한 비평가들에게도 그 원인의 일단이 존재하는 셈이다.

지금까지 설명한 의미에서 각기 조금씩 다른 방식으로 비평의 독자성과 대안적 비평문화를 강조하고 있는 『크리티카』, 『비평과 전망』, 『작가와비평』 등의 비평전문지의 탄생과 그 역할은 아무리 강조해도 지나치지 않다고 생각된다. 기존 문예지의 전략과 이해관계에 종속된 비평에서 탈피하여 비평 행위 자체의 독자성과 비판적 역할에 주목하는 이들 비평전문지가 그 문제의식에 부합되는 치열하면서도 정교한 글쓰기를 진행했을 때, 우리의 비평문화도 그만큼 다양해지고 균형감각을 확보하게 될 것이다.

이러한 문제의식에 따라 이 글은 최근 간행된 『크리티카』 창간호, 『비평과전망』 9호, 『작가와비평』 4호를 읽으면서 느낀 비평적 단상의 형식으로 이루어진다.

## 2. 독립적 비평 커뮤니티의 문제의식과 그 현실성: 『크리티카』

강우성, 김건우, 김경식, 김동수, 김병구, 김성진, 김성호, 김양선, 김태훈, 문영진, 박용규, 변현태, 송희영, 신승엽, 오길영, 오원교, 윤혜준, 이용욱, 정성철, 조현일, 차원현, 천정환, 황정아, 황정산 등의 국문학, 독문학, 영문학, 불문학, 노문학, 미학 분야의 다양한 전공을 포괄한 24명의 동인들이 참여하고 있는 비평전문지 『크리티카』의 창간사에는 아래와 같은 문제제기가 언급돼 있다.

오늘날 숱한 비평가들이 활동하지만, 그들의 비평들은 자신의 독자적 영역을 확보하지 못하고 있다. 기껏해야 종합문예지의 전략에 종속된 비평에 머무르고, 나아가 더 거대한 매체가 허용하는 장에서만 활동하고 있다. 그래서 비평행위는 갈수록 증대하지만 그 행위의 독자성은 갈수록 위축된다. 우리는 비평 전문지를 통해서 다른 매체산업의 논리나 지향에 종속되지 않는 독자적인 비평행위를 추구하고자 한다.[1]

이러한 『크리티카』의 진단은 이 시대 비평문학의 병폐들을 예리하게 간파하고 있다고 생각된다. 비평적 행위의 증대라는 표면적 현상의 배후에는 비평적 독자성의 위축이라는 치명적인 문제점이 현 비평계에 자리 잡고 있다는 사실을 위의 예문은 적절하게 지적하고 있다. 이러한 전언에 의할 때, 비평적 글쓰기에서 궁극적으로 중요한 것은 이해관계에서 자유로운 독자적 비평일 것이다. 『크리티카』가 오로지 비평과 에세이만을 게재하는 것도 바로 이러한 문제의식, 즉 창작이나 출판산업과 연관된 부수적인 이해관계에 구애됨이 없이 오로지 철저한 비평정신에 충실하겠다는 발상에서 연유하는 것으로 보인다. 비평의 독립성, 자율성을 강조하는 이러한 발언이 어떤 이상적 순결주의의 맥락에서 수용될 필요는 없다. 가령 출판자본과 연관해서 말하자면 어떤 비판적인 문

1 | 신승엽, 「새로운 비평 커뮤니티를 향하여」, 『크리티카』, 이가서, 2005, 6쪽.

예지도 출판사와 문예지, 그리고 그 유통망을 통해서 그 존재를 증명할 수밖에 없는 것이다. 중요한 것은 비평 행위를 둘러싼 제도적 정황을 투철하게 인식하면서도, 그러한 구속과 제도에서 자유롭고자 하는 비평정신일 것이다. 비평의 독립성을 민감하게 생각하는 필자의 입장에서 『크리티카』의 이러한 목소리는 무척이나 반갑다. 그러나 이번 창간호만으로 평가하면, 『크리티카』가 열망하는 비평의 독자성에 기반한 '살아 있는 비평'은 아직 가능성으로만 존재하고 있는 것으로 보인다. 구체적으로 말하자면 『크리티카』 동인들 각각이 지니고 있는 탁월한 비평적 자질이 이 소중한 커뮤니티를 통해 충분히 현실화되지 못하고 있는 것이 아닌가 생각된다. 가령 개개인의 글들이 지닌 공력에도 불구하고 그 이론적 맥락과 문학세계가 판이한 루카치, 바흐친, 데리다, 진중권, 배수아, 20세기 민족문학론, 모더니즘 등등의 비평적 주제들이 어떤 상호 연관성을 지니고 있는지 의문이다.

이와 연관하여 『크리티카』 창간호에 수록된 평문 중에서 유일한 작가론에 해당되는 조현일의 「영원한 슬픔과 니힐리즘의 정치학: 배수아론」은 지금 이 시대 문학을 조망하는 『크리티카』 동인들의 입장을 확인할 수 있다는 점에서 주목할 필요가 있다. 조현일은 소설가 배수아에 대해 "변화된 상황에서 문학의 정치성을 주장하는 이 시대의 보기 드문 작가"[2]라고 해석하면서 그의 소설을 "87년 이후 정착되고 있는 자유주의 문화에 대한 '불온한' 비판"이라는 관점에서 조망하고 있다. 이러한 관점은 이 시대 문학과 작가를 바라보는 중요한 논점을 제공하고 있다. 나로서는 배수아에 대한 이러한 평가는 일종의 확대해석이라고 생각하고 있는데,[3] 이 대목에서 궁금한 것은 이러한 조현일의 견해가 『크리티카』의 공식적 견해로 볼 수 있는가의 여부이다. "모든 동인의 글은 동인 내의 사전 발표와 토론을 거쳐야" 한다는 창간사를 감안하면 이러한 조현일의 글은 단지 조현일 개인의 맥락에서만 수용할 수 없을 것 같다. 그러나 동시에 "동인으로 참여하는 개개인들 각자의 개별적 기획을 중시"하는 태도를 보면 조현일의 글을 그대로 『크리티카』가 취하고 있는 이 시대 문학과 소설가 배수아에 대한 견해로 등치시킬 수도 없을 것이다. 바로 이러한 점들이 동인들 사이에서 좀 더 심층적으로 논의되어야 비평동인으로서의 『크리티카』의 정체성이 뚜렷하게 확보될 수 있는 것 아닐까.

서로의 관점을 긴밀하게 공유하는 전체적 기획보다 개개인의 문학적 입장을 앞세우는 이러한 느슨한 비평적 연대의 의미도 있겠지만, 이러한 관점이 지금 이 시대의 첨예한 비평적 사안에 대

---

2 | 조현일, 「영원한 슬픔과 니힐리즘의 정치학: 배수아론」, 『크리티카』, 이가서, 2005, 17쪽.

3 | 필자는 배수아야말로 전형적인 자유주의자라고 평가한다. 물론 여기서 '자유주의'는 부정적 함의를 지니고 있지 않다. 배수아의 소설 및 이와 연관된 논의에 대해서는 조만간 다른 지면을 통해 구체적으로 논의할 예정이다. 한편 배수아 문학의 전개과정에 대한 필자의 견해는 좌담 「최근의 문제작을 어떻게 볼 것인가」(『문학수첩』 2005년 가을호, 327~333)를 참조할 것.

해 얼마나 순발력 있고 효과적으로 대응할 수 있는지에 대해서 나는 확신할 수 없다. 단도직입적으로 나는 이 시대 문학판을 바라보는 『크리티카』의 비평적 정체성은 무엇인가? 라고 묻고 싶다. 아마도 동인들은 특정한 정치적 입장이나 문학적 견해로 환원되지 않는 자발적 개별자들의 느슨한 비평 결사체라고 답변할 수 있을 것이다. 나는 그들의 입장을 존중한다. 다만, 이론에 대한 그들의 관심과 열정만큼 이 시대 문학판의 구체적인 비평논의에 대해서도 성실한 개입이 이루어질 때, 『크리티카』라는 비평 커뮤니티가 창간사의 문제의식에 부합되는 비평적 정체성을 확보할 수 있는 것은 아닐까. 풍부한 인적 구성원과 그 자질로 보건대, 『크리티카』의 가능성은 무궁무진하다. 무엇보다도 동인 개개인이 지닌 비평적 잠재력이 구체적인 문학현장에 대한 실천적 개입을 통해 구현될 때, 『크리티카』는 이 시대 비평문학의 문제점을 돌파 · 극복하는 유의미한 텃밭이 될 수 있을 것이다. 『크리티카』와 같은 대안적 비평적 커뮤니티가 지니는 희소가치와 소중한 맥락을 생각해 볼 때, 그들이 이 시대의 비평적 현안에 성실하게 개입하는 것은 일종의 권리이자 의무일 것이다. 이런 맥락에서 적어도 "잡지사의 상업성이나 혹은 문학작품의 해설에 종속된 비평이 아니라 비평 고유의 정신으로 살아 있는 비평"을 추구하는 대안적 비평 커뮤니티가 『크리티카』라면 이 글에서 제기된 물음들이 무의미하게 다가오지는 않을 것이다.

그들의 초심이 단단하게 지속될 수 있기를 염원한다. 무엇보다도 이 시대 비평문학의 미래를 위해서.

## 3. 대안적 비평문화의 가능성과 한계: 『비평과전망』과 『작가와비평』

다소 느슨한 비평적 연대에 해당하는 『크리티카』에 비해 볼 때, 고명철, 이명원, 하상일, 홍기돈의 『비평과전망』과 최강민, 이경수, 고봉준, 정은경의 『작가와비평』이 취하고 있는 입장은 한층 명확하다. 그들은 기존의 주류 문예지 카르텔에 대한 확고한 대타의식을 가진 채, 독립적이며 비판적인 비평적 진지를 구축하고 있다. 이 점은 이 비평전문지들의 동인들이 비교적 동 세대의 유사한 문제의식을 공유하는 구성원들로 이루어져 있다는 점, 그들의 비평이 이 시대의 문학적 현안에 구체적으로 개입하고 있다는 점과 연관될 터이다. 문학출판을 통한 자본의 재생산 기반이나 최소한의 출판을 위한 자본 없이 오로지 비판적 문제의식으로 무장하여 최근 9호를 발간한 『비평과전망』과 4호를 발간한 『작가와비평』의 존재는 그 자체로 소중하다. 비유컨대 이들의 존재는 변변한 무기도 없이 오로지 열정과 분노로 무장하여 일본군에 저항하는 독립군을 연상시킨다. 비록 이들을 둘러싼 문화적 환경과 조건은 열악하기 그지없지만, 이들의 존재에 의해 비로소 2000년대의 우리문학은 주류 비평집단이 구사하는 해석의 전횡에 맞서, 비평적 해석의 다양성을 확보할 수 있었다. 그러나 이제 창간호를 발간한 지 6년의 세월이 흐른 『비평과전망』과 2년이 가까워지는 『작가와비평』은 그들의 비평 행위에 대한 근본적 성찰과 재조정의 시기를 맞이하고 있는 듯하다. 이제 이들은 이 문학장에서 비판적이며 독립적 비평을 어떤 방식으로 장기전으로 수행할 수 있는지에 대해서, 기존의 주류 비평집단이 배치한 비평적 우산의 틈새를 어떻게 효과적으로 공략할 수 있는가에 대해서 근원적으로 고민해야 할 것이다.

이러한 과정에서 그들에게 이러한 문제들을 제기할 수 있을 것이다. 이들의 당찬 비평적 선언은 아름답고 시원시원하지만, 때로 그 비평적 취지와는 어울리지 않는 비평문들이 수록된다는 점을 지적하고 싶다. 예컨대 『비평과전망』 9호에 수록된 박민규론이나 『작가와비평』 4호에 수록된 몇몇 시인론과 작가론에서 볼 수 있다시피 기존의 주류 문예지의 해석학과 어떠한 차별성도 없는 비평문들이 발견되기도 한다. 아울러 비평적 패기에 상응하는 분석의 치밀함과 정교함이 요청된다는 점, 비평적 의제 설정이 때로 이론적 진전이 없이 동어반복에 가깝다는 점 등을 지적할 수 있을 것이다.

물론 이러한 문제점들은 비판적 글쓰기의 과도기에 나타날 수 있는 과정이라고, 비판적 글쓰기의 외연을 넓히기 위한 수순이라고 충분히 이해할 수도 있다. 그러나 이제 진정 주류 문예지와 비평집단을 이론적으로, 비평적으로 극복하기 위해서는 냉엄한 자기조정과 내부 성찰이 필요한 것으로 보인다. 이러한 문제점들에 대한 찬찬한 응시를 통해 『비평과전망』과 『작가와비평』은 우리 문단에 신선한 발성과 도발적인 충격을 지속적으로 보여줄 수 있을 것이다. 이를 위해서는 이들 비평가들이 소외된 아웃사이더 의식에서 탈피하여 이 시대 주류문학을 비판적으로 전유하면서도, 고유한 문학적 지평을 확보하는 '이중적인 비평적 시선'을 담보하는 게 필요하다. 또한 특정한 세대에 한정되지 않은 폭넓은 비평적 연대전선의 구축을 통해 이들 문예지의 목적이 좀 더 구체적으로 현실화될 수 있는 지반을 확보하는 것이 요청된다. 통시적 시각의 확보를 통한 공시적 연대를 통해 지금 이 시대 비평의 현안을 돌파해나가는 지혜가 필요하다고 볼 때, 이러한 의미에서 『비평과전망』 9호에 수록된 해방 이후 최초의 비평동인지 『비평작업』에 대한 소개와 자료발굴은 소중한 의미를 지니고 있다. 이제 이들의 시선은 문학사적 맥락에 대한 재조정을 통해 기존의 문학사가 배제해버린 전시대의 비평적 실천에 닿아 있다.

『비평과전망』과 『작가와비평』은 모종의 변화를 앞두고 있다고 한다. 그 변화가 이론적 튼실함을 확보하면서도 이 시대 비평 현실에 직핍해 들어가는 올곧은 비평정신으로 채워져 있기를 기대한다.

## 4. 맺는 말: 새로운 비평 커뮤니티를 위한 각서

이제 기존의 보수적인 비평 카르텔을 허물어 올곧은 비평정신으로 현실과 대화하는 비평, "비평 고유의 정신으로 살아 있는 비평"(『크리티카』)을 복원하기 위한 작업은 특정한 비평가 개인이나 특정한 문예지의 노력만으로는 분명한 한계가 있다. 보수적인 문단제도와 다양한 층위에서 결합된 기존 비평집단의 헤게모니와 그 부정적 관행이 그만큼 완고하게 자리 잡고 있기 때문이다. 그러므로 이 시대의 비평과 그 부정적 관행에 대한 문제의식을 공유하고 있는 문예지와 비평가들 사이의 생산적인 연대가 필요하다.

이러한 의미에서 최근 탄생한 비평 커뮤니티 〈포럼 X〉의 가능성을 주목해 볼 수 있을 것 같다. 『실천문학』, 『문학과경계』, 『리토피아』, 『문학수첩』, 『비평과전망』, 『작가와비평』, 『황해문화』 등의 문예지에 직·간접적으로 연관된 십여 명의 비평가들이 함께 참여하고 있는 〈포럼 X〉는 이 시대 비평문학의 현안과 문제점에 대한 인식을 공유하면서 정기적인 세미나와 비평적 대화를 통해 문제적인 비평적 사안에 대해 능동적으로 대처하게 될 것이라고 한다. 〈포럼 X〉는 유사한 문제의식을 지닌 또 다른 비평 커뮤니티 『크리티카』의 존재와 함께 이 시대 비평의 새로운 갱생과 비평의 독자성 회복을 향한 소중한 참호 역할을 수행하게 될 것으로 보인다. 이 글은 새로운 대안적 비평 커뮤니티의 활성화와 실천이야말로 이 시대 비평문학의 폐해들을 극복하는 방안이라고 주장해온 셈이다. 이러한 새로운 비평적 커뮤니티의 비평적 기획이 기존의 주류 비평이 전유한 '해석의 우산'과 충돌하여 의미 있는 틈새를 생성할 수 있을 때, 우리 비평은 말의 진정한 의미에서 비평적 다양성, 비평적 균형감각을 확보할 수 있을 것이다. 서로 상이한 문학관을 지닌 비평집단들 간의 본격적인 해석학적 충돌, 그것이 발산하는 유쾌한 난장판을 기대해보자. 이제 진짜 논쟁다운 논쟁이 시작될 것이다.

(『문학사상』 2006년 1월호)

# 2 논쟁 속으로

1. 열린 진보와 권위주의 사이: 〈창작과비평〉을 비판하며 | 2. 심미적 비평의 파탄: 남진우의 반론에 답한다 | 3. 현학과 과잉, 그리고 비평의 감옥: 황종연의 '소설의 악몽' 비판 | 4. 비판을 위한 비판, 그 맹목적인 글쓰기에 대하여: 류보선의 비판에 답한다 | 5. 우리를 아프게 하는 비판을 원한다

# 열린 진보와 권위주의 사이

『창작과비평』의 최근 행보를 어떻게 바라볼 것인가?

## 1. 『창작과비평』의 과거와 현재

이른바 '양대 계간지 시대'라고 불리던 시대가 있었다. 이러한 표현은 1966년 창간된 『창작과비평』(이하 창비로 약칭함)과 1970년 창간된 『문학과지성』이 1970년 이후, 지성계와 문단의 중요한 양대 축으로 작용하면서 커다란 영향력을 행사하던 시대를 의미한다. 그 의도에 관계없이, 이러한 표현은 이 두 계간지의 상징권력을 공고히 하면서, 결과적으로 그 두 가지 흐름에 포괄되지 않은 다양한 지적 운동과 문학적 양상을 문학사의 장에서 '배제'시키는 작용을 수행했다고도 볼 수 있다. 물론 이 시점에서 볼 때, '양대 계간지 시대'라는 표현은 '문학사의 창고' 속에서나 발견됨직한 용어일 것이다. 지금 이 시대는 문화적 탈권위, 탈중심의 논리가 일반화되어, 어떤 식의 중심과 주류, 권위도 다양한 방식의 비판과 문제제기로부터 자유롭지 않은 시대인 것이다.[1]

그럼에도 불구하고 이러한 양대 계간지가 한국현대지성사에서 점하고 있는 소중한 역할과 기념비적 족적(足跡)은 쉽게 부정되지 못할 것이다. 그 중에서도 창비라는 존재가 한국현대문학사라는 자장에서 차지하고 있는 위치는 각별한 것으로 보인다. 무엇보다도 반공이데올로기가 횡행하던 1960년대 중반의 지적 풍토 속에서 계간지문화의 신기원을 이룩한 최초의 문예계간지가 창비였다는 사실이 주목되어야 할 것이다. 그리고 그러한 기원의 의미 못지 않게 창비가 창간 이후 현재에 이르는 35년의 세월 동안 보여주었던 궤적 자체가 민족문학의 소중한 역사 그 자체로 수용되기도 한다는 점, 창비 및 창작과비평사가 민족문학의 성과를 널리 전파하고 진보적인 문학인들을 지원하는 중요한 텃밭 역할을 수행했다는 사실 등도 결코 과소평가될 수 없으리라. 이러한 면에서 볼 때, "아마도 『창비』 없이는 『문지』가 결코 그 의미를 만들어낼 수 없을 것이지만, 『창비』는 『문지』의 존재에 관계없이 그 자체의 역사적 자리를 얼마든지 충분히 건져낼 수 있었을 것입니다"[2]라는 발언을 단지 의례적인 헌사로 바라볼 수는 없을 것이다.

---

1 | 실상 최근 조선일보 지면을 통해서 주창되고 있는 '위기의 지식인'은 이러한 권위와 중심에 대한 다양한 비판을 불편해하는 퇴행적인 지식인의 위기를 상징할 뿐이다. '위기의 지식인' 시리즈에 대한 비판으로는 김진석의 「'지식인의 논쟁': 이진우 교수에 반박」(한겨레신문 2001.8.11)을 주목할 수 있다.

그렇다면 이러한 통시적인 맥락과 찬연한 전통에 잠깐 괄호를 치고 최근의 지성계에서 창비가 차지하고 있는 위치와 역할을 객관적으로 탐문해 본다면 어떠한 결과가 도출될 수 있을 것인가? 이 글은 기본적으로 이러한 질문으로부터 시작된다.

일단 이 시대는 한마디로 백화제방(百花齊放)이라고 표현될 수 있는 다양한 문예지와 시사계간지 등의 존재로 인해, 하나의 잡지가 전체 지성계에서 차지하고 있는 역할에 분명한 한계가 있을 수밖에 없는 시대이다. 말하자면, 과거 1970년대에 『창작과비평』이나 『문학과지성』이 지성계나 문단에서 차지하고 있었던 커다란 역할을 이 시대의 문화적 지형에 그대로 대입시킬 수는 없을 것이다. 가령, 문학의 차원으로 한정하면 『문학동네』, 『문예중앙』, 『실천문학』, 『세계의문학』 등등의 계간지가 차지하고 있는 현재적 위상이 『창작과비평』의 그것에 현저하게 못 미친다고 예단할 수 없을 것이다.[3] 유사한 차원의 문제제기를 『당대비평』이나 『문화과학』, 『인물과사상』 등의 사회 · 문화비평지들과 창비를 비교하여 수행할 수 있겠다.[4]

분명 지식사회에서 창비가 차지하고 있는 비중과 영향력은 칠팔십 년대의 그것과 비교할 수 없을 정도로 하락했다고 볼 수 있

---

2 | 김병익, 「『창비』와 한국 4반세기의 역사」, 『우공(愚公)의 호수를 보며』, 세계사, 1991, 153쪽.

3 | 수록된 글의 수준이나 작품의 문학성, 기획의 문제성과 참신성 등을 포괄하는 의미에서 그러하다.

다. 이러한 점은 일종의 문화적 대세로, 창비의 책임이라고 볼 수 없는 자연스러운 현상으로 판단된다. 그러나 이러한 사실과 별도로 적어도 '상징권력'이라는 문제의식으로 보면, 창비는 여전히 지식사회에서 가장 신뢰받고 가장 커다란 문화적 권력을 행사하는 에콜이자 지식집단이라고 간주될 수 있으리라. 그러므로 창비에 대한 제대로 된 비판은 여전히 유효하다. 나는 이즈음의 창비에 대한 적확한 비판이 이른바 진보 상업주의와 진보 권위주의의 검은 그늘에 대한 매우 투명한 응시로 접맥될 수 있다고 본다.

이 글은 바로 이러한 맥락에 따라서, 최근 몇 년 동안 창비 지면에 나타나고 있는 몇 가지 문제점에 대한 구체적인 비판을 시도하기 위해서 씌어진다. 요사이 창비가 보여주고 있는 여러 가지 문제점과 문화적 지체는 창비의 과거와 현재 사이의 간극, 즉 창비의 빛나는 전통과 상대적으로 하락한 현재적 위상 사이의 낙차에 창비 편집진들이 성실하게 적응하지 못하면서 일종의 타성과 권위의식에 안주함에 따라서 발생하고 있다는 것이 필자의 생각이다. 그러므로 이 글은 현재 창비가 그 찬연한 전통과 역사에 부합

---

4 | 최근 대학생들이나 진보적 지식인들에게 미치는 영향력 면에서 본다면, 월간 『인물과사상』이나 저널룩 『인물과사상』이 창비를 압도하고 있는 것으로 보인다. 문제제기의 순발력이나 문화적 쟁점에 대한 정직한 대응의 면에서뿐만 아니라, 양적인 판매지수로 따져도 그렇다. 인터넷 서점에 한정된 통계이기도 하지만, 저널룩 『인물과사상』의 판매지수는 문예지들 중에서 가장 잘 팔린다는 창비의 세 배에 가깝다. 그 원인을 단순히 강준만과 『인물과사상』의 선정성에서 찾는 태도는 번지수를 한참 잘못 찾은 것이 아닐까.

되는 진보적 문예지로서의 역할을 제대로 수행하고 있는지에 대해서 비판적으로 검토함과 동시에 창비의 성실한 자기 갱신과 창조적인 변화를 촉구하기 위해서 씌어진다.

지금까지 서술한 문제의식에 따라 이 평문은, 기존의 창비에 대한 문제제기가 주로 백낙청이라는 한 개인에게 집중되었다는 한계를 고려하여, 창비라는 지식집단 내지 해석공동체가 지니고 있는 구조적 문제와 습속 및 행태, 시스템에 대한 비판으로 채워질 것이다.[5] 이 글이 주로 임규찬을 비롯한 창비 후속세대 혹은 2세대 비평가들에 대한 비판으로 구성된 것은 바로 이러한 이유 때문이다. 더 나아가, 이 글은 조금씩 입장과 노선이 다른 계간지나 에콜 간에 건설적인 상호비판이 필요하다는 문제의식에서 씌어졌다는 사실도 밝혀두고자 한다.

---

5 | 이러한 글쓰기에 해당하는 대표적인 비판으로는 정과리의 「민중문학론의 인식구조」(『문학과사회』 창간호, 1988)와 이남호의 「『창작과비평』이 섬기는 세 가지 우상」(『문학의 위족1: 시론』, 민음사, 1990)을 들 수 있다. 그러나 이 글들은 그 설득력 여부와 별도의 차원에서, 창비를 중심으로 한 민족문학 진영이 확고한 우위에 서 있던 당시에 전개된 비판이라는 점에서 지금 씌어지는 필자의 글과는 판이한 지성사적 배경을 지니고 있다. 지금 이 시대의 창비에 대한 비판은 전통과 상징권력에 안주하고 있는 창비의 쇄신을 촉구하는 맥락에서 씌어져야 한다는 것이 필자의 생각이다.

## 2. 첨예한 쟁점의 회피와 정론성의 상실

최근 이삼년 간 치열하게 전개되었던 이른바 '문학권력 논쟁'의 과정에서 『창작과비평』은 일단 집중적인 비판의 대상에서 벗어나 있었다. 문학권력 논쟁과 연관된 문제의 사안이 『문학과사회』(이하 문사로 약칭한다)와 『문학동네』를 중심으로 전개되었기 때문에, 창비는 상대적으로 이러한 비판으로부터 한 발 떨어져 있었던 것이다. 적어도 표면적인 문맥에서 볼 때, 이러한 과정 속에서 창비는 문학과지성사나 문학동네에 비해서 상대적으로 열린 태도를 보여주었다. 가령, 창비의 홈페이지 게시판은 그 엄연한 한계에도 불구하고, 한번도 인위적으로 폐쇄됨이 없이, 온라인 문학토론의 광장이라는 소중한 기능을 수행해 왔다. 이러한 점은 결코 평가절하될 수 없는 의미 깊은 차이일 것이다. 그리고 비록 온라인 상이지만, 백낙청, 최원식 등 창비 진영의 대표적인 논자들은 이른바 안티조선과 문학권력 논쟁, 박남철 사건 등에 대한 자신들이 의견을 개진한 바 있다는 점[6]도 주목되어야 한다. 특히 창비가 일종의

---

6 | 창비 진영 논자들이 안티 조선이나 문학권력 논쟁을 바라보는 태도는 문사나 문학동네가 내보이는 노골적인 냉소주의와는 분명히 구별된다. 가령, 정과리의 관점이나 『문학동네』 2001년 여름호 특집 〈비평과 권력〉에 수록된 남진우의 입장과 최원식의 입장을 비교해 보면 이러한 차이는 확연하게 드러난다. 남진우의 글이 지닌 문제점에 대해서는 권성우, 「우리를 아프게 하는 비판을 원한다」(『황해문화』 2001년 가을호)를 참조할 수 있다.

권력이라는 사실을 흔쾌하게 인정하면서 권력의 공정한 행사와 '상호 비판적 훈련'을 위해서 노력하겠다는 최원식의 발언은 창비의 열린 태도를 상징적으로 보여주고 있다.

이러한 창비의 상대적인 진보성과 대화성, 열린 태도는 분명 존중되어야 한다. 생각건대 이러한 창비의 면모는, 다른 두 에콜과는 달리 창비가 수십 년에 걸친 치열한 문학논쟁을 성실하게 수행한 텃밭이었다는 사실, 그리고 민족문학 논쟁을 비롯한 끊임없는 논쟁과 상호 비판의 체험을 축적하면서 비판과 논쟁에 단련되어 왔다는 지적 전통에서 연유한 것이리라. 그러나, 이러한 창비의 상대적인 진보성이 과연 다른 에콜과 비교해 볼 때, 명백한 차별성을 지니고 있는가라는 물음에 대해서는 좀 더 면밀한 검증이 필요한 것으로 보인다.

앞에서 언급한 『창작과비평』의 상대적인 진보성과 대화적 태도를 인정한다 하더라도, 우리는 최근 일 이년 간 창비의 기획 및 특집에 대해서 다음과 같은 비판을 전개하지 않을 수 없다. 적어도 2001년 여름호까지의 창비 지면을 보면, 안티 조선 논쟁, 동인문학상 논쟁, 문학권력 논쟁, 언론개혁 논쟁, 학문후속세대를 억압하는 학술권력의 문제, 박남철 사건 등의 최근 우리 지식인사회와 문학계를 둘러싼 첨예한 논의는 아예 존재하지 않았던 사안에 불

---

7 | 최원식, 「문학권력 논쟁을 보면서」 창작과비평사 홈페이지(http://www.changbi.com) 자유게시판, 2000.7.20.

과하다. 가령 문단의 '뜨거운 감자' 라고 표현될 수 있을 이른바 박남철 사건만 하더라도 예술가의 기행과 반사회적 행태가 어느 정도까지 정당화될 수 있는 것인가에 대한 심화된 토론이 충분히 가능할 것이다.

물론 특정한 문예지가 문학계와 사회의 모든 쟁점에 대해서 언급하기가 쉽지 않다는 사실을 감안해도, 최근의 창비 지면에 이러한 쟁점이 거의 다루어지지 않았다는 사실을 고려하면 위의 지적은 유효하다. 아울러 한 신문은 "백교수는 1일에는 이명원사태에 대해서도 입장표명을 하며 창비 계간지의 경우든 김종엽 교수의 경우든, 침묵의 카르텔에 가담하지 않았다는 사실을 적시하고 길게 보면 (이런 과정을 통해) 우리 사회 도처의 온갖 부당한 결탁체제가 조금씩 깨져가는 것도 틀림없다고 봐요라고 적었다"[8]라는 기사를 통해 창비의 열린 자세와 온라인 게시판에서의 백낙청 선생의 적극적인 개입을 높이 평가하고 있다.[9] 다시 한번 강조하건대,

---

8 | 「'사이버 武林' 창비 사이트 가봤어」, 문화일보 2000.12.15.

9 | 물론 온라인 공간인 창비 홈페이지(www.changbi.com)를 통해서는 다른 어떤 계간지의 온라인보다도 문학권력 논쟁을 비롯한 민감한 사안들에 대한 활발한 논의들이 오고 갔다. 아울러 백낙청, 최원식을 비롯한 창비 편집진의 의사표현이 간혹 등장하고는 했다. 그러나 이러한 온라인의 문제의식이 오프라인의 잡지 편집에는 거의 반영되지 않았다는 점, 아울러 온라인에서 창비 편집진들이 몇몇 논쟁과 현안에 대해서 밝힌 대목은 일반적인 의미의 원칙의 확인에서 벗어나지 않는 어정쩡한 양비적 발언에 불과한 경우가 많았다는 점을 고려하면, 실제로 창비 진영이 최근의 첨예한 비평적 현안에 대해서 회피하고 있다는 판단도 무리한 논리가 아닐 것이다.

창비 측이 다른 문예 계간지에 비해서, 우리 문단과 사회의 중대한 현안에 대해서 상대적으로 열린 자세로 개입하고 있다는 것은 분명한 사실이다. 그러나 그 개입은 온라인에 한정되는 그야말로 '상대적인' 차원에서 수행된다는 점에서 명백한 한계를 가지고 있다.

1970~1980년대의 창비 지면에는 그 당대의 가장 핵심적인 관심사에 해당되는 논의가 대부분 좌담이나 특집기획을 통해서 진지하게 표출되어 있다. 나는 지금도 가끔 이전의 창비를 읽으면서, 그 당대의 가장 민감하고 중대한 관심사에 대한 치열한 토론을 만난다. 1970~1980년대의 '창비' 지면, 아니 1990년대 초반까지의 창비 지면이야말로 당대의 지적 동향에 대한 가장 예민한 성감대이자, 열린 대화의 산실이었다. 말하자면, 공식적인 방송과 신문을 통해서는 결코 접할 수 없는 뜨거운 진실의 목소리들을 그 당시 창비 지면을 통해 만날 수 있었던 것이다. 그렇다면 지금의 창비 지면은 어떠한가. 먼 훗날 바로 이 시대의 문학과 비평과 사회를 연구하는 어느 젊은 비평가는 창비나 문사 지면을 통해서는 결코 만날 수 없는 뜨거운 진실의 목소리들을 인터넷이나 『인물과 사상』에서 만날 수 있었다고 말하게 되리라.

최근의 창비는 항상 당대의 첨예한 문제와 정면 대결해왔던 이러한 아름다운 전통에서 얼마나 멀리 떨어져 있는가. 이러한 의미에서, '당대의 핵심적인 관심사에 대하여, 성실한 대응을 하지 않는 잡지를 과연 제대로 된 정론지라 할 수 있을까?' 라는 질문을 창비에 던져볼 수 있을 것이다. 물론 이 같은 창비의 태도는, 앞에서 열거된 민감한 쟁점들이 창비에서 좌담이나 특집, 비평 등으로 다룰 만한 가치가 없었다고 판단하는, 편집진의 결정에 의한 것이라고 해석될 수도 있을 것이다(만약 그렇다면 정작 다룰 만한 가치가 있는 논점들은 무엇인지 다시 묻고 싶다). 나는 기본적으로 창비 편집진이 이러한 판단을 내린 것으로 믿고 싶지 않다. 차라리 창비가 특정한 입장을 표명하기에는 미묘한 사안에 대해서 침묵을 지켰다고 보는 것이 더 현실에 가까운 판단이 아닐까 싶다.

요컨대 최근의 창비를 읽다 보면, 창비의 편집진들이 문학계와 우리 사회의 중대한 현안에 대한 성실한 대응을 회피하면서, 현재까지 축적된 창비의 상징권력을 관리하고 보존하는 데 만족하고 있는 것은 아닌가 하는 근원적인 의문이 든다. 만약, 그렇다면 그것은 무엇보다도 창비라는 이름만으로 창비를 지금까지 신뢰해준 독자에 대한 배신에 가까운 행위일 것이다.

## 3. 독립성의 부재와 지적 불성실: 후속세대 비평가들의 진보 권위주의에 대하여

진정한 권위와 아름다운 전통은 무엇보다도 성실한 자기 성찰과 자기 비판을 통해서 세워질 것이다. 그러므로 진정한 권위는 타자의 비판에 대해서 열려 있을 수밖에 없다. 왜냐하면, 자기 비판이나 자기 성찰은—그것이 의례적인 차원에서 수행되는 것이 아니라면—권위를 훼손시키는 행위가 아니라, 오히려 그것을 한결 빛나게 만드는 소중한 덕목이기 때문이다.

그러나 최근의 창비 지면을 보면, 과연 창비와 창비 편집진이 이러한 자기 성찰적 태도를 견지하고 있는가 하는 질문을 던질 수밖에 없다. 이 문제는 백낙청, 최원식 이후의 창비 후속세대라 불리는 일부 편집위원들과 문학평론가들에게 더욱 심각하게 제기되어야 한다. 아직 우리 사회에서 창비 편집위원이라는 직함은 단지 한 문예지의 편집위원이라는 단순한 의미를 넘어선다. 그 자리는 창비 35년의 역사를 지켜봐 온 수많은 독자들이 위임한 자리에 가깝다. 그러므로 창비 편집위원들이 자신에게 주어진 권위와 권력에 대한 정직한 응시를 게을리 했을 때, 그 책임은 궁극적으로 창비 전체에게 돌아간다. 말하자면, 그러한 현상은 창비라는 조직 자체가 내부 비판과 대화를 통해 창비 구성원의 태만과 오만을 제대로 견제하지 않았다는 사실을 의미하기 때문이다. 이러한 의미에서라도, 몇몇 창비 2세대 혹은 창비 후속세대 문학평론가들의 지적 태만과 권위주의는 준열하게 비판되어야 한다. 한 마디로 말해서, 그들의 불성실과 권위주의가 지금의 창비 지면의 문제점과 상대적 지체를 낳은 가장 큰 원인에 속한다는 것이 필자의 생각이다.

가령, 임규찬의 경우를 보자. 그는 신예비평가 이명원의 『타는 혀』에 대한 서평을 다음과 같이 시작하고 있다.

때로 글보다는 사람 자체를 먼저 만나는 경우가 있다. 내게 '이명원(李明元)' 이란 이름도 그러했다. 이런저런 풍문이나 신문기사, 인터넷상의 자유게시판에서 말이 만들어낸 사람으로 그를 먼저 만났던 것이다.[10]

물론 임규찬의 표현대로 "글보다는 사람 자체를 먼저 만나는 경우가 있"을 수 있다. 비평가가 모든 신인의 작품을 신문기자나 무수한 독자보다 항상 먼저 읽는 사람은 아니기 때문이다. 그러나 이러한 사실을 창비의 지면에서 공개적으로 발설하는 것은 어떻게 해석될 수 있을까. 그것은 서평 대상에 대한 공공연한 무시나 평가절하에 가까운 행위이자 자신의 비평적 태만[11]'을 공개적으로 정당화하는 태도 아닌가. 주목할 것은 이러한 태만이 임규찬이 서평에서 내보이는 이명원의 『타는 혀』에 대한 냉소적인 편견과 무관하지 않다는 사실이다. 이러한 대목은 최익현의 지적대로 "두 가지 점에서 문제적이다. 하나는 자신의 문화권력을 무의식중에 드러내고 있다는 점에서 그렇고, 다른 하나는 임규찬 자신의 의도와는 상관없이 이명원의 연구를 흥밋거리 정도로 폄하하는 결과

---

10 | 임규찬, 「'타는 혀' 의 칼날」, 『창작과비평』 2000년 겨울호, 416쪽.

11 | 이명원은 이른바 '이명원 사태' 이전에도 『상상』, 『문예중앙』, '대자보' 등등의 몇몇 문예지와 인터넷 신문에 꾸준하게 비평을 발표한 바 있다. 아울러 그의 석사논문은 발표 당시부터 많은 관심을 끌었다. 그렇다면, 임규찬은 이명원 사태가 화제가 되기 이전까지는 그 평문들을 단 한편도 안 읽어보았다는 주장을 하고 있는 것이다.

를 초래한다는 점에서 그렇다."[12]

이러한 서평대상에 대한 권위적인 태도는 창비의 또 다른 편집위원인 김영희에게서도 유사한 방식으로 나타난다. 가령, 『비평의 매혹』에 대한 김영희의 서평은 다음과 같이 시작된다.

> 내게 권성우는 이른바 김영현논쟁의 한 당사자로 먼저 떠오른다. 글을 다루는 솜씨라든가 문학에 대한 섬세한 이해가 돋보이는, 그러나 선뜻 동의할 수 없는 논자라는 인상을 받은 것으로 기억된다. 이번에 『비평의 매혹』이라는 한 권의 평론집으로 묶여 나온 글들을 읽으면서 드는 생각도, 밋밋하다는 느낌이 더해진 것말고는 크게 다르지 않았다.[13]

김영희는 서평의 서두를 자신의 인상과 느낌을 재확인하는 것으로 시작하고 있다. 창작집도 아닌 비평집 서평에서 엄밀한 논리 이전의 '인상'과 '느낌'을 앞세우는 것은 그 의도와 관계없이, 서평 대상의 이미지를 평면적으로 제한시킨다. 이러한 태도가 치밀한 분석과 성실한 대화를 동반하지 않는다면, 그것은 서평 대상에 대한 편향적인 평가로 연결될 터이다. 그러니, "젊은 비평의 목소

---

12 | 최익현, 「'해석의 금기'를 넘어 '기원의 신화' 허물기」, 『사회비평』 2001년 봄호 참조.

13 | 김영희, 「다원주의 비평과 이원론의 유혹」, 『창작과비평』 1993년 겨울호, 428쪽.

리에 거는 기대도 기대니만큼 이 짧은 지면을 고언(苦言)으로 채우는 것도 의미 있는 일이겠다"는 언급에 기대어, 마치 후배에게 한 수 가르쳐 주겠다는 식의 비판을 전개하는 것도 예정된 수순이라고 할 수 있는데, 이는 임규찬이 이명원의 비평집을 논하는 태도와 흡사하다.

물론 비판과 고언은 어떤 경우에도 필요하고 기본적으로 환영해야 할 것이다. 문제는 그 비판의 성실성과 공정성이다. 문학적 입장이 다른 만만한(?) 후배 비평가들의 비평집을 대하는 태도와 창비 편집인 백낙청의 비평을 대하는 태도가 어찌 그리 다른가. 이러한 점은 그들이 창비 2세대 편집위원이라는 사실이 부여하는 미묘한 권위의식과 아무런 연관성이 없을까. 흥미로운 점은 그 권위의식도 백낙청을 비롯한 창비 진영의 대가급 비평가들을 만나면 현저히 약화되면서 그들에 대한 비주체적인 태도로 바뀐다는 사실이다. 이러한 태도를 단지 우리 사회의 일반화된 관행이라는 차원에서 이해할 수만은 없을 것이다. 왜냐하면, 임규찬과 김영희의 이러한 태도는 최원식이 백낙청 비평집 『민족문학의 새 단계』에 대한 서평을 쓰면서, 그 문제점을 조목조목 논리적으로 짚어내는 태도와도 확연히 구별되기 때문이다.[14] 적어도 창비의 편집위원이라면 그러한 관행에 대해 주체적으로 저항해야 되지 않

14 | 권성우, 「끊임없는 자기 갱신과 생산적인 대화」, 『창작과비평』 1997년 겨울호 참조.

겠는가.

어찌되었든, 임규찬과 김영희가 서평의 비판적 기능과 '고언'의 역할을 원칙적으로 중시했다면, 이러한 원칙을 최소한 자신들의 비평집에 대한 서평에라도 공정하게 적용시켜야 마땅할 것이다. 그리하여, 자신의 책에 대한 서평은 좀더 엄밀하고 공정한 판단을 내릴 수 있는 논자에게 부탁하여 그야말로 비판을 통한 자극과 성찰의 체험을 스스로에게 부여해야 하는 것이 아닌가. 그렇다면, 임규찬의 첫 비평집 『왔던 길, 가는 길 사이에서』(1997)에 대한 천양희 시인의 서평은 어떠한가. 한 마디로 그 글은 비평집에 대한 서평치고는 시종일관 이례적인 극찬으로 이루어져 있다. 예를 들어 다음과 같은 구절.

> 그의 평론처럼 사람도 마찬가지다. 마치 교향악단의 콘트라베이스 같은, 푹 익은 포도주 같은, 묵묵히 사막을 걸어가는 낙타 같은 사람이지만 그의 비평은 과묵하지만은 않다. 이 책에 실린 소설평론은 직조처럼 올올이 치밀하게 짜여 있다. 나는 몇 번이나 그 치밀함과 성실함에 놀라운 마음을 가졌다.[15]

서평 전체가 이런 식이다. 임규찬의 인간됨에 대한 인상주의적

---

15 | 천양희, 「넓고도 치밀한 비평의 공간」, 『창작과비평』 1998년 봄호.

칭찬과 탁월한 비평에 대한 감탄이 수시로 교차하는 이 서평이 과연 임규찬이 창비 편집위원이라는 사실과 전혀 관계가 없는 것일까. 그럴 수도 있을 것이다. 서평자의 고유한 글쓰기 스타일의 문제일 수 있으므로. 그러나 적어도 이러한 극찬으로 이루어진 서평이 임규찬과 김영희가 다른 비평가들에게 혹독하게 적용한 비판과 고언에 비추어 너무 어울리지 않는다고 생각되지 않는가. 이러한 점에서 임규찬의 서평이 비판받는다면, 그것은 서평자의 책임이 아니라, 편집진의 책임으로 돌아갈 것이다.

그리고 위의 서평이 지극히 자연스럽다면, 그것은 임규찬이 의심할 나위 없는 탁월한 비평가이기 때문에 그러한가. 아니면, 그것은 서평자의 주관에 해당되는 영역이라고 말할 것인가. 서평의 예상되는 방향을 고려하여 서평자를 선택하는 것도 편집진의 권한일 터이다. 그러므로 임규찬의 비평집이 아무리 그 자체로 탁월한 성과라 하더라도, 이러한 방식은 오히려, 창비 편집진에 대한 신뢰를 결정적으로 훼손시키는 행위라고 할 수 있을 것이다.

이명원의 연구서에 대한 서평과 임규찬의 비평집에 대한 서평의 내용, 문체, 태도를 비교해 보면, 창비 지면에서 이른바 '서평의 정치학'이 노골적으로 관철되는 모습을 명료하게 인식할 수 있다. 그리하여 이 서평의 정치학에 의해, 임규찬은 의심할 나위 없는 탁월한 비평가로 공인되고, 이명원은 그 가능성과 비평적 패기에도 불구하고 여러 가지로 문제가 많은 어설픈 비판을 구사하는 연구자로 낙인찍힌다.[16] 이미 '서평의 정치학'과 연관하여 최익현은 다음과 같이 주장한 바 있다.

> 촌평(또는 서평) 제도는 '문학의 장' 안에서 분출하는 다양한 문학담론을 적절히 통제하여 자신들의 문학담론 하에 재편하려는 메이저 계간지들의 전략과 깊은 관련을 맺고 있다. 촌평(또는 서평)의 대상 선정에서부터 필자 선정에 이르기까지 이러한 전략은 직·간접적으로 그리고 의식·무의식적으로 관철된다. (중략) 예를 들어 계간지의 모(母) 출판사에서 발행한 창작집과 연구서가 촌평(또는 서평) 대상에 오르면, 그 책들은 예외 없이 호의적인 평가를 받는다. 그리고 일부 대가급 시인, 소설가, 연구자의 책도 대부분 상찬의 대상이다. 반면 부정적인 평가를 받게 되는 책들은 특정 계간지나 출판사와 별 이해관계가 없거나, 혹은 경쟁관계에 있거나, 아니면 적대관계에 있는 시인, 소설가, 연구자들이 발간한 책들의 몫이기 십상이다.[17]

이러한 최익현의 언급은 대체로 서평의 정치학에 대해서 예리한 관찰과 적절한 비판을 담고 있다. 물론 계간지 편집진이나 비

---

16 | 최익현은 "결과적으로 임규찬의 양시·양비론은 표면적인 공정성 뒤에 심층적인 불공정성을 내포함으로써 『타는 혀』가 제기한 다양한 문제 설정을 은폐하고 기만하는 고도의 정치학을 실현하고 있는 것이다"라고 언급하고 있다. 최익현, 앞의 글 참조.

17 | 앞의 글, 참조.

평적 에콜의 입장에서는 우리가 지지하는 문학적 성과에 대해서 적극적이고 호의적인 평가를 내릴 엄연한 권리가 있다고 말하리라. 그러나 이러한 주장이 설득력을 얻기 위해서는 특정한 에콜의 미학적 가치 판단에 고유한 일관성이 존재해야 할 것이다. 아울러 특정한 에콜이 높이 평가하는 문학적 성과들이 담보하고 있는 문학적 가치에 대한 최소한의 객관적인 검증이 이루어져야 할 것이다. 그러나 창비 지면을 살펴보면, 대체로 이 두 가지 조건은 충족되지 못하고 있다. 우선 이미 최영미의 두 번째 시집 해설 논란을 비롯한 몇몇 지적들에서 갈파되었듯이, 창비가 신봉하는 최소한의 미학적 일관성조차도 발견하기 어렵다는 점을 들어야 하겠다. 그리고 두 번째 문제에 대해서는 가령, 임규찬의 비평집이 이명원의 연구서에 비해서 누구나 수긍할 수 있을 정도의 탁월한 가치를 담보하고 있는가 하는 물음을 던져볼 수 있겠다.

이명원과 임규찬의 저서를 둘러싼 서평의 정치학은 창비 후속세대 비평가들이 백낙청이라는 일세대 편집인으로부터 비평적 독립성을 획득하지 못한 채, 어설픈 권위만을 답습하고 있는 것은 아닌가 하는 질문을 던지게 만든다. 이 점은 이른바 창비 후속세대 비평가의 글쓰기가 백낙청이나 최원식의 자기 성찰이나 비판적 태도에 한참 못 미치고 있다는 점을 여실히 보여준다.[18]

임규찬을 비롯하여 김영희, 윤지관 등의 창비 진영 비평가들의 이러한 한계는 최근의 문학권력 논쟁이나 비판적 글쓰기에 대한 관점을 통해 한결 선명하게 드러난다. 가령, 이명원의 『타는 혀』에 대한 임규찬의 서평에서 다음과 같은 대목을 보자.

물론 수록된 논문 자체의 밀도나 분석의 깊이를 보자면 여러 문제가 도사리고 있다. 요즘의 유행이라 할 인물비평적 글쓰기 방식도 나로서는 마뜩찮다. 이런 유의 글에서 곧잘 빠지게 되는 함정 하나가 비판하는 주체 자신은 마치 재판관처럼 독립되어 선(善)의 얼굴로 군림한다는 점이다. (중략) 그런 탓인지 글마다 드러내고 있는 비장한 표정 또한 권력 운운하며 스스로 문제영역을 협소화해 전사처럼 거친 포즈를 취하는, 타자에 빗대어 자기를 드러내는 최근의 여러 움직임과도 무관치 않게 보여 개운치가 않았다.[19]

이러한 임규찬의 주장은 그가 강준만의 인물 비판을 비롯한 최근의 비판적 글쓰기에 대해서 얼마나 심각한 오해와 편견을 지니고 있는지를 실로 안타깝게 보여주고 있다. 적어도 그가 이른바 '인물비평적 글쓰기'를 성실하게 검토했다면 이처럼 단순하고 편견에 가득 찬 주장을 냉소적으로 표출하지는 않았을 것이다. 그러

18 | 이러한 사실은 『문학과사회』의 경우도 마찬가지겠지만, 특정한 에콜의 후속세대라는 존재가 과연 어떠한 의미가 있는 것인지에 대한 근원적인 회의를 동반하게 만든다. 한 에콜의 후속세대는, 그들의 고유한 정체성을 확보하기 위한 필사적인 노력이 경주되지 않는다면, 필연적으로 선배들의 후광에 갇히기 마련이다. 이른바 비평적 에콜의 세대 교체의 한계에 대해서는 이명원의 「이념의 갱신 없는 세대교체는 허구이다」(중앙대 대학원 신문 144호, 2000.9.27)를 참조할 수 있다.

19 | 임규찬, 앞의 글, 418~419쪽.

므로 위에 인용된 대목은 오히려 임규찬의 지적 태만을 선명하게 되비추는 일종의 거울로 작용하는 것이다.

기본적으로 임규찬의 주장은 이른바 『인물과사상』을 중심으로 전개되고 있는 인물 비평과 비판적 글쓰기에 대한 불성실한 편견을 담고 있다. 왜 불성실한가? 강준만의 글쓰기에서도 전형적으로 드러나지만, 인물 비판과 비판적 글쓰기 과정에서 자기 성찰의 문제가 항상 예민하게 수행되고 있다는 점을 임규찬은 전혀 인식하지 못하고 있다.[20]

그의 주장은 단지 몇몇 어설픈 비판적 글쓰기가 지닌 한계들을 인물 비판과 비판적 글쓰기 전체의 한계로 무리하게 확대시키고 있다. 결과적으로 임규찬의 지적은 인물 비판과 비판적 글쓰기의 다양한 국면과 맥락을 극도로 부정적으로 단순화시키는 우를 범하고 있는 것이다. 임규찬의 지적은 왜 『인물과사상』 같은 매체에서 수행되는 구체적인 인물 비판의 방식이 탄생할 수밖에 없었는가 하는 지성사의 맥락을 전혀 인식하지 못하고 있다. 말하자면 임규찬은 '구체적인 인물 비판'이 '구조에 대한 비판'이 지닌 모종의 한계에서 시작된다는 사실을 깨닫지 못하고 있는 것이다. 임규찬의 주장에서 목도되는 한계는 그가 인물 비판이나 비판적

---

**20** | 이른바 강준만의 인물 비판을 비롯한 비판적 글쓰기와 자기 성찰의 연관성에 대해서는 필자의 글 「비판, 그리고 성찰의 현상학」(『비평과 권력』, 소명출판, 2001.5)을 볼 것.

글쓰기에 대한 그 나름의 독특한 관점을 지니고 있어서 발생한다고 볼 수는 없다. 그보다는 단지 불성실한 접근으로 인하여 그러한 편견과 한계가 발생하고 있다는 점에서 더욱 문제가 되는 것이다.[21] 그것은 관점의 문제 이전의 기본적인 성실성의 문제인 것이다.

이러한 불성실은 권위의식의 또 다른 이름일 것이다. 말하자면 비판 대상의 전체적 국면에 대한 치밀하고 성실한 탐색 없이, 적당히 비판해도 자신의 권위에 의해서 그 비판이 성립할 수 있다고 생각했을 때 바로 임규찬과 같은 태도가 발생하는 것이 아닐까. 나는 흔히 '진보 권위주의'로 불리는 창비의 이러한 문제점들이 지식사회와 문단에서 차지하고 있는 창비의 위상과 그 권위가 분명히 감소했음에도 불구하고, 창비의 일부 편집진들이 이른바 '양대 계간지 시대'의 권위와 습속, 행태에 여전히 익숙해 있다는 사실에서 연유한다고 생각한다. 물론 이러한 대목에 대한 백낙청이나 최원식의 책임도 면제될 수 없을 것이다. 그만큼 창비 조직 내부의 상호 비판과 대화가 부족하다는 의미에서.

---

21 | 이러한 불성실은 범 창비 진영 비평가라 할 수 있는 윤지관의 경우에도 유사한 형태로 드러난다. 윤지관의 문학권력 논쟁 비판(「푸코에 들린 사람들」, 『문학동네』 2001년 여름호)이 지니고 있는 문제점에 대해서는 다음과 같은 글을 참조할 수 있다.

* 이명원, 「푸코를 넘어서는 사람들」, 『비평과전망』 4호(새움, 2001.7).
* 권성우, 「우리를 아프게 하는 비판을 원한다」, 『황해문화』 2001년 가을호.

## 4. 문사와의 전략적 밀월과 상호 비판의 실종

정말로 기이한 점은, 최근 이 땅의 문예지들 간에는 상호 논쟁과 상호 대화가 거의 실종되었다는 사실이다. 그렇다면, 신문사 사이에, 방송사 사이에, 그리고 신문사와 방송사 사이에도 민감한 논쟁들이 오가는 터에, 각기 다양한 문학적 입장을 지닌 문예지 사이에 논쟁이 실종되어 있다는 사실의 숨겨진 맥락은 무엇일까? 그 무수한 문예계간지들이 문학판이나 현금의 사회를 바라보는 시각이 동일하지 않을진대, 이러한 논쟁 부재는 문예지 서로 간의 의도적인 방조와 밀월, 공조를 의미하는 것이 아닐까. 사실 문예잡지들간의 문학적 입장이나 이념적 자리는 신문이나 방송보다 더욱 커다란 편차를 지니고 있다. 극단적으로 말하면, 한 편의 문학작품에 대한 해석에 있어서도, 각 문예지나 에콜 별로 다른 해석을 내릴 수 있을 것이다. 그러나 이러한 해석상의 편차는 논쟁의 형태로 거의 드러나지 않는다. 이러다 보니, 최근 비평계의 논쟁은 대부분 메이저 계간지에 소속된 비평가와 그 메이저 계간지의 편향적인 문학권력 행사에 비판적인 비평가들 사이에만 진행될 뿐이다.

매체간의 상호 비판이 얼마나 활성화되어 있느냐의 여부가 그 영역의 지적 건강성과 대화성을 측정해 볼 수 있는 바로메터라고 간주한다면, 현금의 문예지간의 논쟁 부재는 대단히 불건강한 징후이다. 이러한 의미에서, 서로에 대한 비판을 금기시하면서 묘하게 공생하는 행태가 이른바 메이저 문예지들 사이에 구조적으로 만연되어 있는 것이 아닐까 싶다. 이러한 행태는 저 해방공간이나 60년대의 순수-참여 논쟁이 치열하게 전개되던 시기까지 소급하지 않더라도, 민족문학론의 위상과 방향을 둘러싼 정과리, 김명인, 백낙청, 김병익 등의 치열한 논쟁이 전개되던 1980년대의 풍경과도 뚜렷하게 비교된다.

최근 창비는 특히 『문학과사회』와의 전략적 밀월을 통해 서로의 문학적 지분과 위상을 공고히 하고 있다고 판단된다. 전통적으로 문학적 입장과 사회적 입장에서 현격한 차이를 지니고 있으며, 순수-참여 논쟁을 비롯한 첨예한 쟁점에 대해서 때때로 논쟁을 진행해 왔던 두 에콜은 1990년대 이후에는 그 어떤 의미 있는 논쟁도 전개하지 않고 있다. 본격적인 논쟁은커녕, 작품 해석상의 차이에 근거한 비평적 대화도 제대로 전개되지 못하고 있는 것 아닌가. 서로에 대해서 무관심한 척하면서 상대방의 입장과 해석을 방치하고 있는 상태, 그리하여 이러한 상대방에 대한 존중(?)을 통해 자신들의 안전성과 고유한 영역도 보장받자는 것이 이즈음이 두 에콜의 태도가 아닐까 싶다.

이러한 점과 연관하여, 신경숙의 장편소설 『기차는 7시에 떠나네』(문학과지성사, 1999)를 두고서 임규찬과 신경숙이 나눈 대담 「상징과 은유, 부재하는 것을 향한 주술」(『문학과사회』 1999년 여름호)은 몇 가지 개운치 않은 징후를 드러내고 있다. 사실 신경숙이야말로 창비와 문사가 그 문학성을 공히 높이 평가하는 드문 작가에 해당된다. 그러나, 신경숙의 작품을 높이 평가하는 해석상의 관점에서 창비와 문사는 분명한 차이를 보여주고 있었다. 그러므로 이 대담은 임규찬 혹은 창비의 신경숙 해석학이 문사가 신경숙을 바라보는 관점과 어떻게 갈라지는가에 대한 깊이 있는 대화가 전개되었어야 했다. 이러한 기대가 아니었다면, 문사 지면의 신경숙과의 대담에 굳이 창비 편집위원 임규찬이 등장할 이유는 없었을 것이다. 물론 신경숙에 대한 임규찬의 몇몇 질문은 『기차는 7시에 떠나네』에 대한 비판적 지적으로 채워져 있다. 그러나 임규찬의 이러한 질문들은 더 이상 심화되지 못한 채, 신경숙의 답변에 의해 결과적으로 신경숙의 문학적 입장을 치장해 주는 보조적인 역할에 머문다. 임규찬 역시 문예지의 작가 조명이라는 관행으로부터 자유롭지 않았으리라. 이러한 부분에 대해서 동의하지는 못하더라도 이해할 수는 있다. 그러나 이러한 점을 감안하더라도, 아래의 대화는 창비 편집위원 임규찬의 정체성을 근원적으로 회의하게 만든다.

**신경숙** 그런가 하면 『현대문학』의 〈죽비소리〉에선 『기차는 7시에 떠나네』를 두고 어떤 한 평자가 얼굴을 숨긴 채 포악에 가까운 악평을 했더군요. 비판을 했대서가 아니라 비판일수록 정중해야 되는 거 아닐까요? 비평이랄 수도 없는, 등에다 칼 꽂기식의 비아냥거리는 글이었어요. 그런 비생산적인 배설의 글을 비평이라는 이름하에 발표할 수 있는 무지한 용기에 놀랍기도 하고, 한편으로 딱하기도 했

습니다. (중략)

**임규찬** 우리 비평의 병폐를 실감하는 저로서는 가슴 뜨끔한 말이네요. 솔직히 남의 것을 비평하기 전에 먼저 자기를 냉혹히 비평하는 비평가의 자기 반성이 참으로 필요한 게 지금이 아닌가 싶습니다. 이왕 말이 나왔으니 모 시인이자 문학평론가가 쓴, 『조선일보를 아십니까』라는 책 속의 글을 혹시 보셨는지요. 저 역시 하도 어이가 없어 말문이 꽉 막히는 기분이던데 굳이 이 자리에서까지…… 그래요. 갈 길이 먼데 그냥 넘어가죠.

이러한 임규찬과 신경숙의 대화는 몇 가지 점에서 심각한 문제점을 던져준다. 우선 신경숙이 겨냥한 문제의 비평문은 다소 신랄한 지적을 담고 있기는 하지만, 전혀 근거 없는 주장은 결코 아니었다. 그 논의의 핵심은 다소 특이한 주인공의 상처와 기억 상실의 개연성을 어떻게 평가하느냐의 문제일 것이다. 이에 대한 비평적 견해는 충분히 다양할 수 있다. 물론 짧은 지면 관계로 비판의 근거가 다소 불충분하게 제기되어 있으며, 비평가의 독법이 『기차는 7시에 떠나네』에 대한 정확한 비판에 해당되는지에 대해서도 좀 더 심화된 토론이 필요하겠다. 그러나 이러한 사실이 신경숙의 극도로 감정적인 발언에 대한 정당성을 보장하지는 않는다. 오히려 신경숙의 이러한 발언에는 인신공격에 가까울 정도로 해당 비평가에 대한 직설적인 원한이 배어 있다.

그러나 신경숙의 이러한 과민 반응도 임규찬의 발언에 비하면

충분히 이해할 수 있는 수준이다. 사실 임규찬이 정말 공정한 비평가라면, 신경숙의 이러한 감정적인 문제제기에 대해서 일정 정도 제동을 걸면서 비판의 다양성을 둘러싼 섬세한 대화를 시도했어야 했다. 그러나 임규찬은 신경숙의 감정적인 발언에 적극적으로 맞장구를 치는 동시에 거기서 한 발 더 나아가 김정란의 「조선일보를 위한 문학」에 대한 논리 이전의 감정적인 언어폭력을 가하고 있다. 김정란의 「조선일보를 위한 문학」이 그처럼 단순하게 평가될 수 있는 글인지도 의문이거니와,[22] 설령 그렇다고 하더라도, 다른 작가도 아닌 「조선일보를 위한 문학」의 주된 비판대상인 신경숙과의 대담을 통해서 김정란에 대한 극도의 냉소적인 비난을 구사하는 것이 정당화될 수 있을까.

물론 필자도 김정란의 「조선일보를 위한 문학」을 비판한 바 있다. 그러나 김정란의 주장이 지닌 한계와는 별도로, 「조선일보를 위한 문학」을 이토록 냉소적으로 평가하는 임규찬을 통해서 오히려 문학권력 논쟁과 김정란 논쟁을 비롯한 몇몇 첨예한 논점에 대

---

22 | 김정란의 글이 정말 일고의 가치도 없는 글이었다면, 문단과 지식사회에서 그 글의 파장이 그토록 확대되지 못했을 것이다. 김정란이 「조선일보를 위한 문학」에서 제기한 문제의식의 의미와 한계에 대해서는 다음의 글들을 보라.

* 권성우, 「비판, 그리고 성찰의 현상학」(『비평과 권력』, 소명출판, 2001).
* 고종석, 「두 권의 책에 대한 메모: 고종석의 책과 세상 1」(『인물과사상』 11호, 개마고원, 1999.7).
* 강준만, 「비판의 형식과 내용에 대해」(『무덤 속의 한국문학』: 시사인물사전 10권, 개마고원, 2000.10).

한 창비 진영 일각의 심각한 둔감함과 편협함을 실감하게 되었다. 또한, 임규찬의 주장대로 "솔직히 남의 것을 비평하기 전에 먼저 자기를 냉혹히 비평하는 비평가의 자기 반성이 참으로 필요한 게" 사실이라면, 이명원과 임규찬의 저서를 둘러싼 누가 봐도 부자연스러운 서평의 정치학은 어떠한 방식으로 설명될 수 있는가. 이 점에 대한 임규찬의 생각을 듣고 싶다.

임규찬과 신경숙의 대담이 물론 창비와 문사의 전략적 밀월을 입증하는 증거는 아닐 것이다. 그러나 분명한 것은, 자신들에 대한 비판에 대응하는 과정에서 창비와 문사는 기묘한 동맹관계를 구성하면서, 서로간의 차이를 무화시켜버린다는 사실이다. 임규찬과 신경숙의 대담은 그 징후를 상징적으로 드러내고 있다. 임규찬이 진정으로 창비의 역사와 전통을 존중하는 비평가였다면, 『기차는 7시에 떠나네』에 대한 문사나 신경숙의 해석과는 다른 해석을 통해 해석적 지평의 확대와 다양화를 꾀했어야 했다. 아울러 '비판'에 대해서도 작가의 입장인 신경숙과는 한층 다른 태도를 보였어야 했다. 그것이 문사를 위해서도, 창비를 위해서도, 신경숙을 위해서도, 임규찬을 위해서도 진정으로 의미 있는 작업이 아니었을까. 임규찬이 문사나 신경숙의 문학적 입장의 정당성을 추인해주기 위해서 문사 지면에 등장한 것은 아니지 않은가.

나는 앞으로 창비가 동일한 작품 해석의 카르텔에서 탈피하여, 창비 고유의 해석과 창비만이 할 수 있는 비판을 보여주기를 기대한다. 이를 위해서는 때로는 다른 문예계간지나 에콜과의 논쟁적 대화가 요청되기도 할 것이다. 만약 창비가 이러한 작업에 무심하다면, 민족문학사의 장에서 창비의 찬연한 전통은 지금보다 훨씬 빠른 속도로 퇴색할 수밖에 없을 것이다.

## 5. 맺는 말: 다시 창비와의 대화를 기대하며

이 밖에도 창비에 대해서 지적할 대목들이 몇 가지 남아 있다. 가령, 최근 몇 년 간 창비가 펴낸 문학 출판물들이 창비라는 에콜의 미학적 일관성을 제대로 담고 하고 있는가 하는 물음도 한번쯤 던져져야 할 것이다.[23] 어찌되었든 창비의 정체성과 미학적 일관성이 붕괴된다면 그러한 창비를 여전히 창비라는 기호로 지칭하는 것은 무슨 의미가 있는 것인가. 성실한 자기 갱신을 통한 창조적인 변신과 최소한의 미학적 원칙의 훼손은 완전히 다른 선택이다. 과연 최근 창비의 선택을 전자의 입장에서 옹호할 수 있을지 의문이다. 창비가 단순한 진보적인 출판사라면 이러한 요구도 출판계의 현실에 둔감한 과도한 기대에서 비롯된다고 말할 수 있으리라. 그러나 적어도 창비라면, 이러한 기대를 관심과 애정에서 우러나온 질정(叱正)의 다른 이름으로 수용해야 할 것이다.

---

23 | 엄밀한 검증과 문학적 평가가 요청되는 이 작업에 대해서는 이 특집의 다른 필자들에게 넘기도록 하자.

아울러 창비의 서문이 보여주는 그 '너무나 헤픈 낙관주의'에 대해서도 간단하게나마 지적하고 싶다. 창비 편집위원들이 돌아가면서 작성하는 서문을 보면, 창비에 발표되는 작품들은 항상 탁월하고 소중한 성과이며, 해당 호 창비의 지면은 예외 없이 풍성한 밥상에 다름 아니다. 게다가 모든 독자들은 여전히 그리고 의심할 나위 없이 창비를 지지하고 성원한다. 서문이라는 사실을 감안한다 하더라도, 이러한 방식보다는 좀더 겸허하고 성찰적인 태도로 독자에게 접근하는 것이 필요하지 않을까. 그리하여 낙관과 과장을 통한 권위의 보존보다는 성찰과 자기 비판을 통한 정직한 응시가 지금 창비에 절실하게 필요한 덕목이 아닐까 싶다. 이 점에 대한 보다 자세한 분석도 훗날을 기약할 수밖에 없다.

마지막으로 지금까지 이 글에서 논의된 창비의 몇 가지 문제점들은 이 땅에서 과연 진보적 지성이란 무엇을 의미하는가에 대한 근원적인 질문을 제기한다는 사실도 적어두고 싶다. 이러한 문제의식은 과거의 진보-보수라는 이분법적 틀로는 최근의 창비의 행보와 선택이 명쾌하게 해명되지 않는다는 사실에서 비롯된다. 만약 창비를 진보 권위주의라는 개념으로 비판하는 것이 가능하다면, 실질적으로 창비는 진보에 해당되지 않는다는 것이 필자의 생각이다. '진보'라는 화두를 중심으로 각 지식인 서클과 입장에 대한 좀더 심화된 논의가 전개되어야 할 것이다. 그러한 과정을 통해, 이제 진보라는 개념 자체가 재구성되어야 한다.

이 글의 서두에서 필자는 창비가 다른 어떤 에콜보다도 비판과 논쟁에 익숙하다는 사실, 그리하여 적어도 창비는 비판을 냉소적으로 수용하지 않는다는 점을 강조한 바 있다. 그러한 창비의 열린 진보적 가능성에 대한 기대와 신뢰가 없었다면, 역시 이 글은 씌어지지 않았으리라.

필자는 언젠가, 「비평과 권력」이라는 평문을 통해, 창비에 대한 비판을 전개하면서 다음과 같이 마무리지은 바 있다.

> 강준만은 위의 글에서 "비판으로 큰 진보집단이 자기 집단에 대한 비판은 허용하지 않겠다면, 그 집단은 이미 진보가 아니다"라고 말하고 있다. 물론 창비와 백낙청이 그렇다고 말할 수는 없을 것이다. 그러나 창비와 백낙청이 자신에게 주어진 비판들에 대해서 대화적인 자세로 성실하게 대응하고 있는가, 라는 질문 앞에서 나는 선뜻 긍정적인 대답을 할 수 없다. 나의 이러한 견해가 앞으로 씌어질 백낙청의 비평과 앞으로 발간될 창비에 의해 전면적으로 수정될 수 있기를 희망한다.[24]

이 글을 발표한 지 3년이 넘게 지나갔다. 그러나 나의 견해는 아직 수정되지 않았으며, 창비에 대한 기대는 여전히 채워지지 못했다. 채워진다는 것은 불가능하다는 목소리가 들려온다. 정녕 그럴 수밖에 없는 것인가. 이제 나는 기다림의 미학을 배우기로 한다.

---

**24** | 권성우, 「비평과 권력」(『비평과 권력』, 소명출판, 2001.5), 230쪽.

비판에 대한 즉각적인 반응을 기대하는 조급증을 떨쳐버리기로 하자. 그리고 무엇을 변화시킨다는 것, 그리고 스스로 변화한다는 것의 그 유장한 결단의 미학을 당분간 내 삶의 원리로 채택하기로 한다. 그렇지 않다면, 내 비판적 글쓰기는 너무 쓸쓸하리라.[25]

(『사회비평』 2001년 가을호)

---

25 | 이 글을 쓰면서, 타자를 비판하는 작업이 타자를 칭찬하는 작업보다 몇 배나 힘든 작업이라는 사실을, 아울러 비판적 글쓰기 자체가 자신의 실존과의 투명한 대화라는 사실을 다시금 절감하게 된다. 타자를 비판하는 과정에서 언뜻 언뜻 보이는 내 자신의 한계와 편향을 지켜보면서 한 단계 성장할 수 있는 것이 아닐까. 그러므로 역설적인 의미에서 이 글의 공적인 역할에 대한 그 어떤 바램도 없다. 다만 이 글이 정직한 비판으로 수용되기를 바라는 마음뿐이다.

보유

이 글에 대한 창비측의 대응은 창비 주간 최원식과 당시 창비 편집국장 김이구에 의해 이루어졌다. 우선 최원식은 동아일보와의 인터뷰에서, "특히 권 교수의 글에는 '창비'를 아끼는 충정도 있는 것 같았고, 주로 비판을 당한 임규찬 교수도 반론에 적극적인 의사를 표시하지 않았다", "사실 이들의 비판에는 경청할 만한 점이 적지 않다고 본다. 기본적으로 '창비'의 역할에 대한 기대의 표현이고, 제대로 그 역할을 하라는 채찍질이라고 생각한다"(동아일보 2001.9.13)라는 전제하에 창비 비판에 대한 몇 가지 이견을 제출한 바 있다. 한편 김이구는 창비의 자유게시판에서 '검정고무신'이라는 필명으로 『사회비평』지의 창비 '비판'과 이명원 씨의 글에 대한 소견(2001.8.27)을 발표한 바 있다. 이들에 문제제기에 대해 이명원은 「'창비'의 비판 상업주의- 비판 아비투스는 어떻게 작동되는가」(『파문』, 새움, 2003)라는 글을 통해, 강준만은 『창작과비평』의 정체성과 오만」(『문학권력』, 개마고원, 2001)이라는 글을 통해 재반론을 전개했다. 이 글들을 함께 읽으면 필자의 글 「열린 진보주의와 권위주의 사이: 『창작과비평』의 최근 행보를 어떻게 바라볼 것인가」를 둘러싼 논쟁의 지형이 좀 더 뚜렷하게 보일 것이다.

# 심미적 비평의 파탄

남진우의 반론에 답한다

## 1. 논쟁은 아무리 더러운 논쟁이라도 좋다: 문학권력 논쟁을 어떻게 바라볼 것인가?

시인 김수영은 1964년에 발표된 「거대한 뿌리」라는 시에서 "전통은 아무리 더러운 전통이라도 좋다", "역사는 아무리 더러운 역사라도 좋다", "진창은 아무리 더러운 진창이라도 좋다. 나에게 놋주발보다도 더 쨍쨍 울리는 추억이 있는 한 인간은 영원하고 사랑도 그렇다"고 노래한 바 있다. 그는 이 시에서 "동양척식회사, 일본영사관, 대한민국 관리, 아이스크림은 미국놈 좆대강이나 빨아라"라고 일갈하면서 불구적인 현대성으로 인해 주름진 역사적 굴곡의 상징을 열거하고 있다. 바로 이 문장 다음에 김수영은 "그러나 요강, 망건, 장죽, 종묘상(種苗商), 장전, 구리개, 약방, 신전, 피

혁점, 곰보, 애꾸, 애 못 낳는 여자, 무식쟁이, 이 모든 무수한 반동(反動)이 좋다"고 언급하면서, 전통이라는 "쨍쨍 울리는 추억"의 소중함을 환기시키고 있다. 왜곡된 현대성에 대한 뼈아픈 성찰로 이루어진 김수영의 과감한 외침은 지금 들어도 커다란 울림으로 다가온다.

필자의 글 「우리를 아프게 하는 비판을 원한다」(『황해문화』 2001년 가을호)에 대한 남진우의 반론 「권성우에게 답함」(『황해문화』 2001년 겨울호)을 읽고서 나는 위의 김수영의 시구를 조금 비틀어서 "논쟁은 아무리 더러운 논쟁이라도 좋다"는 에피그램을 만들어 보았다. 이러한 표현은 다음과 같은 이번 논쟁의 독특한 맥락을 이해하는 과정과 연결된다.

치열한 논쟁의 와중에서도 생산적인 대화에 대한 열망은 결코 포기될 수 없다. 필자 역시, 논쟁을 진행하면서 논쟁 상대자(타자)와 생산적으로 만나겠다는 염원을 항상 가진다. 그러나 이와는 다른 차원에서 이른바 '문학권력 논쟁'은 통상적인 의미의 '생산적인 대화'나, '보기 좋은 논쟁'이라는 잣대만으로는 논쟁의 의미와 성격을 제대로 포착할 수 없는 경우에 해당된다. 이 논쟁은 하나의 사안을 바라보는 현격한 입장차이로 인해, 의미 있는 공유나 반듯하게 정리된 결론, 서로 최소한 수용할 수 있는 합의가 이루어지기에는 엄연한 한계가 있는 것이 아닐까.[1] 이러한 점을 인정하는 것이 상투적인 의미의 생산적인 대화에 대한 기대보다는 문학권력 논쟁의 핵심을 파악하는 지름길에 연결되는 것이 아닐까.

오히려 문학권력 논쟁의 진정한 존재이유는 문학장과 비평계의 모순을 투명하게 인식해 가는 과정, 그리고 서로의 현격한 입장차이를 면밀하고도 분명하게 인식해 가는 과정 그 자체에 있다고 볼 수 있을 것이다. 그러므로 문학권력 논쟁을 소모적인 진흙탕 논쟁이라는 식으로 단순한 잣대에 의해서 매도하는 것은 이 논쟁의 심층적인 맥락을 전혀 파악하지 못한 지독히 상투적인 발언일 뿐이다. 문학권력 논쟁과 같은 격렬한 논쟁 과정에서는 어설픈 봉합보다는 차라리 서로의 입장 차를 제대로 인식하는 것이 더욱 중요할 수 있다. 그러한 상태가 오히려 '생산적'이라는 의미에 진정으로 값하는 것이 아니겠는가. 과연 무엇이 생산적인가에 대해서 우리는 근원적으로 물어야 한다.

가령, 이 문학권력 논쟁이 아니었다면 결코 드러나지 않을 수도 있었던 몇몇 논자와 문학집단(에콜)의 모순, 논리적 도착, 비상식적 궤변, 비판의 천박성, 치사한 주장, 일상적 파시즘들이 바로 이번 논쟁에 의해서 백일하에 드러나게 되었다고 할 수 있다. 예컨대, 흔히 심미적 비평가로 알려진 남진우로 하여금 이번 반론과 같은 수준 이하의 인신 공격적인 비판을 쓰게 만든 것, 아울러 평소에 어느 문학집단이나 에콜보다도 대화적이라고 평가받아온 『문학과사회』의 완고한 반대화적 속성을 인식하게 만든 것, 그리

1 | 단지 보기 좋고 쉽게 합의될 수 있는 논의들에는 박제되고 관리된 진실, 퇴행적인 권력에 의해서 나포된 불완전한 진실만이 겨우 존재할 수도 있다.

고 평소에는 비교적 성실한 글을 쓴다고 평가받던 정과리와 이광호로 하여금 독선적인 엘리트주의와 견강부회에 해당하는 궤변을 구사하게 만든 것 등등이 바로 이번 논쟁의 소중한 의미가 아닐까. 통상적인 차원에서의 '보기 좋은 논쟁', '서로 적당히 타협하는 논쟁'에서 과연 이러한 이중성과 편향들이 제대로 드러날 수 있겠는가?

정리해서 말하자면, 문학권력 논쟁의 진정한 의미는 이 논쟁이 문학장 내에서 비평계의 부정적 관행, 문학성이라는 척도에 의해서 은폐된 모순, 왜곡된 역학관계 등을 공공연하게 드러나게 만들었다는 점에서 찾을 수 있을 것이다. 아울러 한 집단이나 비평가의 지적 · 문화적 성숙도 및 숨겨진 모순, 욕망의 과격성은 격렬한 논쟁의 과정에서 가장 직접적이며 노골적으로 드러날 수 있다는 것을 정말 투명하게 보여준 것이 바로 이번 논쟁의 성과라면 성과일 것이다. 다시 김수영의 시구를 조금 비틀어서 표현하자면, 더러운 논쟁을 통해서 우리가 배울 것은 너무나 많다. 그 치사함, 광기, 악마성, 욕망의 심연, 존재의 오묘한 모순까지 정직하게 응시할 수 있을 때, 바로 그 자리에서 문학권력 논쟁의 의미와 한계에 대한 진정한 성찰이 전개될 수 있으리라. 이러한 의미에서 나는 오히려 문학권력 논쟁이 밑바닥까지 철저하게 내려가서 더러움의 끝간데를 통과할 수 있을 때, 분명한 성과를 거둘 수 있을 것이라고 본다. 남진우도 인용한 김지하 시인의 언급대로 "참된 용기는 밤을 받아들이는 용기, 진흙 수렁을 받아들이는 용기, 고통과 절망과 퇴폐마저도 받아들이는 용기라고"[2] 할 수 있을 것이다. 문학권력 논쟁을 제대로 인식하기 위해서는 바로 그러한 용기가 필요하다.

그러니, 진정으로 진실을 인식하는 과정은 화사한 장미꽃으로 장식된 대로가 아니라, 무수한 진창과 쓰레기 더미를 통과해야 하는 험난한 도정인지도 모른다. 상대방에 대한 '비난의 수사학'으로 점철된 남진우의 글은 바로 그 도정에서 만난 가장 문제적이며 더러운 텍스트라고 불릴 수 있으리라. 이제 나는 남진우의 반론을 남진우와는 다른 방식으로 재비판하고자 한다. 그 더러움을 면밀하게 인식하되, 더럽지 않은 비판 방식을 지향하며.

남진우의 반론 「권성우에게 답함」에는 필자에 대한 감정적인 적대감이 그대로 묻어나 있다. 그래서 남진우의 반론은 한 편의 감정적이며 인신 공격적인 글이 논쟁의 맥락을 얼마나 비생산적으로 변모시킬 수 있는가 하는 점을 여실히 보여주는 훌륭한(?) 텍스트라고 할 수 있다. 역으로 말해서 나에게는 남진우의 반론을 통해서 문학권력에 대한 비판 및 문제제기가 얼마나 소중한 행위인가에 대해서 다시 한번 뼈저리게 실감할 수 있는 계기가 되었다. 또한 남진우의 글은 자신의 글쓰기를 둘러싸고 있는 문학제도의 맥락과 비평의 권력적 속성에 대한 정직한 자기 성찰 없이는 결코 제대로 된 비판을 전개할 수 없다는 사실을 분명하게 보여주

2 | 남진우, 「생명의 불, 영원의 빛-김지하의 시세계」, 『신성한 숲』(민음사, 1995) 158쪽.

고 있다.

이제 나는 지금까지 언급한 남진우에 대한 비판적 지적들을 남진우의 반론에 대한 구체적인 재비판을 통해서 입증해 보이고자 한다. 그리하여, 남진우의 반론이 얼마나 사실의 왜곡, 견강부회의 논리, 무책임한 주장, 과도한 감정적 공격으로 이루어져 있는지에 대해서 면밀하게 밝히고자 한다. 어찌되었든 남진우가 문학권력 비판에 대해서 적극적인 입장을 표출한 것은 고무적인 현상이라고 할 수 있다. 왜냐하면, 남진우의 논리에 대한 반론을 전개해 가는 과정 그 자체가 문학권력 비판의 정당성을 자연스럽게 입증할 수도 있기 때문이다.

이 글은 지금까지 설명한 문제의식에 따라서 기본적으로 남진우의 반론 「권성우에게 답함」에 나타난 여러 가지 문제점에 대한 비판과 더불어, 최근 김정란, 고은, 강준만 등과의 논쟁과정 및 하일지-남진우 논쟁과정에서 보여준 남진우의 글쓰기를 비판적으로 분석하기 위해서 씌어진다.[3] 궁극적으로 남진우의 한계를 탐색하

---

3 | 최근에 발간된 『문학동네』 2001년 겨울호에 수록된 류보선의 「'비판적 글쓰기', 혹은 대중 기만으로서의 비판」은 주로 필자의 비판적 글쓰기를 비판하고 있다. 이 글 역시 남진우의 반론만큼이나 문제가 많은 글이다. 류보선의 글에 대한 필자의 반론은 「비판을 위한 비판, 그 맹목적인 글쓰기에 대해」(단행본 『인물과 사상』 21호, 2002. 1)를 참조할 것. 아울러 류보선, 황종연 등의 비평가들이 문학권력 논쟁을 비판하는 과정에서 보여준 '권력' 개념에 대한 고질적인 서구이론 추수주의에 대해서도 비판적 개입이 필요한 것으로 보인다.

는 작업은 심미적 비평이 한순간 기괴한 공격성으로 돌변하는 카멜레온적인 이중성의 맥락을 비판적으로 재해석해나가는 과정에 다름 아닐 것이다.

## 2. 사실의 왜곡과 에피고넨

비판이 타자의 한계에 대한 정곡을 찌르기 위해서는 무엇보다도 타자의 글쓰기 전반을 섬세하고 면밀하게 검토할 필요가 있다. 이러한 측면에서 본다면 일단 남진우의 반론은 필자의 비판적 글쓰기와 문학권력 비판의 맥락을 전혀 정확하게 파악하지 못하고 있다. 그런데 더욱 문제가 되는 것은 이러한 부실한 인식은 단지 불성실의 결과가 아니라 의도적인 왜곡에서 연유한다는 사실이다.

남진우는 반론 곳곳에서 필자를 포함한 문학권력에 비판적인 비평가들을 겨냥하여, "강준만과 그 에피고넨"이라는 용어를 사용하고 있다. 아울러 "그(강준만)를 권성우처럼 그렇게 떠받들고 전범으로 삼는 것은 전혀 다른 차원의 문제이다. 나는 강준만을 이처럼 정도 이상으로 높이 평가하고 신성한 대상으로 추앙하는 것이야말로 강준만을 오도하고 궁극적으로 강준만의 '쓰임새'를 왜곡하는 가장 큰 요인이 아닐 수 없다고 생각한다"[4]고 말한 바 있다. 또한 남진우는 내가 「주와 비의 세계에서」를 비판한 대목을 지칭하면서 "그처럼 분노하고 나서는 작태가 스스로 자신이 '강준만 에피고넨' 이라는 점을 자수하고 광고하는 것에 지나지 않음을 인식해 주기 바란다"(354쪽)고 말하고 있다. 아울러 남진우는 글의 말미에서 "마르크스의 표현을 빌리자면 권성우는 지금 '자기 무덤을 파는 자들의 동맹자' 역할을 너무도 열심히 하고 있다"(364쪽), "나는 이제 권성우에게 '제 2의 김정란' 이 되지 말 것을 기대한다는 말을 하지 않을 수 없다. 그러기엔 권성우는 너무 아까운 인물이다"(365쪽)라고까지 말하고 있다. 이러한 발언은 "기존의 문학권력 비판 담론들이 지닌 논리적 부실함과 천박함에 대해선 의도적으로 눈을 돌린 채 문학권력 비판을 성역시하는 것은 현명하지 못한 처사이다"(359쪽)라는 언급과도 일맥상통한다.

나는 이러한 남진우의 일련의 지적을 보면서, 과연 남진우가 정직한 비판을 하고 있는가 하는 문제에 대해서 근원적인 회의를 하지 않을 수 없다. 누구보다도 강준만, 김정란과 필자 사이에 오고 간 논쟁들을 잘 인식하고 있을 남진우가 이러한 비판을 하는 것을 보고 정말 서글픈 마음이 든다. 나는 비판적 글쓰기를 진행하면서 끊임없이 강준만과 김정란에 대한 비판적 대화를 전개해 왔다. 『비평과 권력』에 수록된 「비판, 그리고 성찰의 현상학」이나 「다시 비판의 방법과 형식을 논한다」가 바로 강준만과 김정란에 대한 비

---

4 | 남진우, 「권성우에게 답함」, 『황해문화』 2001년 겨울호, 360~361쪽. (앞으로 인용문 뒤의 숫자는 남진우의 「권성우에게 답함」의 쪽수를 의미한다).

판적 문제제기의 차원에서 씌어진 글이라는 사실을 잘 알고 있을 남진우가 이러한 의도적 왜곡을 자행하는 이유가 무엇인지 궁금하다. 강준만 역시 「비판의 형식과 내용에 대해」(『무덤 속의 한국문학』), 「대의패거리와 이권패거리」(『인물과사상』 18호), 「글쓰기에서 '감정 드러내기'를 어떻게 볼 것인가」, 「권성우와 강준만의 비판관의 차이에 대해」(이상 『인물과사상』 19호) 등의 글들을 통해 필자의 입장에 대해서 지속적으로 문제제기 한 바 있다. 내가 남진우의 주장과 같이 강준만을 그토록 "떠받들고 전범으로 삼았다면" 도대체 무슨 이유로 강준만이 나에 대한 비판을 지속적으로 수행했단 말인가? 그리하여 어떻게 "요즘 들어 내가 더 분노하는 건 김정란과 남진우의 갈등에 대해 남진우의 편을 들어주면서 나와 김정란의 '패거리주의'를 비판한 권성우의 몰상식이다. 나는 권성우의 적반하장을 개탄한다", "남진우와 죽이 맞아 합동으로 나의 당파성을 공격하는 권성우"[5]라는 발언이 나올 수 있다고 생각하는가? 이러한 맥락에서 볼 때, 남진우가 필자에게 부여한 "강준만 에피고넨"이라는 표현이 얼마나 근거 없는 것인지를 분명히 인식할 수 있다. 오히려 부정적인 의미에서의 에피고넨에 해당되는 인

---

5 | 강준만, 「'착한 놈 패러다임'에 대해」, 월간 『인물과사상』 2001.7, 168~170쪽. 필자에 대한 남진우의 이번 반론만 보아도 이러한 강준만의 주장이 얼마나 근거 없는 것인지를 독자들은 명쾌하게 인식할 수 있을 것이다. 강준만은 자기편을 들어주지 않으면 모두 상대방의 편이라고 생각하는 것인가. 경계선에 놓인 입장만이 볼 수 있는 고유한 지점을 소박한 진영 논리에 따라 단지 양비론으로 매도할 수 있을지 의문이다. 나는 바로 이러한 경직성이 강준만의 중대한 한계라고 생각한다.

물은 남진우가 아닌가.

굳이 남진우 식으로 표현하자면 남진우는 비평가 김현의 저열한 에피고넨에 가깝다. 왜냐하면 적어도 김현은 남진우와 같은 저급한 인신 공격적 비평과 의도적 왜곡을 보여준 적이 거의 없었기 때문이다. 그리고 남진우가 본문 내용과의 긴밀한 맥락 없이 김현의 비평문을 수시로 인용한다든가,[6] 타자를 공격하기 위해서 김현 비평의 특정한 대목을 편의적으로 이용하여, 「주와 비의 세계에서」(『문학동네』 2001년 여름호)처럼 상대방을 불길하고 기괴한 동물에 비유하고 있는 점을 보면 남진우가 과연 상대방에게 누구누구의 에피고넨이라는 표현을 함부로 쓸 자격이 있는지 의문이다. 남진우는 고은을 비판하면서도 "고은을 포함하여 미당 학교 출신들의 상당수를 차지하는 서정주 에피고넨"이라는 표현을 구사하고 있다.[7] 굳이 표현하자면, 필자와 강준만은 서로 치열하게 논쟁을 하면서도 서로의 입지를 존중하는 관계이다. 이러한 관계에 대비하여, 생전에 남진우의 비평집 『바벨탑의 언어』에 대해서 부정적으로 언급한 김현과 누구보다도 김현을 추앙하고 편의적으로 이용하는 남진우의 관계를 비교해 보라. 도대체 어느 관계가 에피고넨이라는 표현을 쓰기에 적합한가. 물론 나는 남진우가 김현의 에

---

6 | 강준만, 「'릴케의 시집' 과 '유대인 학살' -남진우의 반론에 답한다」, 『인물과사상』 20호(개마고원, 2001.10), 164~170쪽 참조.

7 | 남진우, 「고은의 미당 비판에 대하여」, 『그리고 신은 시인을 창조했다』(문학동네, 2001.9), 30쪽.

피고넨이라고는 생각하지 않는다. 다만, 함부로 그런 식의 모욕적인 비판을 하는 것은 그 자신에게 돌아갈 수 있다는 점을 남진우에게 분명히 환기시키고 싶다.

아울러 강준만 등을 비롯한 문학권력 비판자들을 남진우는 "자기 무덤을 파는 자"들로 간주하는 모양인데, 이에 대해서는 정반대의 의견도 많다는 사실을 적어두기로 하자. 물론 필자는 강준만이나 김정란, 『비평과전망』 동인들의 견해에 모든 부분을 흔쾌히 동의하는 것은 아니다. 그들과 나 사이에는 글쓰기 방법이나 정치적 입장, 문학적 지향점 등에서 적지 않은 차이점이 있다. 그러나 그들이 사안에 따라서 옳은 주장을 펼친다면 나는 기꺼이 그들의 '동맹자'가 될 것이다.

그리고 "기존의 문학권력 비판 담론들이 지닌 논리적 부실함과 천박함에 대해선 의도적으로 눈을 돌린 채"라는 표현 역시 전혀 검증되지 않은 사실에 불과하다. 가령, 『비평과전망』 창간호가 발간되었을 당시, 필자는 "일부 평문에서 보이는 '적나라한 언어의 글쓰기'의 위험에 대해 깊이 성찰했으면 한다"[8]는 비판과 조언을 건넨 바 있다. 반경환에 대한 필자의 비판(「비판의 네 가지 방식: 이동하와 반경환」)이나 김정란의 문학권력 비판에 대한 문제제기, 문학권력 비판 및 비판적 글쓰기에 대한 내부 비판과 대화를 제안한 「비판적 글쓰기에 대해서 다시 생각해본다」 등등을 보더라도 남진

---

8 | 종합무크지 『비평과전망』 출간, 동아일보 1999.11.20.

우의 발언이 사실과는 커다란 거리가 있다는 것을 쉽게 인식할 수 있다. 더 나아가 「비판, 추억, 그리고 김현」에서 개진한 필자의 다음과 같은 주장은 남진우의 주장이 사실의 의도적인 왜곡이라는 점을 분명하게 보여주고 있다.

> 제 자신의 글을 포함하여, 최근의 문학권력 논의나 문학권력을 비판하는 글에 간과할 수 없는 한계와 단점이 있다는 점을 기꺼이 인정합니다. 때로 사안의 중요성을 강조하기 위해서 동어반복에 빠지기도 하고, 비판의 대상자에 대한 근거 없는 도덕적 우월감으로 무장하여 지나치게 격앙된 윤리적 호소나 일방적인 자기 주장을 전개하는 면도 분명히 있다고 봅니다. 이와 연관하여, 최근의 몇몇 문학논쟁과 비판들이 비판대상자들의 적극적 응답을 통해 열린 대화로 진행되지 못한 이유 중의 하나가 비판적 글쓰기 자체에도 있다는 사실을 분명히 인식하고 있습니다.[9]

남진우의 반론을 보면, 그가 이 대목이 포함된 평문을 분명하게 읽었다는 사실을 알 수 있다. 그런 그가 왜 이렇게 명백한 사실의 왜곡을 저지르는 것일까. 이러한 사실의 왜곡 없이는 논쟁을 유리하게 이끌고 갈 자신이 없기 때문이 아니겠는가. 문제는 남진우의 의도적인 왜곡이 남진우의 반론 곳곳에 산재해 있다는 점이다. 예

---

9 | 권성우, 「비판, 추억, 그리고 김현」 『비평과 권력』(소명출판, 2001.7), 59쪽.

컨데 다음과 같은 남진우의 주장을 보자.

> 나는 권성우가 이광호, 우찬제와 함께 『비평의시대』나 『세계의문학』 같은 기성 문학 출판사의 유력 매체의 편집위원으로 줄곧 활동을 같이하다가 『문학과사회』 편집진 개편 때 왜 유독 그만 제외됐는지 별로 알고 싶지 않다. 그리고 그가 문학권력이라고 비판해 마지않는 계간지에 소속돼 있었을 당시에는 아무 소리도 않다가 왜 그 즈음을 전후해서 갑자기 권력 비판에 열을 올리게 됐는지 그 이유도 궁금하지 않다. (364쪽)

나는 이 대목을 읽고서 솔직히 남진우가 정말 "야비"[10] 하다는 생각을 하지 않을 수 없었다. 일단 남진우가 위에서 언급한 허황

---

10 | 남진우는 최근의 강준만, 김정란 비판을 비롯하여 필자에 대한 반론에서, 상대방을 비판하면서 수시로 '야비한', '간교한', '비열한', '아둔한' 등등의 인신 공격적인 용어를 남발하고 있다. 그러나 강준만이 지적한 대로 이러한 식의 단어 사용은 오히려 남진우의 멘탈리티를 되비추는 거울로 작용하고 있는 것이 아닐까. 강준만은 "나는 남진우가 '간교'라는 말은 삼가는 게 좋으리라고 믿는다. 어떤 사람은 남진우를 '간교'하다고 생각할 수도 있는데, 그 말을 들으면 남진우 자신의 기분이 어떻겠는가? 시인이라면 모름지기 역지사지(易地思之) 정신이 충만해야 하리라 믿는다"(강준만, 「'릴케의 시집'과 '유대인 학살'」, 『인물과사상』 20호, 2001.10)라고 점잖게 충고한 바 있다. 나는 이 글에서 남진우가 타인들에게 구사한 다양한 인신 공격적 용어 중에서 "야비한"이라는 표현만을 그에게 되돌려줄 것이다. 이러한 체험을 통해 남진우는 최소한의 자기 성찰을 수행하기 바란다. 아울러 필자의 남진우 비판을 통해 과연 누가 '야비한'이라는 표현에 어울리는 글쓰기를 구사하고 있는 것인가를 독자들이 실제 비교의 체험을 통해 분명하게 판단해 주기 바란다.

된 가설들에 대해서 궁금하지 않고 알고싶지 않다면서, 굳이 지면에 등장시킨 이유는 무엇인지 묻고싶다. 남진우의 주장대로 위의 가설이 "결국 문학의 본질과는 아무런 상관이 없는 지엽적이고 부차적인 문제에 지나지 않"(364쪽)다고 판단했다면 그냥 묻어두면 되었을 것이다. 그러나 남진우는 자신이 한 말을 스스로 뒤집으면서 필자의 비판적 글쓰기의 정당성을 훼손시키기 위해서 필사적인(?) 노력을 기울이고 있다. 이제 위의 주장들이 얼마나 악의적 추정과 오만한 관점으로 채워져 있는지에 대해서 얘기해 보자.

필자는 1993년 7월에 문학과지성사에서 첫 비평집 『비평의 매혹』을 출간한 바 있다. 이 평론집이 출간되기 몇 달 전에 필자는 「60년대 문학비평의 세대론적 전략과 새로운 목소리」(『1960년대 문학연구』, 예하, 1993.2)이라는 글을 발표한 바 있는데, 실제로 이 논문이 씌어진 것은 1992년 가을 무렵이었다. 이 논문은 김현, 김주연, 백낙청 등의 4 · 19세대 비평가들을 세대론적 인정투쟁과 전통에 대한 이해라는 잣대로 비판적으로 언급한 글이었다. 이미 이 글에서 비평사의 주류적 해석과 비평적 권력체계에 대한 전복적 시선과 비판적 관점이 분명히 드러나 있었다. 사실상 이 글은 저널리즘에 의해서 문학권력 논쟁의 시발점으로 인식되는 김현 10주기 심포지움에서 발표한 평문 「4 · 19세대 비평의 성과와 한계」(『문학과사회』 2000년 여름호)의 밑자리를 구성하고 있는 평문이라고 할 수 있는 것이다. 당시 필자는 이른바 문지 3세대로 불리면서 『비평의 시대』 동인으로 있었는데, 그 점을 정치적으로 인식했다면 과연 필자가 이런 글을 쓸 수 있었다고 생각하는지 남진우에게 되묻고 싶다. 제발, 남진우 자신의 행태와 처세술을 다른 사람에게까지 그대로 적용하지 말기를 바란다. 이 점과 연관하여 문학평론가 이동하는 필자의 이 평문이 지닌 비판적 역할을 적극적으로 평가했다는 사실을 적어두고자 한다.

그 이후에도 필자는 지속적으로 비판적 글쓰기나 권력 비판에 해당되는 글을 써왔다. 가령 1995년에 발표된 「다시 신세대 문학이란 무엇인가」에서도 김현 등의 4 · 19세대 비평가들의 한계에 대해서 분명히 지적한 바 있으며, 1994년 겨울에 창간된 문화비평지 『리뷰』에 문학리뷰를 약 일년 반 동안 연재하면서, '전복적 상상력' 이라는 취지 아래 지속적으로 비판적 글쓰기를 진행해왔고, 최근의 권력 비판의 밑그림에 해당하는 글쓰기를 수행한 바 있다. 가령, 김현의 글쓰기를 비판한 이동하의 비평문을 높이 평가한 대목, 『상상』 진영에 대한 비판, 비판의 역할에 대한 의미부여, 장정일의 『독서일기』가 지닌 권력적 측면을 지적하는 내용들이 이에 해당된다. 또한, 1997년 5월에 개최된 사이버문학 심포지움에서 발표된 「PC통신과 비평의 역할」이라는 평문에서도 기존의 비평적 권력의 한계를 지적하면서 그 새로운 돌파구로 PC통신 공간에서 진행되는 비평 행위의 가능성에 대해서 언급한 바 있다. 이 글에서 필자는 "유수한 문예계간지와 연계된 각 비평적 서클들은 자신들의 입지에 대한 근원적인 반성에 근거한 치열한 비판적 담론과 활발한 논쟁을 전개하기보다는 출판자본의 유혹에 굴복하거나 자신들 동네의 작품만을 옹호하는 나팔수 역할에 만족하고 있다", "우리 평단에서 커다란 비평적 권력을 획득하고 있는 주류 비평의 문제점을 지적하면서 비평적 중심에 대한 '전복적 상상력'과 선배 비평가들에 대한 적극적인 비판을 시도하는 이동하, 반경환, 임우기, 등의 일군의 비평적 아웃사이더들의 의욕적인 문제의식을 주목할 수 있을 것이다"라고 언급한 바 있다. 그 외에도 일종의 문단 권력 비판, 비평적 권력 비판에 해당하는 언급들은 필자가 민음사에서 발간되던 『포에티카』 편집위원을 그만둔 1997년 겨울 이전에도 다양한 형식으로 발표된 바 있다. 그 이후 전개된 필자의 권력 비판이나 비판적 글쓰기는 바로 이러한 문제의식이 축적되면서 좀 더 선명하게 방향성을 잡아나간 과정에 해당되는 것이다. 필자가 『포에티카』의 편집위원을 스스로 그만둔 것은 바로 이러한 비평적 문제의식을 『포에티카』라는 공간 속에서는 더 이상 혁신적으로 끌고 나갈 수 없다는 판단 때문이었다. 이 과정은 어떤 면에서는 필연적인 수순이었다. 이런 점들을 잘 알고 있을 남진우가 이렇게 명백한 사실의 왜곡까지 자행하는 이유는 무엇인가.

한 비평가의 비평적 문제의식의 전환이 남진우가 주장한 것처럼 그토록 급작스럽게 이루어질 수 있다고 생각하는가? 앞으로 살펴볼 남진우의 카멜레온적 속성을 감안하면 혹시 남진우의 경우에는 그런 급작스러운 변신이 가능할지도 모르겠다. 타인에 대한 날선 적의로 채워진 이 즈음의 남진우 비평을 보면, 그에게는 어떤 변신도 가능하겠다는 생각이 든다. 그러나 그 자신의 성향이 그러하다고 해서, 다른 비평가의 비평적 궤적까지 그렇게 악의적으로 추정해서는 안될 것이다.

그리고 "나는 권성우가 이광호, 우찬제와 함께 『비평의시대』나 『세계의문학』 같은 기성 문학 출판사의 유력 매체의 편집위원으로 줄곧 활동을 같이하다가 『문학과사회』 편집진 개편 때 왜 유독 그만 제외됐는지 별로 알고 싶지 않다"는 대목은 정말 터무니없는 주장이다. 이전에 같은 문예지에 함께 참여했다고 해서 『문학과사회』에 함께 참여할 의무라도 있다는 얘기인가. 이전에는 같은 문예지에 참여했더라도, 서로의 비평적 문제의식의 상이한 발전과정에 따라 얼마든지 다른 선택을 할 수 있는 것 아닌가. 위의 추정이 더욱 문제가 되는 것은 남진우가 한 비평가의 주체적 선택을 도무지 인정하지 않고 있다는 사실 때문이다. 남진우의 주장에는 『문학과사회』라는 조직이 편집위원 자리를 점지해주고, 비평가는 그러한 과정에 자신을 수동적으로 맡길 수밖에 없다는 식의 권위주의적 사고가 단단히 박혀 있다. "왜 유독 그만 제외됐는지"라니. 이광호와 우찬제가 『문학과사회』 편집위원으로 합류한 것은 1999년 봄부터였다. 이미 그 이전부터 「비평과 권력」(『리뷰』 1998년 여름호), 「신세대문학에 대한 비평가의 대화」(『문학과사회』 1997년 겨울호) 등의 글들을 통해, 『문학과사회』의 권위주의와 반대화적인 면모에 대해서 정면으로 비판하면서 독립적인 비판적 글쓰기의 가능성을 모색했던 필자가 무슨 이유 때문에 『문학과사회』의 편집진 개편 때 포함되어야 한다는 것인가. 그것은 『문학과사회』의 입장에서 생각하더라도 마찬가지이다. 『문학과사회』가 정말 대화적이며 융통성 있는 조직이라면 모르겠으되, 최근의 『문학과사회』의 행태로 보았을 때 자신들의 문학적 입지를 근원적으로 비판한 비평가를 편집진에 포함시킬 가능성은 제로이다. 남진우는 비판을 무슨 정치적 홍정으로 생각하는가? 이런 식의 권위주의적 발상이 출판-비평이라는 구조 속에서 비평가의 주체적 글쓰기를 제한하는 남진우의 기능주의적 관점에 그대로 연결되는 것 아닐까. 창간 이후 다른 어떤 비평적 에콜보다도 텍스트에 대한 과잉해석을 남발하는 『문학동네』 측 비평가들의 비평방식에는 비평가의 주체적 선택이라는 가능성을 인정하지 않는 남진우의 이러한 자세와 일정한 친연성이 있다고 생각된다.[11]

특정한 문학적 사안에 대한 입장이 다를 수는 있다. 그러나 남진우의 반론이 문제가 되는 것은 지금까지 살펴왔듯이 가장 기본적인 사실적 차원에서 의도적 오류를 드러내고 있기 때문이다. 그것은 남진우 자신의 표현을 빌리자면 "비판과 트집을 구분하지 못하는 지적 몽매주의"[12]이자 "비판을 위한 비판, 시비걸기를 위한

11 | 『문학동네』의 창간 동기와 관련하여, 남진우는 "나는 김탁환이나 그가 가담한 문학계간지 『상상』의 노선에 대해 동조하지 않는 입장이다(사실 문학동네의 출범은 당시 상상의 상업지상주의적 문학관의 노골적 표출에 대한 대응이 일정한 요인으로 작용했다)"고 주장하고 있는데, 이러한 주장이 과연 얼마나 타당성을 지니고 있는가 하는 점은 심층적으로 검토해 볼 만한 주제이다.

시비"[13]에 다름 아니다. 김정란의 글에 존재하는 몇몇 실증적 오류에 대해서는 신랄한 어조로 질타하던[14] 그가 이토록 명백한 사실 왜곡을 곳곳에서 자행하며 필자를 비판한다면, 그러한 비판의 진실성을 과연 누가 신뢰하겠는가! 남진우는 김정란에 대한 비판에서, "이처럼 말은 때로 말하고자 하는 대상보다 말하는 사람 자신의 속성을 역으로 더 잘 드러내는 경우가 종종 있는 법이다"[15]라고 말한바 있다. 그렇다. 남진우가 「권성우에게 답함」에서 개진한 주장들은 무엇보다도 남진우 자신의 속성을 역으로 더 잘 드러내고 있다.

---

**12** | 남진우, 「주와 비의 세계에서」, 『문학동네』 2001년 여름호, 370쪽.

**13** | 위의 글, 373쪽.

**14** | 남진우는 "그녀가 쓴 문제의 두 글, 「조선일보를 위한 문학」과 「그들만의 문학」이 얼마나 기본적인 사실에서조차 왜곡으로 가득 차 있으며 억지 논리를 구사하고 있는가 하는 점에 대해선 이미 문학동네 측에서 해당 지면에 보낸 두 편의 반론문 「가짜 귀신 소동-그 허황한 전말」, 「강준만의 김정란 일병 구하기」에 충분히 설명이 돼 있으므로 더이상의 논란은 필요 없을 것이다"라고 언급하고 있다. 남진우, 「김정란의 김언희 비판에 대하여」(『그리고 신은 시인을 창조한다』, 문학동네, 2001.9) 331쪽 참조. 그런데 여기서 이해할 수 없는 것은 문학동네 측에서 김정란에 대한 반론문을 아직까지 공개하지 않고 있다는 점이다. 반론권을 둘러싼 개마고원과 문학동네 측의 주장은 서로 너무나 달라서 제 3자의 입장에서 판단하기 어려운 부분이 있다. 그러나 반론문에 대한 논리적 자신감과 글의 품격에 대한 확신을 가졌다면 그 반론문들을 『문학동네』에 수록하면 되지 않는가. 반론권의 논리적 절차 여부가 그렇게 중요했던가. 김정란의 모순을 비판하여 문학동네 측의 진실과 입장을 제대로 알리는 것이 문학동네 측의 진정한 의도라면 특정한 지면을 고집할 필요가 없을 것이다.

**15** | 남진우, 「김정란의 김언희 비판에 대하여」, 『그리고 신은 시인을 창조했다』(문학동네, 2001.9), 328쪽.

## 3. 남진우의 언어폭력 : 하일지-남진우 논쟁과 연관하여

남진우는 필자의 글쓰기가 사적인 잡담의 수준으로 전락하고 있다면서, 김탁환의 필명을 자의적으로 추정한 평문의 문제점과 『문학과사회』 세대교체의 정당성에 대한 필자의 지적을 문제삼고 있다. 우선 남진우가 지적한 필자의 김탁환 비판의 한 대목에 대해서 얘기해 보자. 나는 이 부분에 대해서 몇 년 전에 "그의 필명과 연관된 루머를 구체적으로 확인하지 못한 채, 그의 비평을 비판하는 논거로 원용한 것은 명백한 실수였다고 생각된다. 뒤늦게나마, 이 점을 김탁환 씨에게, 진심으로 사과 드린다(나는 글이 발표된 직후에 이미 개인적 서한을 통해서 그에게 이러한 내 뜻을 전한 바 있다)"[16]라는 언급을 한 바 있다. 나는 그 글의 문제점을 정말 뼈아프게 생각하며, 지금도 안타까운 마음을 가지고 있다. 이 대목과 연관하여 "내가 최근 몇 년 동안 쓴 글 중에서 가장 부끄럽게 생각하는 평문은 「현단계 비평의 쟁점과 젊은 비평의 가능성」이다"라고 했던 것과 "지난 몇 년간 나는 이 문제 때문에 마음이 편치 못했다. 아마 내가 비평가로 활동하는 한, 이 상처를 결코 잊지 못하리라", "'비판'이 얼마나 위험한 글쓰기 양식인가를 뼈저리게 깨달을 수 있었던 점이 그 글이 나에게 가져다 준 진정한 교훈이리라"[17]라고 언급했던 것은 바로 그 평문의 문제점을 분명히 인정했

16 | 권성우, 「비판과 성찰 사이」, 『비평과 권력』, 소명출판, 2001, 194쪽.

기 때문이었다. 적어도 이 부분에 관한 한, 내 글쓰기의 잘못을 준열하게 반성할 태세가 되어 있다. 그런데 남진우가 필자가 명백하게 사과한 대목을 다시 끌어들이면서 필자에 대한 비판을 전개하는 맥락은 무엇인가? 그런 부분까지 구차하게 끌어들이지 않으면 비판의 설득력을 확보할 수 없다고 생각한 것인가.

나는 적어도 남진우가 이런 식의 비판을 전개하기 위해서는 1991년에 진행되었던 이른바 하일지-남진우 논쟁[18]에 대한 분명한 해명을 보여주어야 한다고 생각한다. 나는 최근의 남진우 글쓰기의 문제점이 바로 십 년 전의 이 논쟁을 통해 너무나 유사한 형태로 발현되어 있다는 사실을 발견하고 남진우 비평의 어떤 검은 심연에 대해서 생각해 보게 되었다.

하일지의 『경마장 가는 길』을 둘러싼 이 논쟁은 남진우 비평에 깊숙이 뿌리내린 폭력적 태도와 오만한 관점을 여실히 보여주는

---

17 | 필자가 『비평의 희망』에서 이 글을 제외한 것은 바로 이러한 잘못된 비판에 대한 성찰의 또 다른 표현이었다.

18 | 하일지 신작소설 『경마장 가는 길』에 대한 남진우의 비판인 「'경마장…' 은 새 소설인가」(『시사저널』 1991.2.14)로 촉발된 이 논쟁은 다음과 같이 서로 반박과 재반박을 주고받으며 전개되었다.

* 하일지, 「작가의 말」, 『경마장은 네거리에서…』(민음사, 1991.7)
* 남진우, 「작가의 심리적 동기 무모-불순」, 조선일보 1991.7.27.
* 하일지, 「비평용어 개념 모르는 것 같다」, 조선일보 1991.7.30.
* 남진우, 「사실의 주관적 왜곡 위험」, 조선일보 1991.8.2.
* 하일지, 「한 문학평론의 와해된 논리를 지적해 줌」, 『소설의 거리에 관한 하나의 이론』(민음사, 1991.10).

중대한 '필화사건'이었다. 남진우는 시종일관 『경마장 가는 길』이 "소설 전체를 특정 개인의 사사로운 복수극으로 전락시켜 버렸다"[19]고 단정하면서 다음과 같은 인신 공격적 발언으로 논쟁의 결론을 맺은 바 있다.

> 이제 결론을 말하자. 하씨는 「경마장…」을 통해 자신이 애초에 목적으로 했던 두 가지를 달성했다. 즉 변심한 정부에 대한 보복과 프랑스에 가기 위한 경비 3천만원의 마련이 그것이다. 따라서 애초의 목적을 이뤘으면 됐지 갑자기 이 소설이 문학적으로 우수한 작품이라고 인정해주기를 염치 좋게 강요하지는 말아달라는 것이다. 이제 하씨가 할 일은 이 소설수입을 가지고 그가 그토록 오매불망하던 프랑스로 가서 프랑스 사회를 '있는 그대로'(?) 보여 주거나 프랑스의 '지식인의 우울한 초상'을 그린 소설을 쓰는 일이다. 단 한가지 걱정되는 것은 프랑스에도 하씨의 소설이 위대함을 몰라주는 '재능이 없고' '아둔한' 평론가가 상당히 많을 것 같다는 것이다.[20]

이 글에서 남진우는 하일지의 『경마장 가는 길』을 어떠한 사실적 근거도 제시하지 않고, 사적인 복수심에 씌어진 작품이라고 말하고 있는 것이다. 이는 명백한 언어폭력이자 인신 공격에 해당되

**19** | 남진우, 「작가의 심리적 동기 무모 · 불순」, 조선일보 1991.7.27.

**20** | 남진우, 「사실의 주관적 왜곡 위험」, 조선일보 1991.8.2.

는 발언이다. 남진우는 『경마장 가는 길』의 주인공 R의 행위를 그대로 작가 자신의 실제 행동이라고 주장하고 있는 것이다. 하일지는 이 대목을 일러, "드디어 문학평론이 아니라 잘 알지도 못하는 타인의 사생활까지 들먹이며 노골적으로 작가를 인신 공격하는, 가히 우리 문단사를 통해서도 기억될 일대 필화사건을 남기고 말았다"[21]고 적고 있다. 작가의 글쓰기 의도는 사실 정교한 정신분석학의 이론을 통해서도 단순하게 해명하기 어려운 영역에 가깝다. 그런데 남진우는 문예지도 아닌 거대 일간신문을 통해 그 어떠한 논리적 근거도 없이 『경마장 가는 길』을 작가의 더러운 치정에서 비롯된 욕망에 의해 씌어진 것이라고 매도하고 있는 것이다.[22] 하일지는 이러한 남진우의 비판에 대해 "그러나 실제작가의 집필동기는 작가가 고백하지 않는 한 알 수 없는 것이다. 왜냐하면 그것은 극히 개인적인 심리적 내면의 문제이기 때문이다. 게다가 비록 고백한다고 할지라도 그것을 전적으로 믿을 필요도 없을지 모른다. 왜냐하면 어떤 작가도 한 가지 단일한 동기로 글을 쓰지는 않을 것이기 때문이다. 뿐만 아니라, 인간에 대한 보다 이해가 깊어

---

**21** | 하일지, 「한 문학평론가의 왜해된 논리를 지적해 줌」, 『소설의 거리에 관한 하나의 이론』(1991, 10. 민음사), 199쪽.

**22** | 하일지는 남진우의 글에 대한 재반론을 조선일보에 투고했으나, 받아들여지지 않았다고 한다. 이 정도의 격렬한 인신 공격에 대해서 반론을 허용하지 않는 조선일보는 기본적으로 논쟁의 룰을 어기고 있는 것이 아닌가? 하일지의 반론을 거절하는 선택이었다면 애초에 남진우의 격렬한 인신 공격이 담긴 반론을 수용하지 않았어야 하는 것이 아닌가.

신중하게 생각할 수 있는 사람이라면 인간(특히 타인)의 심리적 내면은 도저히 한마디로 단정할 수 없는 것이라는 사실도 알 것이다", "실제작가의 집필동기는 가치 평가의 대상이 될 수 없다. 왜냐하면 그것은 앞에서 이미 언급했듯이 알 수 없는 것이기 때문이다"[23]라고 반박하고 있다.

나는 지금이라도 남진우가 이 대목에 대해서 하일지에게 분명하게 사과해야 한다고 생각한다. 왜냐하면, "실제작가를 협박하는 남진우 씨의 행위야말로 실정법을 위반한 범죄라는 사실을 모르고 있었던 것은 아마도 남진우 씨 자신뿐인 것 같다"[24]는 주장에 일리가 있기 때문이다. 치열한 논쟁의 과정에서 상대방에게 상처를 주는 인신공격에 해당되는 발언은 가능한 한 피해야한다. 피치못하게 혹은 무의식적으로 예민한 논쟁과정에서 그러한 발언을 했다면 당연히 사과해야 할 것이다. 그러나 남진우는 그 문제의 필화사건 이후 십 년의 세월이 흐른 아직까지도 그 대목에 대해서 어떠한 해명과 사과의 모습도 보여주지 않고 있다. 오히려 남진우는 그 발언 후 몇 년 뒤에 하일지의 소설에 대한 한층 잔인하다고 표현할 수밖에 없는, 남진우가 자주 사용하는 표현을 빌자면 "야비한" 비판을 전개하고 있다. 남진우는 1997년 씌어진 「오르페우스의 귀환」이라는 글에서 박일문을 "무뇌아적 헤프닝을 연출하는

---

23 | 하일지, 앞의 글, 217쪽.

24 | 하일지, 앞의 글, 218~219쪽.

데 그치고 만 경우"라고 비판하고 이인화와 연관하여 "그의 문장 베끼기는 작가적 천품을 타고나지 못한 자의 안간힘과 간지가 낳은 한바탕 소극에 불과하다"고 극심하게 비판한 연후에 하일지에 대해서 다음과 같이 얘기하고 있다.

> 간교하고 부도덕하기로 말하면 어설프게 하루키를 흉내낸 작가들보다 로브그리예의 『변태성욕자』의 줄거리를 그대로 베끼다시피 한 『경마장은 네거리에서……』의 하일지 같은 작가가 더하다고 할 수 있기 때문이다. 기회가 주어지면 표절/모방/패스티시에 관하여 구체적인 실례를 들어가며 분석한 글을 써보고 싶다.[25]

하일지의 『경마장은 네거리에서…』를 거의 표절에 가깝다고 몰아 부치고 있는 위의 주장은 명백한 문학적 폭력에 해당된다. 남진우는 "기회가 주어지면 표절/모방/패스티시에 관하여 구체적인 실례를 들어가며 분석한 글을 써보고 싶다"고 은근히 표절을 기정사실화하고 있다. 그러나 남진우는 그 이후에 어떤 지면에서도 하일지의 『경마장은 네거리에서…』가 로브그리예의 베끼기에 해당된다는 증거를 제시하지 않았다. 도대체 이러한 폭력이 어떻게 가능한지 모르겠다. 물론 표절 문제는 준열하게 지적되어야 마땅하다. 그러나 베낌이나 표절 차원의 민감한 논의는 충분한 논리

---

**25** | 남진우, 「오르페우스의 귀환」, 『숲으로 된 성벽』(민음사, 1995), 410쪽

적 근거와 실증적 검토를 수반해야 한다. 남진우 식으로 슬쩍 치고 빠지는 방법으로 표절 혐의를 제기하는 것은 작가의 문학적 인격에 대한 살해에 해당되는 폭력이 아닌가? 사실 표절에 관한 논의 중에서 가장 위험하고 "야비한" 방식이 남진우와 같이 어떤 증거도 없이 작가를 표절로 모는 방식이다. 신경숙의 표절 의혹 논의를 통해, 작가에게 표절 의혹이라는 것이 얼마나 커다란 상처를 가져오는가를 가까이서 지켜보았을 남진우라면, 지금이라도 이 대목에 대해서 하일지에게 분명히 사과해야 한다.[26] (만약에 하일지가 명백하게 로브그리예의 소설을 베끼다시피 한 작가에 해당된다면 불문학을 전공한 편집진이 다수 포진하고 있는 문학과지성사에서 과연 하일지의 장편소설 『진술』이 출간될 수 있었을까.) 그것이 아니라면 남진우는 하일지 소설의 표절 혐의를 논리적으로 입증해야 할 것이다.

자기 성찰과 자기 비판은 앞으로 씌어질 남진우 글의 설득력을 위해서도 절실하게 요청되는 덕목이 아닐 수 없을 것이다. 실상 서정주 사후에 서정주에 대한 비판이 그토록 격렬하게 전개되었던 이유도 그가 단순히 노골적인 친일시를 썼으며 오공정권을 찬양했다는 정치적 차원에서만 해명될 수는 없을 것이다. 무엇보다

26 | 신경숙에 대한 표절 논의는 그래도 구체적인 문장의 비교 검토라도 진행되었다. 그러나 남진우의 하일지 소설에 대한 지적은 어떤 근거도 제시되지 않았다는 점에서 그 폭력성과 논리성의 측면에서 근본적인 차이가 있다.

도 미당이 자신의 과오에 대한 제대로 된 반성과 진솔한 사과를 보여주지 못했다는 점이 미당 비판이 격화될 수밖에 없었던 중대한 요인 중의 하나일 것이다. 말하자면 미당이 자신의 실존과 정직하게 대면하지 못한 채, 자신의 행위를 궁색하게 정당화했다는 사실이야말로 수많은 문인들이 미당에게 실망한 진정한 이유가 아니겠는가.

적어도 비판적 글쓰기를 수행하는 논자들은 명백한 오류에 대해서는 자기 반성을 수행하고 있다. 그렇다면 남진우 역시 준열한 자기 성찰이 전제되어야 그의 비판이 설득력을 확보할 수 있는 것이 아닐까. 인간인 이상, 누구나 과오를 저지를 수 있다. 보다 중요한 것은 분명한 과오나 인신공격을 저질렀을 때, 사과를 할 수 있느냐의 여부일 것이다. 이 점에서 남진우의 무반성적 행태는 참으로 안타깝다.

어찌되었든 남진우 비평의 어떤 원칙도 없는 표리부동한 변화 과정은 흥미로운 연구대상이라고 하지 않을 수 없다. "한 시인의 선택 그 자체는 다른 그 누구도 간섭할 수 없는 부분이다. 다만 그 선택에 얼마나 정직하고 충실했느냐가 문제일 따름이다"[27]고 말했던 남진우가 하일지 비판에 이르러서는 『경마장 가는 길』의 작중 인물이 지닌 부도덕성까지 질타하면서 작중 인물의 윤리를 고리타분하게 강조하는 도덕군자 남진우가 되는가 하면[28], 다시 서정

---

27 | 남진우, 「각(角)의 시학」, 『바벨탑의 언어』 (문학과지성사, 1989), 49쪽.

주 시에 대한 평가에서는 시인과 작품의 분리론의 입장에서 "그가 지난 일백 년 동안 이 땅에 출현한 시인 가운데 시적 성과면에서 최고의 경지에 이른 인물이라는 사실을 부인하는 무모함을 지닌 사람은 별로 없을 것이다"[29]라면서 오만한 미학적 분리주의자로 복귀한다. 자신과 다른 문학관을 가진 사람을 "무모"하다고 표현

---

**28** | 『경마장 가는 길』의 문학적 의미는 남진우의 주장과는 정반대로 등장 인물 R이 한국 사회의 평균인의 도덕적 습속이나 사회적 관행과는 완전히 다른 차원에서 행동하고 사유하는 독특한 인물이라는 점에서 찾아질 수 있는 것 아닐까. 이런 점과 연관하여 오정국은 남진우의 시각에 대해서 다음과 같이 비판하고 있다.

> 먼저, 평론가 남진우의 비평을 살펴보자. 그는 "등장인물의 상호관계를 검토해 볼 때, 우리는 R이라는 인물이 그렇게 옹호될 수만 있는 인물이 아니다"고 말했다. 그리고 "R이 과연 아내나 J에 비하여 도덕적 우위를 주장할 수 있을 만큼 처신했느냐 하는 점도 문제려니와, 귀국 첫날밤을 호텔이 아닌 장급 여관에 묵게 한 사실에 대한 분노한" 점 등을 들어 "R 역시 철저히 물화된 의식의 소유자이며 극도로 이기적인 인물"이라고 꼬집는 한편 이를 작품을 비판하는 예로 들었다. 여기서 필자는 〈R이 옹호될 수 있는 인물이다, 또는 아니다〉를 판단하기에 앞서 〈소설에서의 인물이란 반드시 옹호될 수 있는 인물로만 그려져야 바람직한 것〉이며 〈소설의 인물은 항상 도덕적 우위를 지켜야 하는 것인가〉하는 의구심을 떨쳐버릴 수 없다. 극단적으로 말해 소설의 인물은 '장급여관'에 투숙케 했다고 분노해선 아니되는 것이며 극도로 이기적인 인물로 그려서도 안 된다는 말인가. 필자는 소설 속의 인물이 "극도로 이기적인 인물"이든 그야말로 "도덕적인 우위"를 지켜 가는 인물이든 처음부터 끝까지 일관된 성격의 리얼리티만 제대로 살아 있다면 소설로서의 미학적 가치를 지닌다고 생각한다(오정국, 「되풀이로서의 삶, 『경마장 가는 길』, 『그 비극성과 아니러니』, 『세계의문학』 1991년 여름호, 254~255쪽).

남진우가 R을 조망하는 도덕적 태도는 김영하 소설의 냉소적 주인공을 적극적으로 평가하는 그의 열린 태도와 얼마나 틀린가!

하는 남진우의 주장에는 자신과 다른 의견을 지닌 타자에 대한 경멸감까지 느껴질 정도이다.

## 4. "아름다움이 시들면서 발산하는 부패의 냄새": 남진우의 기괴한 공격성에 대하여

최근 남진우는 강준만, 김정란, 고은, 그리고 필자에 대한 격렬한 비판을 전개한 바 있다. 논쟁에서 격렬한 비판이 전개된다는 것은 그 자체로 장점이나 한계라고는 할 수 없을 것이다. 그러나 누가 봐도 감정적인 비판과 정도 이상의 냉소를 남발하는 경우, 우리는 그 필자가 주장하는 논지의 타당성 이전에 그 필자의 음험한 욕망에 대해서 생각하게 된다. 최근 남진우의 논쟁적 글쓰기는 이러한 측면에서 각별한 고찰의 대상이 될 만하다. 남진우의 말대로 상대방에 대한 냉소도 논쟁을 수행하는 나름의 태도일 수 있다. 그러나 다음과 같은 대목까지 단순하게 냉소로 부를 수는 없을 것이다.

> 그러나 나의 경우는 대담에서 상대방의 인격을 미리 파악해서 사

29 | 남진우, 「집으로 가는 먼길」, 『그리고 신은 시인을 창조했다』 (문학동네, 2001.9), 13쪽.

전에 적절한 대비를 하는 것도 일종의 일이라면 일인데, 이를 등한시한 점이 있으므로 어느 정도 자업자득의 측면이라도 있다.[30]

그러나 나를 포함해서 문학동네 구성원들이 김정란에 대해 갖고 있는 감정을 굳이 한 단어로 요약하자면 미안하게도 '증오' 보다는 '연민' 에 가깝다.[31]

나는 김정란 씨가 앞으로도 얼마나 더 자신의 '하한' 을 갱신해나갈까 겁이 난다.[32]

위의 인용에는 상대방에 대한 엄청난 경멸의 감정이 교묘한 방식으로 표출되어 있다. 이러한 비난은 남진우 자신의 표현을 빌자면 "상대방을 가장 가혹하게 파괴하는 행위"(『바벨탑의 언어』 156쪽)에 가까운 것이 아닐까. 위의 예문에 비하면, 오히려 김정란을 증오한다는 얘기가 월등 솔직한 차원의 비판이 될 수 있지 않을까 싶다. 나는 지금이라도 남진우가 이러한 인신공격에 가까운 감정적 비난이 자신의 글쓰기에 도움이 안 된다는 사실을 깨달았으면 한다.[33]

이러한 남진우의 격렬한 감정적 비판 방식은 필자에 대한 비판

---

**30** | 남진우, 「메두사의 시」, 『그리고 신은 시인을 창조했다』, 문학동네, 2001, 326쪽.

**31** | 남진우, 「강준만의 김정란 일병 구하기 2」 『인물과사상』 2001. 2월호, 179쪽.

**32** | 위의 글, 180쪽.

에서도 유사하게 드러난다. 가령, "권성우가 『문학동네』의 문학권력 비판 특집 관련 글을 읽고 불만이나 위기 의식을 느낀 것은 충분히 이해가 가능하고 어느 면 동정이 가는 부분이 있다"[34]는 표현을 보자. 김정란에게는 '연민'을 느끼고 권성우한테는 '동정'을 느끼는 남진우의 따뜻한(?) 마음에 감복해야 할까. 남진우는 더 나아가 필자를 포함한 문학권력 비판자들을 지칭하여 "여기서 새삼스럽게 그들의 글에 넘쳐나는 독설과 언어폭력이 얼마나 비틀린 냉소의식과 열등감의 소산인지에 대해 일일이 구체적인 예를 들 필요가 없을 것이다"(355쪽)라고 언급하고 있다. 과연 누가 누구에게 "독설"과 "언어폭력"을 휘두르고 있는지는 필자가 지금까지 전개한 이 글만으로도 충분히 입증되었으므로 구태여 부연하지 않겠다.

그러나 "열등감의 소산"이라는 표현은 글 쓰는 사람사이에 존재하는 최소한의 품격과 양식까지도 훼손시키고 있다. 도대체 필

---

**33** | 적어도 김정란은 논쟁의 과정에서 명백한 잘못을 남진우에게 사과하기도 했다. 김언희 시인의 시를 둘러싼 『뉴스메이커』 2000년 11월 30일 자의 지상논쟁에서 김정란은 좌담 정리과정의 문제점에 대해서 언급하면서, "정리된 대담을 다시 대담자들에게 보내서 한 번 더 정리하는 것이 온당한 수순이지만, 시간에 쫓겼고, 또 전체적인 맥락이 바뀐 것이 아니므로 크게 문제될 것이 없다고 판단했던 것이다. 그러나 그럼에도 불구하고 온당한 수순을 밟지 않았던 것은 분명히 나의 잘못이다. 이 자리를 빌어서 남진우 씨와 이희중 씨에게 사과의 말을 전하고 싶다"고 발언한 바 있다. 김정란, 「비열한 '건수잡기'와 '왜곡 보도'의 합작품」 참조. 남진우와 김정란의 이러한 차이는, 두 사람 주장의 진정성을 판단하는 대목에 있어서 의미 있는 요소이다.

**34** | 남진우, 「권성우에게 답함」, 『황해문화』 겨울호, 359쪽.

자가 남진우한테 열등감을 느낄 부분이 뭐가 있다고 이런 식의 표현을 구사하는지 묻고 싶다. 남진우는 "김정란의 발언에선 단순한 비평적 무능력이나 방향상실을 넘어선 일종의 악의가 감지된다"[35] 고 발언한 바 있다. 그러나 나로서는 남진우의 필자 비판이야말로 비판자의 "악의"가 노골적으로 드러나는 전형적인 평문이 아닌가 생각된다. 나는 남진우와 김정란이 둘 사이의 문학적 대립을 그토록 감정적으로 접근하고 있다는 점에서 일정한 상동성이 있다고 생각한다(다만, 김정란은 「조선일보를 위한 문학」에서 보여주었던 분명한 한계에도 불구하고, 초기에 비해 그 나름대로 성실한 자기 갱신을 이루어오고 있으며, 자신의 명확한 잘못에 대해서는 인정하기도 한다는 점에서 남진우의 몰염치와는 차별성을 보이고 있다).

아무리 심정적으로 동의하지 않는 논자들에게도 '연민', '동정', '열등감의 소산' 등의 표현은 함부로 구사하는 법이 아니다. 나는 이러한 표현들이야말로 역설적으로 남진우의 위기 의식과 불안감을 드러내준다고 생각한다. 자신에 대한 비판을 성숙하게 극복할 수 있는 자신감과 자신의 글이 지닌 품격에 대한 자부심이 존재한다면, 결코 앞의 인용문들과 같은 심한 표현은 구사하지 않았을 것이기 때문이다. 또한 정당한 논리만으로 비판이 가능했다면, 이러한 논리 이전의 인신 공격에 가까운 표현들을 구사하지

---

35 | 남진우, 「김정란의 김언희 비판에 대하여」, 『그리고 신은 시인을 창조했다』(문학동네, 2001.9), 327쪽.

않았을 것이다. 더 나아가 필자나 이명원, 김정란, 강준만과 대비되는 남진우의 관점이 정말 옳다면, 굳이 이토록 치사한 방식의 비판을 전개하지 않아도, 남진우의 정당성을 독자들이 충분히 알아볼 것이다. 바로 그러한 자신감이 없기 때문에 남진우가 이렇게 무리한 감정적 비난을 남발하고 있는 것이 아닌가. 남진우의 비판 방식은 한 마디로 '비난의 수사학' 으로 불릴 수 있다. 그래서 남진우의 최근 논쟁적 글쓰기를 읽다 보면, 그가 비판하고 있는 "최근 우리 사회에서 극성을 떨치고 있는 '비난문화' (blame culture)' 의 한 양태"[36]에 그 스스로 물들어 있는 것은 아닌가 하는 생각을 하게 된다.

남진우는 혹시 이러한 관점이 남진우와 치열한 논쟁을 전개하고 있는 필자의 제한된 시각에서 연유하는 것이 아닌가 하고 생각할 지 모르겠다. 결코 그렇지 않다. 문학평론가 유성호는 남진우의 최근 평론집 『그리고 시인은 신을 창조했다』에 대한 서평에서 남진우의 이러한 아름답지 못한 행태와 연관하여 "상대를 향한 강렬한 비판과 냉소, 적대감의 표현을 '비평' 이라는 이름으로 수행하고 있다", "그 스스로 경계한 '서로의 복잡한 애증관계' 만 재생산하는데 일조할 뿐이다", "칼날 같은 적의('냉소' 차원이 아니다)가 내재해 있다는 사실이 노골적으로 드러나는 것 외의 효과는 없

---

36 | 남진우, 「문학권력 논쟁에 대하여」, 『문학동네』 2001년 겨울호, 491쪽.

게 된다"[37]고 비판하고 있다. 그런가 하면, 남진우의 최근 글쓰기에 대한 다음과 같은 네티즌들의 발언도 남진우의 비평적 행보에 관한 적확한 지적에 해당된다고 볼 수 있을 것이다.

> 남진우의 기괴한 공격성은 확실히 병리적 현상입니다. (중략) 남진우는 확실히 시인입니다. 세상에 논리가 전부는 아니겠지요. 그러나 논리적 훈련과 절제가 바탕이 되지 않는 시인이라면 그 숱한 감성과 예리한 직관이 다 무슨 소용이 있겠습니까. 평문을 횡단하던 한 오르페우스의 단단한 고요함이 이처럼 촛불 하나 제대로 제어하지 못하고 극악스럽게 변질되는 모습을 보는 건 썩 유쾌한 일이 아니군요.[38]

> 그에 대한 내 믿음은 몇 년 전부터인가 …이게 아닌데… 하는 의문을 품게 했다. 「주와 비의 세계에서」라는 『문학동네』의 글을 읽으면서 나는 약간은 해괴망칙하고 그로테스크한 그의 문체에 사실 조금 진저리를 쳤다. 아름다움이 시들면서 발산하는 부패의 냄새처럼 느껴졌다고 하면 과장일까?[39]

---

37 | 유성호, 「매혹과 냉소 사이, 비평의 존재론」, 『창작과비평』 2001년 겨울호, 284~285쪽.

38 | 인물과사상 사이트(www.inmul.co.kr)의 '쟁점토론방'에 수록된 네티즌 '창경궁' 님의 글 「불길 못 잡는 오르페우스」.

이러한 비판이 단지 익명의 네티즌들의 정제되지 않은 견해에 불과한 것일까. 최근에 남진우가 보여주는 과도한 공격성과 비판으로 위장한 인신 공격에 비추어 볼 때, 위의 견해는 결코 과장이 아니다. 위의 발언들은 이 즈음 남진우의 글쓰기가 노정하고 있는 모종의 아킬레스건을 예리하게 포착하고 있다. 그렇다. 고요하고 단단한 심미적 비평의 그림자 속에 숨어 있던 감정적인 비평의 "극악"스러운 모습을 확인하는 것은 정말 "유쾌"하지 않은 일일 터이다. 최근 남진우가 보여주는 비판적 글쓰기는 김정란과 강준만이 간혹 보여주는 감정적인 비판에 상대에 대한 냉소와 적의, 현란한 수사학 등을 새롭게 배합하여 부정적인 방식으로 변질시키고 있다는 점에서 문제가 되는 것이다. 앞에서도 잠깐 언급했듯이, 남진우가 그토록 추앙하고 존경했던 생전의 김현 선생은 남진우의 글쓰기에 대해서 말하면서 "남진우는 기자의 문체로 시를 읽는다. 깊이는 없으나, 감각은 있다. (중략) 자라지 않는 비평가를 보는 것은 나이 든 난쟁이를 보는 것처럼 괴롭다"[40]고 말한 바 있다. 그러나 그보다 한층 괴로운 것은, 남진우의 감각적인 심미성이 타자에 대한 불유쾌한 감정적 공격으로 돌변하는 과정에서 여실히 목도했듯이, 재능 있는 한 비평가가 형편없이 망가져 가는 과정을 지켜보는 경우가 아닐까.

---

**39** | 위의 게시판 'gordimer' 님의 글.

**40** | 김현, 『행복한 책읽기』 (문학과지성사, 1992), 266쪽.

이러한 남진우의 기묘한 이중성, 즉 표면적으로 나타나는 심미적 글쓰기와 그 심층에 음험하게 존재하고 있는 기괴한 공격성 사이의 극심한 모순은 남진우의 정치적 입지와도 결코 무관하지 않을 것이다. 즉, "'예술을 위한 예술'은 낭만주의자에게 모든 실제 행동으로부터 자기를 막는 상아탑이 된다. 기성의 질서를 묵인하는 대가로 그들은 안전을 도모하고 순전히 관조적인 태도의 우월성을 인정받는다"[41]는 하우저의 견해는 바로 남진우의 최근 행보와 문학적 태도에도 중요한 암시를 던진다. 이즈음 남진우의 글쓰기는 문학제도나 문학환경, 사회적 모순에 대한 어떤 제대로 된 문제제기도 보여주지 않는다. 물론 그것은 남진우의 자유이지만, 그가 문학제도와 문학권력을 비판하고 문학계의 모순을 지적하는 논자들에 대해서 취하고 있는 공격적이며 감정적 태도를 보면, 그의 주장들이 지식사회에서 단순히 중립적으로 수용되지 않을 것이라는 점은 분명하다. 단적으로 말해서 남진우의 최근 비평은 균형 잡힌 지성과 역사적 성찰이 뒷받침되지 않은 심미적 글쓰기가 타자를 배척하는 음험한 공격적 글쓰기로 이행하는 과정을 뚜렷하게 보여주는 살아 있는 증거이다.

남진우는 지금까지 유려하고 정확한 문장력을 통해 심미적 글쓰기를 보여준 비평가로 알려져 왔다. 이 점은 남진우 비평의 남

---

**41** | 아르놀트 하우저 Arnold Hauser, 『문학과 예술의 사회사 4: 자연주의와 인상주의 · 영화의 시대』, 백낙청 · 염무웅 역, 창작과비평사, 1999, 33쪽.

다른 장점이자 매력일 것이다. 그러나 현란한 문체나 심미적 편향이 잘못 표출되었을 때, 그것은 타자를 무자비하게 억압하는 오만한 귀족주의로 나아갈 가능성도 있다.[42] 이러한 점과 연관하여, 미적인 편협성이 가공할 폭력성과 연관된다는 부르디외 식의 주장도 경청할만하다. 흔히 유미주의자들이 그러하듯이, 미적으로 엄격하다는 것은 그 자체로 한계라고는 볼 수 없다. 그러나, 그 미적 기준의 엄격함이 조금만 경화되면, 자신과 다른 타인의 입장에 대한 억압과 불건강한 냉소로 작용할 소지가 있다. 나는 남진우가 최근 보여주는 상대방에 대한 "칼날 같은 적의"에서 이러한 위험한 징후들을 발견한다.

어떠한 세련된 문체와 우아한 수사학보다도 겸허한 자기 성찰과 진솔한 비판이 월등 값진 법이다. 나는 남진우가 그의 세련된 문체에 상응하는 타자에 대한 균형 감각을 확보하게 되기를 바란다. 그러했을 때, 그의 비평도 부정적인 편향을 탈각하여, 긍정적인 의미에서 새로운 심미적 비평의 경지를 보여주게 될 것이다.

---

42 | 예컨대 찬란한 문체로 씌어진 살만 루시디의 아프간 사태에 대한 글이 이슬람 사회의 자생성과 자율성에 대한 면밀한 인식 없이 자기비하적인 근대화 실패론으로 귀결되고 있다는 사실은 의미심장하다. 박노자는 이러한 루시디를 "용서받을 수 없는 오만한 귀족주의"라고 비판하고 있다. 박노자, 「이슬람의 이광수, 루시디」, 『한겨레21』 2001.11.22, 83쪽.

## 5. 비판의 한계와 성역을 어디까지 설정할 것인가?

남진우는 필자가 「비판, 추억, 그리고 김현」에서 아래의 예문과 같이 언급한 대목을 "비상식적 시비"라고 비판하면서 "전화 통화를 주고받은 것으로 충분한 내용을 굳이 공적 지면에 끌고 나와 문학의 진창화에 이바지한 경우이다. 나는 비판도 좋지만 이처럼 사적으로 주고받은 잡담까지 전후 맥락을 잘라낸 채 멋대로 상대방 비판의 자료로 이용하는 아름답지 않은 모습은 보고 싶지 않다"(363쪽)고 언급하고 있다. 필자는 『문학과사회』의 세대교체의 문제점과 연관하여 「비판, 추억, 그리고 김현」(『문예중앙』 2000년 가을호)에서 다음과 같이 지적한 바 있다.

> 그런데 문사 창간 멤버 중에서 유독 정과리 씨가 개편된 새로운 편집진에도 포함된 것이 궁금해서, 한 문사 동인에게 물어보니, 그의 말이 뜻밖이었습니다. 불문과 출신이 아무도 없어서 정과리 씨가 남게 되었다는 것입니다. 도대체 새로 개편되는 문사의 편집진에 왜 불문과 출신이 반드시 있어야 되는지 도무지 이해할 수가 없더군요. 바로 이러한 부분이 에콜의 합리적 변화와 세대교체의 정당성을 훼손하는 문학 외적 논리가 아닐까 싶습니다.

아무리 사적으로 전해들은 내용이더라도, 그 내용에 한 에콜의 정체성과 합리적인 변화 여부에 대한 중대한 한계를 보여주는 대목이 있다면, 그것을 비판의 준거로 채택하는 것이 무슨 문제가 되는지 모르겠다. 전해들은 내용 자체가 사실이라면 그것은 하등 문제삼을 것이 아니지 않은가. 비판에는 성역이 있을 수 없다. 남진우가 정말 비판의 합리성에 대해서 탐색하고자 했다면, 단지 사적 대화를 비판의 수단으로 활용했다는 차원이 아니라, 그 비판 내용의 타당성 여부에 대해서 먼저 지적했어야 하는 것이 아니었을까 싶다. 그러니, 비판 내용의 타당성에 대해서는 어떠한 언급도 없이, 단지 정보를 입수하는 방식을 문제삼는 것이 정당한 비판이라고는 할 수 없다. 남진우의 이러한 비판이 더욱 불합리하다고 느껴지는 것은, 그 자신도 사적인 대화에 의한 정보 수집을 통해서 이루어지는 비판이 가능하다고 사실상 인정하고 있기 때문이다. 남진우는 서정주론인 「집으로 가는 먼길」의 '보유'에서 고은을 비판하면서 다음과 같이 지적하고 있다.

> 그렇다면 김수영이 서정주에 대해서 했다는 이 발언을 고은은 사적인 대화를 통해 들었던 것일까. 만일 그렇다면 글에서 그것을 구체적으로 밝혀야 하지 않았을까.[43]

이 대목은 고은이 서정주 비판의 유력한 수단으로 삼은 김수영

---

43 | 남진우, 「고은의 미당 비판에 대하여」, 『그리고 신은 시인을 창조했다』 (문학동네, 2001.9), 29쪽.

의 발언[44]이 지금까지 발표된 김수영의 산문 어디에도 존재하지 않는다는 점을 남진우가 지적하면서 나온 것이다. 이러한 남진우의 논리에 따르자면 사적인 대화라고 하더라도, 그 진술 내용이 사실로 입증되면 비판을 위한 정보로 충분히 활용할 수 있다는 의미 아닌가.

필자가 『문학과사회』와 연관된 사적 대화를 지면에 옮긴 것은 그 점이 『문학과사회』의 세대교체의 문제점을 상징적으로 보여주는 중요한 잣대였기 때문이다. 이른바 김현, 김병익, 김치수, 김주연의 4K가 10년 동안 『문학과지성』을 발행해 왔는바, 자연스럽게 후배 비평가들에게 잡지를 이양하는 세대교체가 이루어지면서 『문학과사회』가 탄생한 바 있다. 그때가 1988년 봄이었다. 그리고 『문학과사회』 동인 역시 항상 10년 후에 후배세대에게 문예지를 넘기겠다는 공언을 한 바 있다. 그런데 이른바 문지 3세대로의 세대교체가 이루어지면서도 문지 2세대에 해당되는 정과리가 남았다는 점, 그리고 그 이유가 『문학과사회』 편집위원에 불문학 전공자가 계속 있어야 하기 때문이라는 점은 솔직히 아직도 합리적인 세대교체의 모습이라고는 생각되지 않는다. 이 점과 연관하여 문단안팎에서 김현, 김치수–오생근–이인성, 정과리 등으로 이어지는

---

44 | 고은은 "김수영은 미당을 체질적으로 싫어한 이유가 셋이었다. 하나는 그 토속성이 견딜 수 없다는 것, 둘은 그의 늘어지는 서정성이었고, 셋은 그 반동성이 역겹다는 것이었다"고 주장한 바 있다. 고은, 「미당 담론」, 『창작과비평』 2001년 겨울호, 290쪽.

서울대 불문과의 패권주의가 문학과지성사의 세대교체과정에서도 은밀하게 작용했다는 얘기가 공공연하게 나돌았다는 사실을 주목해야 한다. 이러한 의미에서 서울대 불문과 출신이 없어도 『문학과사회』 편집진이 꾸려질 수 있다는 것을 보여주는 것이야말로 그러한 문단 안팎의 우려를 불식시키는 과정이 아니었을까 싶다. 그러나 『문학과사회』는 거꾸로 갔다. 2세대인 서울대 불문과 출신의 정과리가 3세대로의 편집진 개편에도 불구하고 남았다는 사실이야말로 문학과지성사가 지금까지 보여주었던 일면 아름다운 전통을 배반하는 것 아닌가. 이 점은 세대교체의 합리성과 정당성을 얘기할 때, 결코 회피할 수 없는 대목이다. 특정한 비평적 에콜의 미학적 일관성, 비평적 원리, 문학관의 타당성, 세대교체의 정당성, 그 에콜에 소속된 비평가들의 비평 방식 등을 면밀하게 검토하여 비판하는 것은 비평의 소중한 역할 중의 하나일 것이다.

최근에 남진우는 "계간 문예지 겨울호가 일제히 나왔다. 일부 보도에서도 지적됐듯이 문학논쟁이 활성화 징후를 보이고 있다는 점은 긍정적으로 보인다. 하지만 작품을 배제한 채 논쟁을 위한 논쟁으로 치닫는 점이 논쟁을 소모적이고 비생산적으로 몰고 가는 이유가 되고 있다"[45]고 말하고 있다. 그토록 냉소적인 남진우도 자신이 참여한 논쟁을 무조건 부정적으로 언급할 수는 없었던 모

---

45 | 남진우 · 이광호 대담 「이 달의 비평」, 문화일보 2001.11.29.

양이다. 여기서 문제를 분명히 하자. 최근 논쟁에 비생산적이며 소모적인 면모가 보인다면, 그것은 남진우와 같이 사실에 대한 명백한 왜곡을 자행하거나 상대방에 대한 감정적 적대감으로 무장된 표현을 구사하기 때문에 발생하는 것이지, 작품 자체를 다루지 않아서 발생하는 것은 아닐 것이다. 텍스트 비평의 소중함과는 별도로, 한 비평가의 비평적 행태, 문학제도, 문학상, 문학 환경, 비평적 에콜의 미학관, 메타비평 등등에 대해서 충분히 독자적인 논점이 형성될 수 있는 것이 아닌가. 텍스트 비평/메타 비평이라는 완고한 이분법을 이렇게 상투적인 방식으로 자신들에게 유리하게 적용시키지 말기 바란다. 텍스트 비평이 소중하다고 생각하면, 그러한 비평을 진행하면 될 것을, 굳이 최근 논쟁의 문제점을 "작품을 배제한 채 논쟁을 위한 논쟁으로 치닫는 점"으로 해석하는 이유는 무엇인가. 그러한 지적은 오히려, 남진우가 스스로에게 침을 뱉는 행위에 해당된다.

남진우는 최근의 논쟁을 매도하기 전에, 최근의 논쟁과정에서 자신이 보여준 오류와 인신 공격적 글쓰기에 대해서 정확하게 인식해야 하는 것이 아닐까. 지금으로부터 10년 전에 "모든 과오와 부정적 평가를 타자 탓으로 돌린 채 자신의 절대적 '에고'만을 무자비할 정도로 확신, 관철하고자 하는 이 작가의 폭력적인 언사와 태도는 어이없음을 넘어 일말의 서글픔을 느끼게 한다"[46]면서 남

46 | 남진우, 「작가의 심리적 동기 무모-불순」, 조선일보 1991.7.27.

진우가 하일지에게 쏟아 부은 비판은 그대로 이즈음의 남진우에게 돌아간다고 할 수 있을 터이다. 남진우는 왜 이토록 부메랑처럼 자기 자신에게 돌아갈 발언들을 무수하게 많이 했는지 모르겠다. 이와 연관하여, 이 글에서도 자주 드러났지만, 남진우가 최근 김정란과 강준만, 필자에게 퍼부은 험한 비판들 중에서는 남진우 그 자신에게 정확하게 되돌려질 수 있는 표현들이 숱하게 발견된다는 점이 흥미롭다.

## 6. 비판의 숨은 동기, 상징가치에 대한 열망

남진우는 필자의 글 「우리를 아프게 하는 비판을 원한다」에서 아래의 예문을 인용하면서 "비판을 가장한 수준 미달의 음해성 언사에 대해 냉소말고 다른 어떤 대응이 있을 수 있는지 나로서는 쉽게 상상이 가지 않는다"[47]고 격렬하게 반발하고 있다.

한번 거꾸로 생각해 보자. 가령, 문학과지성사와 『문학동네』 진영 상당수 비평가들이 그 해당 출판사에 개인적으로 투자한 자금 때문에 문학권력 논의에 대해서 냉소적인 반응을 보인다고 말한다면, 그리하여 문학권력 논의에 대한 그들의 부정적인 평가에는 내밀한 경

47 | 남진우, 「권성우에게 답함」, 『황해문화』, 2001년 겨울호, 355쪽.

제적인 이해관계가 작동하고 있다고 주장한다면, 더 나아가 자신들에 대한 비판을 일종의 재산권 침해로 수용하고 있다고 말한다면 과연 그들이 수긍하겠는가?

남진우는 또한 위의 대목에 대해서, "그 자신, 위에 거론한 문학출판사에 일정한 금액을 투자한 주주이기도 한 그가, 따라서 문학인들이 출자하지 않을 수 없게 된 저간의 사정과 그 의미를 모른다고 할 수 없는 그가 이처럼 안면몰수하고 유치하고 야비한 흠집내기식 시비를 걸어올 때, 냉소말고 다른 어떤 방식의 대응이 있을 수 있을까"(356쪽)라고 일갈하고 있다. 그런데 문제는 남진우가 인용한 위의 대목은 전후맥락이 편의적으로 제거된 채, 필자의 발언 취지를 왜곡하는 방식대로 제시되어 있다는 사실이다. 남진우가 인용한 대목의 전후에는 다음과 같은 주장들이 배치되어 있었다.

그리고 "비판의 숨은 동기들이 적잖이 수상쩍었으며"라는 표현 역시 검증되지 않은 주장에 해당된다. 이러한 발언은 언론개혁과 신문사 세무조사에 적극적인 지지의사를 표명하는 시민 단체들을 현 정부와 모종의 거래를 맺고 있는 것으로 추정하는 최근의 몇몇 편견들과 흡사한 논의구조를 띠고 있다. 실제로 위의 인용한 대목은 문학권력 논의에 적극적으로 참여한 비평가나 비판적 글쓰기를 진행하는 논자들의 멘탈리티에 대한 근거 없는 공공연한 이미지 훼손에 해당된다고 보아도 무방하다. 누구나 특정한 대상을 비판하는 동기는 있기 마련이다. 그것이 참으로 공정하고 정당한 동기이든, 개인적 감정에서 연유한 불순한 동기이든 간에. 설사 그 동기가 사적인 감정에서 비롯되었다고 하더라도, 그 비판의 내용이 옳다면, 그 주관적인 동기로 인하여 메시지 자체의 정당성이 훼손될 수는 없는 것이다. 그 어떤 논의도 일단 텍스트 자체의 옳고 그름을 통해 판별하는 것이 필요하지 않을까.

어떠한 비판에 개인적이며 주관적인 동기가 존재한다는 것과, 그 비판의 내용이 정당하지 않다는 것은 기본적으로 별개의 차원에서 얘기되어야 마땅할 것이다. 실상 어떤 논자가 특정한 주제로 글을 쓰게 된 동기를 과학적으로, 합리적으로 판단하는 것이 얼마나 가능할 것인가.[48]

즉 남진우는 위에서 인용한 두 문단 사이의 중간 대목만을 달랑 들어낸 연후에, 그것을 "야비한 흠집내기식 시비"라고 주장하고 있다. 그렇다면, 필자가 남진우가 인용한 대목처럼 완곡한 가정법의 형태로 출판사와 그 곳에 돈을 투자한 편집위원들의 이해관계를 지적한 이유는 무엇인가. 그것은 무엇보다도 『문학동네』측의

---

**48** | 권성우, 「우리를 아프게 하는 비판을 원한다」, 『황해문화』 2001년 가을호, 355~356쪽.

문학권력 비판의 동기가 불순하다, 수상쩍다는 식의 어떤 근거도 없는 그야말로 불순한 추정의 무모함을 환기시키고 『문학동네』와 남진우에게 한번 거꾸로 생각할 기회를 제공하기 위해서였다. 물론 필자는 이러한 가정마저도, 뒤에서 "어떠한 비판에 개인적이며 주관적인 동기가 존재한다는 것과, 그 비판의 내용이 정당하지 않다는 것은 기본적으로 별개의 차원에서 얘기되어야 마땅할 것이다. 실상 어떤 논자가 특정한 주제로 글을 쓰게 된 동기를 과학적으로, 합리적으로 판단하는 것이 얼마나 가능할 것인가"라고 얘기하면서 그 주장의 확정성을 유보한 바 있다.

여기서 정말 남진우에게 묻고 싶다. 상대방의 악의적 추정을 비판하는 과정에서 전개된 '한번 상대방의 입장에서 생각해 보자'는 취지의 가정법 진술이 남진우의 주장처럼 그토록 "야비"한 행위라면, 남진우가 「주와 비의 세계에서」에서 문학권력 비판론자들을 불길하고 기괴한 짐승으로 비유하면서 퍼부은 악담들은 도대체 어떻게 표현해야 하는가. 그리고 남진우가 「권성우에게 답함」이라는 글에서 필자에게 퍼부은 감정적 비판은 도대체 뭐라고 해야 하는가.

말이 나온 김에, 비록 가정법의 형식으로 되어 있지만, 필자의 표현을 한번 검토해 보자. 물론 나는 출판사에 자금을 투자한 행위 자체를 문제삼는 것이 아니다. 얼마든지 선의로, 혹은 문학적 영향력의 확보를 위해, 혹은 경제적인 이득을 위해서, 혹은 출판사의 발전을 위해서 돈을 투자하는 것은 전혀 문제가 안될 것이다. 남진우가 언급한 것처럼 필자 역시 지금 현재도 문학과지성사의 소액주주이다. 어떤 면에서는 문학과지성사의 주주이기 때문에라도 『문학과사회』가 잘못 나갈 때, 제대로 비판해야 한다고 생각한다. 내가 만약 단순하게 한 출판사의 주주라는 이해관계만을 추구했다면 『문학과사회』를 결코 비판하지 못했을 것이다. 내가 여기서 강조하고 싶은 것은, 한 사람의 독립적인 비평가라면 자신이 특정 출판사에 투자한 자금에 관계없이 해당 출판사에서 출간된 책들에 대해서 불편부당한 입장을 보여야한다는 점이다. 그러나, 지금까지 문학과지성사와 『문학동네』 진영의 몇몇 비평가들은 이러한 공정한 태도와는 거리가 있었다는 것이 내 생각이다. 그래서 가정법의 형태나마 남진우가 인용한 대목의 문제제기를 했던 것이다. 만약, 문학과지성사나 문학동네의 편집위원들이 해당 출판사에서 나온 책들을 포함한 다양한 문학출판물에 대해서 앞으로 소신 있고 공정한 평가와 제대로 된 비판을 보여준다면, 나는 남진우가 인용한 표현을 분명히 취소할 것이다.

그렇다면 지금까지 문학과지성사나 『문학동네』에 소속된 상당수의 비평가들이 해당 출판사에서 출간된 책들에 대해서 공정한 비판과 냉철한 지적을 수행하지 못했던 이유가 무엇이겠는가? 개인적인 차이가 있겠지만, 특히 적지 않은 자금을 투자한 비평가의 경우, 자신이 돈을 투자한 우리 회사라는 의식구조, 그리고 단지 돈에 국한되지 않는 상징가치와 상징권력에 대한 보존 열망 등이 자신이 관여하는 출판사 간행물에 대한 공정한 평가와 소신 있는 비판을 방해하는 요소로 작용할 가능성은 충분히 존재한다. 여기서 분명히 해둘 것은 "경제적 이해관계", "재산권" 등의 개념은 단지 산술적인 차원에서만 얘기될 수 있는 것이 아니라는 사실이다. 이와 관련하여 다음과 같은 정과리의 언급을 보자.

> "이광호 선생님 말씀대로 정말 문학 계간지는 거품이죠. 아마 다른 계간지들도 다들 비슷할 겁니다. 돈이 전혀 안 되는 것이거든요. 그럼에도 불구하고 문학 계간지들을 다투어 하는 이유는 거기에 어떤 경제적 가치가 있기 때문입니다. 그 실용적 가치는 전반적인 출판상황을 정비하는 역할을 계간지가 한다는 데에 있습니다. 가령 작가를 끌어온다거나, 어떤 문학적인 분위기를 조성한다거나 하는 데 계간지가 효과적이라는 거죠."[49]

바로 이러한 의미에서의 "경제적 가치", 즉 상징적 가치가, 말 그대로의 산술적 가치보다 월등 본질적인 것이다. 가령 한 비평가가 특정한 계간지 편집에 발언력을 확보하면서 고정적인 지면을 얻는 것 자체가 중요한 권리이자 상징적 가치 아닌가. 비평가가 어떤 출판사의 주주가 되고, 돈을 투자했을 때, 그 이유가 돈을 벌기 위함일까. 남진우는 필자의 지적을 비판하는 과정에서 "문학계

---

49 | 정과리 · 이광호 · 오형엽 · 박철화(좌담) 「21세기 문학과 문예지의 좌표」, 『작가세계』, 제41호(1999년 여름), 141쪽. 인용부분은 정과리의 발언임.

간지에 관여하고 있는 비평가들이 얼마나 막대한 '경제적인 이익'을 거두고 있"는지 밝히라고 추궁하면서, "적어도 이 사안에 관한 한 권성우는 남 이야기 할 것 없이 자신이 거두고 있는 엄청난(?) 경제적 이익을 공개하는 것으로 충분할 것이다"(356쪽)라고 얘기하고 있다. 그러나 이는 경제적 이해관계나 재산권을 단지 '돈'이라는 산술적 이득의 차원에서만 생각하는 단순하고 무지몽매한 관점에 불과한 것이다. 출판사에 주주로 참여한 비평가(편집위원)의 가장 중요한 재산권은 무엇보다도 잡지 편집이나 단행본 출간에 일정한 권리를 행사하면서 자신의 주장을 담을 수 있는 고정적인 지면을 확보하는 것이라고 보아야 할 것이다.

나는 인용대목의 문제제기를 통해서 비평가는 가능한 한 출판자본으로부터 독립적인 위치에 있어야 한다는 사실을 강조하고자 했던 것이다. 경우에 따라 출판사의 의뢰에 의해 편집이나 기획을 도와줄 수도 있을 것이다. 그러나 그러한 경우라도, 적어도 공정한 비평을 지향하는 비평가라면, 자신이 참여하고 있는 출판사와 출판자본의 이해관계로부터 자유로워야 한다. 자신의 주체성과 양심을 억압하는 어떠한 이해관계로부터도 자유로울 때, 진정한 지식인이 될 수 있다면, 마찬가지 의미에서 출판자본의 긴밀한 이해관계로부터 자유로울 때 공정하고 소신 있는 비평가가 될 수 있지 않을까.

## 7. 중요한 것은 '이미지를 통한 비판' 이 수용되는 사회적 맥락이다.

필자가 남진우의 「주와 비의 세계에서」를 "이미지 투쟁의 책략" 이라고 비판한 대목과 연관하여 남진우는 다음과 같이 주장하고 있다.

> 먼저 나는 "주와 비"라는 이미지가 권성우의 주장과는 달리 "강준만을 비롯한 비판적 글쓰기를 수행하는 몇몇 논자들"만을 겨냥한 것은 아니라는 점을 말해주고 싶다. (중략) 나는 주와 비에 대한 김현의 언급이 군부 독재 정치의 퇴장에도 불구하고 우리 사회의 미래상이 마냥 긍정 일변도이지 않다는 점에 대한 고인 나름의 음울한 진단과 비전을 담고 있다고 보았고 그런 진단과 비전에 입각해 작금의 우리 지식사회 일각에서 현저히 나타나고 있는 부정적 현상 가운데 하나를 지목한 것이다. 따라서 강준만과 그 에피고넨들의 글이 드러내고 있는 문제점은 '주와 비' 로 명명한 현상의 부분집합에 불과하지 그것이 그 전체를 대신하고 있을 정도의 대단한 의미를 갖고 있다고 보지는 않는다.(357쪽)

이러한 남진우의 언급은 한 편의 글이 수용되는 사회적 · 언어적 맥락의 중요성을 간과한 발언에 해당된다. 남진우는 자신의 글이 실제로 어떠한 맥락에서 읽혀지는지를 전혀 고려하지 않은 채,

자신의 의도만을 강조하고 있다. 남진우의 주장대로 "주와 비"라는 상징이 "작금의 우리 지식사회 일각에서 현저히 나타나고 있는 부정적 현상 가운데 하나"라는 보다 넓은 대상을 의미한다고 하더라도, 적어도 남진우 평문의 전체적인 맥락에서 볼 때, 그 상징은 너무나 자연스럽게 남진우의 주된 비판 대상인 강준만을 비롯한 문학권력에 비판적인 논자들로 인지될 수밖에 없는 것이다. 무엇보다도 남진우가 「주와 비의 세계에서」라는 평문에서 바로 그들을 집중적으로 비판한 것 아닌가. 아울러 이 대목에서 필자가 남진우를 비판한 근본적인 취지는 남진우가 비판의 대상자를 기괴하고 불길한 짐승으로 비유하는 것이 과연 적절하고 타당한가의 문제를 제기하기 위해서였다. 그러므로 그 비유의 대상이 강준만과 문학권력 비판자들로 한정되지 않는다는 남진우의 궁색한 변명은 필자가 애초에 전개한 남진우 비판의 문제의식을 호도하고 있는 발언이라고 할 수 있다. 그렇다면, 어떤 경우라도 그가 주와 비로 비유한 영역에 강준만을 비롯한 문학권력에 비판적인 몇몇 논자들이 포함되는 것은 사실이 아닌가.

남진우는 자신이 상대방을 불길하고 기괴한 짐승으로 비유한 것에 대해서 어떤 문제점도 없다고 생각하고 있는 듯하다. 그는 "권성우는 '이미지 투쟁의 책략' 운운하며 나의 글쓰기를 모함하고 있는데, 이런 식으로 따진다면 모든 글쓰기엔 이미지의 책략이 작동하고 있으며 이는 권성우의 글도 예외가 아니다. 단적으로 그가 주요 문학 에콜을 하고많은 용어 중에서 '권력'이라고 명명하는 방식 자체가 이미 음험한 이미지 투쟁의 책략의 일환"(358쪽)이라고 얘기하고 있다. 여기서 남진우의 전형적인 물타기 방식을 목도할 수 있다. 어떻게 주와 비라는 불길한 짐승과 '권력'이라는 표현을 동일한 차원에서 언급할 수 있는가. 주(鴸)와 비(蜚)는 무엇인가. 그것은 산해경에 등장하는 "이것이 나타나면 고을에 귀양 가는 선비가 많아"지고 "이것이 나타나면 천하에 큰 돌림병이 생"[50] 기는 극도의 불길한 상징이다. 반면에 '권력'이라는 용어는 이른바 문화권력 논쟁에서 비판의 대상이 되기도 했던 거대신문 조선일보에서도 '세계의 문화권력'이라는 장기간의 특집기획을 꾸릴 정도로 보편화된 용어이다. 조선일보가 꼽은 대표적인 문화권력에는 프랑스의 갈리마르 출판사 사장 및 독일의 슈피겔지 편집장과 주어캄프 출판사 사장 등의 출판계 인사들도 포함되어 있다는 사실을 남진우는 잘 알고 있을 것이다. 그렇다면, 우리나라의 유력 문학출판사와 비평적 에콜을 문학권력이라고 비유한다고 해서 도대체 무슨 문제가 된다는 것인지 되묻지 않을 수 없다. 조선일보의 특집기획의 어조에서도 그러했듯이, 문화권력이나 문학권력이라는 용어에는 일면 긍정적인 뉴앙스도 포함되어 있다. 우리는 최근 몇 년 동안 저널리즘이나 문예지 등을 통해서 문화권력, 문학권력, 지식권력이라는 표현들을 얼마나 자주 접했던가.

이에 반해서 '주와 비'라는 용어는 '권력'만큼 보편적으로 사용

---

**50** | 남진우, 「주(鴸)와 비(蜚)의 세계에서」, 『문학동네』 2001년 여름호, 361쪽.

되는 상징이나 일반화된 표현이 결코 아니라 극히 예외적인 비유이다. 도대체 남진우 말고 누가 자신이 배척하는 문화적 경향이나 글쓰기를 일러 이러한 기괴한 비유를 사용했다는 것인가. 그 비유는 남진우로부터 모욕적으로 비판을 당했던 당사자들은 물론이거니와, 앞에서 인용했던 한 네티즌에게도 "「주와 비의 세계에서」라는 『문학동네』의 글을 읽으면서 나는 약간은 해괴망칙하고 그로테스크한 그의 문체에 사실 조금 진저리를 쳤다"는 반응을 일으킬 정도로 상대방을 이례적으로 비난하는 표현에 해당되는 것이다.

이러한 실상을 냉철하게 인식하지 못한 남진우는 '권력/주(鵂)와 비(蜚)'라는 완전히 다른 층위의 비유를 이미지 투쟁이라는 동일한 차원으로 내몰면서 자신의 해괴망칙한 비유를 통한 비판을 정당화하고 있다. 적어도 남진우가 그 두 가지 표현이 우리 지식사회에서 수용될 때, 그것들이 언어사회학적으로 어떤 의미망과 맥락을 지니고 있는가에 대해서 조금이라도 고민했다면, 결코 '권력'과 '주와 비'를 함께 유사한 "이미지의 책략"으로 간주하는 발상을 주저 없이 발설하지는 않았으리라. 요컨대 남진우는 타자의 비판 방식도 나와 유사하다는 식의 일종의 물귀신 작전을 통해, 자신의 글쓰기에 스며들어 있는 괴이한 공격성과 인신 공격적 속성을 교묘하게 합리화시키고 있는 것이다. 이런 남진우의 태도를 보노라면, "아무리 비평도 비판도 좋지만 너무 편의주의적이고 자기 중심적이라는 의구심을 떨쳐버리기 힘들게 된다"[51]

과연 남진우는 필자의 비판을 일러, "권성우처럼, 당신 글 속의 이미지는 오염된 것이고 내 글 속의 이미지는 순결한 것이다는 식의 저열한 일차원적 흑백논리를 재연하는 수준"(358쪽)이라고 말하고 있는데, 그 어떤 문학권력 비판자들도 남진우가 주장하는 식의 편리한 이분법을 구사한 적은 없다는 사실이 여기서 지적되어야 할 것이다. 필자의 경우에는 권력 비판도 역시 권력이라는 속성에서 탈피할 수 없다는 사실, 즉 "중요한 것은 자신의 비평이 탈권력적이라고, 혹은 자신의 글쓰기가 권력에 대한 저항이라고 주장하는 태도가 아니라, 자신의 글쓰기도 거의 무의식적인 차원에서 권력과 연계될 수 있다는 사실"[52]을 이미 몇 년 전부터 강조해 왔던 것이다. 논쟁의 과정에서 누가 과연 "저열한 일차원적 흑백논리"에 가까운 비판을 자행하고 있는지는 이 글을 지금까지 읽어 온 독자라면 현명하게 판단할 것으로 믿는다.[53]

남진우는 결국 자신이 '주와 비'라는 기괴한 비유를 사용한 것을 다음과 같이 정당화하고 있다.

> 김정란처럼 비판과 비난을 구분하지 못하고 비평과 비방을 혼동하며 공적 의제와 사적 원한을 마구 뒤섞는 글쓰기에 대해 '주와 비'라는 이미지를 부여하는 것이 잘못이라고 나는 생각하지 않는

---

**51** | 남진우, 「주와 비의 세계에서」 『문학동네』 2001년 여름호, 375쪽.

**52** | 권성우, 「비평과 권력」, 『비평과 권력』 (소명출판, 2001), 212쪽.

다. 마찬가지로 강준만처럼 자신이 감당할 수 있는 범위 바깥의 영역에 함부로 개입하여 먼지와 소음을 일으키는 행태에 대해 '주와비' 라는 이미지를 선사하는 것이 무리라고 나는 생각하지 않는다. (358쪽)

남진우는 얼마나 신통해서 그렇게 논쟁 상대방의 마음 속을 잘 알고 있는가. 독심술사가 되기로 작정한 것인가. 하일지 비판에 이어 여기서도 또 "사적 원한"이다. 그렇게 김정란의 비판 의도를 잘 알고 있다면, 독자들이 수긍할 수 있게 훨씬 구체적인 정보를 말해주기 바란다. 누구에게?, 왜?, 김정란이 사적 원한을 지니게 되었는지를. 그리고 그 사적 원한이 김정란의 텍스트에 어떠한 방식으로 발현되어 있는지를. 적어도 비평적 개념의 범주로 '사적

---

**53** | 남진우가 필자와의 논쟁에서 구사하는 험한 표현과 극도의 인신 공격적 글쓰기들을 검토해 보면, 그가 독자의 수준을 무시하고 있는가 하는 생각을 하지 않을 수 없다. 설사 주장하는 내용에 일정한 설득력이 있더라도, 그 주장에 과도한 감정적 표현과 인신 공격적 비난이 포함되면 공감대를 얻지 못할진대, 남진우의 「권성우에게 답함」처럼 내용 자체도 전혀 설득력이 없는 악의적 왜곡, 엉성한 주장들로 채워진 글에 인신 공격과 감정적 비난이 더해지면 과연 누가 공감대를 느낄 수 있겠는가. 남진우는 혹시 그러한 방식의 비난을 해도, 독자들과 제삼자들이 자신의 입장을 지지할 수 있다는 오만한 생각을 하고 있는 것이 아닐까. 논쟁은 단지 상대방만을 비판하고 설득하는 차원에 머무는 행위가 아니다. 궁극적으로 그 논쟁을 바라보는 제 삼자와 독자들을 논리적으로 설득했을 때 공감대를 확보할 수 있는 것이다. 그러나, 남진우 같은 글쓰기 방식은 오히려 지금까지 남진우의 입장에 가까웠던 독자들도 떠나게 만들 것이다.

원한' 이라는 용어가 사용된다면, 그리고 그러한 개념을 통해 상대방의 의도를 추정하여 비판하고자 한다면, 정교한 정신분석학 이론을 통해 상대방의 텍스트에 '사적인 의도' 가 어떠한 방식으로 개입되어 있는가를 논리적으로 밝혀야 할 것이다. 나는 이러한 비평 방법이 얼마나 유용한지에 대해서는 기본적으로 회의적이다. 그러나 굳이 남진우가 "사적 원한"이라는 개념을 통해 비판 대상자의 논리를 비판하고자 했다면 해당 텍스트와 상대방의 의도에 대한 철저한 의미론적 분석을 거쳐야 하는 것이다. 이런 실체적 규명과 논리적 검증 없이, "사적 원한"운운하면서 상대방의 의도를 함부로 넘겨짚는 것은 일종의 언어적 폭력일 따름이다. 그러니, 남진우처럼 자신의 주장을 입증할 수 있을 최소한의 논리적 근거도 없이, 김정란의 비판적 글쓰기에 "사적 원한"이 작용하고 있다고 몰아붙인다면, 남진우가 김정란에게 '주와 비' 라는 이미지를 덧씌우는 것은 더더욱 정당화되지 못할 것이다. 남진우는 제발 구체적으로 "사적 원한"이라는 대목에 대해서 입증해주기를 바란다.

그리고 강준만에 대해서는 "자신이 감당할 수 있는 범위 바깥의 영역에 함부로 개입하여"라는 표현을 쓰고 있는데, 이러한 주장 역시 남진우의 편협하고 오만한 태도를 잘 보여주고 있다. 언론학자라 하더라도 입장에 따라 문학계의 첨예한 논쟁에도 당연히 개입할 수 있을 것이다.[54] 어떤 측면에서는 "한 집단이나 조직의 모순과 한계는 내부의 시점에서보다는 외부의 시점에서 한결 투명하게 인식될 수도 있다. (중략) 그 외부의 시선, 타자의 창은 흔히 내부의 구성원들이 암묵적으로 지나치던 불합리한 관행과 모순, 무의식적 편향에 대해서 한층 예민하게 반응"[55] 할 수 있기 때문이다. 그러므로 정말 중요한 것은 '개입' 자체를 문제삼을 것이 아니라, 그 개입의 내용이 옳은가, 아닌가를 면밀하게 따져 보는 것이리라. 그에 대해서는 현재 다양한 관점이 존재하고 있다. 그러니, 단지 한 언론학자가 문학논쟁에 개입하여 문단에 여러 가지 격렬한 반응과 화제를 불러일으킨다는 사실은 그가 '주와 비' 라는 극도의 부정적인 비유로 조롱받아도 괜찮다는 논리와는 하등의 연관성이 없는 것이다.

다음과 같은 남진우의 발언 역시 필자의 취지를 자의적으로 왜곡하고 있는 대목에 해당된다.

> 권성우의 글에서 더욱 우스운 부분은 갑자기 "김현 선생"을 들먹이는 부분이다. 그는 "(김현은) 자신의 글쓰기가 이러한 방식으로 이용되는 것에 대해서 흔쾌한 심정이었을까"라고 묻고 있는데 이 무슨 덜떨어진 봉건적 사고방식의 잔재인지 모르겠다. 누군가의 글을

---

54 | 나는 강준만의 일정한 한계와는 별도로, 그의 문학권력 비판에는 어떤 문학평론가도 제대로 해내지 못한 소중한 역할이 분명히 있다고 생각한다.

55 | 권성우, 「한 언론학자의 문학계 비판」, 『황해문화』 2001년 겨울호, 366쪽.

인용하거나 차용할 때 원래 발설자의 심기를 일일이 살펴야 하는가. 논리적 타당성을 문제삼아야 할 대목에서 튀어나온 이 난데없는 "흔쾌한 심정" 운운의 감상적이고 비상식적인 발언을 어떻게 이해해주어야 할까. 권력 비판론자로 자처하는 인사가 왜 이처럼 권위주의적 사고방식을 과시하는지 알다가도 모르겠다. (359쪽)

남진우는 필자가 「주와 비의 세계에서」를 비판하면서 김현을 언급한 이유를 정말 모르겠는가. 남진우가 필자를 포함한 문학권력 비판자들을 욕보이기 위해서 사용한 '주와 비'는 애초에 김현이 비평집 『분석과 해석』의 서두에 『산해경』의 두 에피그램을 인용하는 과정에서 등장한다. 그러나 김현은 그러한 인용을 남진우처럼 특정인들이나 특정집단을 겨냥하여 그들을 감정적으로 비난하는 방식으로 사용했던 것은 아니었다. 김현은 그 인용부분 다음에 배치된 '책머리에'에서 "또 다시, 좋은 세상이 오고 있다고 풍문은 전하고 있다. 과연 좋은 세상이 올 것인가? 그것은 헛된 바람이 아닐까?"라고 얘기하고 있는데, 바로 이 대목이 김현이 '주와 비'를 언급한 것에 대한 어떤 암시를 줄뿐이다. 사실 『분석과 해석』의 본문 어디에서도 '주와 비'와 연관된 추가적인 언급은 등장하지 않는다. 말하자면 '주와 비'라는 비유는 어떤 구체적인 의미망을 형성하고 있는 것이 아니라, 단지 당대의 역사적 국면에 대한 김현의 불길한 암시와 비관적 해석을 상징하는 것이다.

김현의 서문이 씌어진 것은 1988년 봄이다. 생각건대, 1987년 6

월 항쟁과 대통령 선거라는 역사적 부침을 겪으면서, 김현은 역사에 대한 낙관적 전망을 경계하는 취지로 '주와 비'라는 비유를 등장시켰던 것이리라. 김현의 이러한 언급 바로 직전에 이미 1987년 대통령 선거에서 군부 출신 대통령이 다시 집권하는 역사적 정황이 전개되었다는 점을 감안하면, 김현의 역사적 비관주의는 충분히 이해가 가는 면도 있다. 그러나 김현의 역사인식에 대해서는 이견이 있을 수도 있다. 가령, 역사를 일시적인 퇴보와 부침, 혼란 속에서도 조금씩 조금씩 민주와 진보, 평등을 확대시켜온 과정이라고 본다면, 김현의 역사 인식이 지나치게 비관적이라고 평가할 수도 있겠다. 더군다나, 6공 정권의 한계는 이미 출범 이전부터 자명했었다는 사실에 착목해 보면, 1988년 봄에 울려 퍼진 "좋은 세상이 오고 있다"는 풍문의 허구성은 단지 김현만이 인식했던 것은 아니었다. 어쩌면 그 풍문의 허구성에 대해 지적하면서 역사적 비관에 빠지는 것은 손쉬운 해결책일 수도 있다. 생각해 보라. 1988년 당시만 해도, 언론에 대한 비판, 집권자에 대한 비판, 보수적인 대학제도에 대한 비판, 주류 지식인에 대한 비판이 이 정도로 가능할 것이라고 짐작했던가. 김현의 역사인식은 한 예민한 문학인의 섬세한 직관일 수는 있겠다. 그러나 그는 혼란과 억압 속에서도 조금씩 싹트는 혁신과 자유, 진보와 변화의 씨앗을 보지 못하고 있었던 것이 아닐까.

김현의 역사 인식에 대해서는 여기서 자세히 얘기할 계제가 아니므로 이만 줄이기로 하자. 그러나 분명한 것은 남진우가 김현이 사용한 '주와 비'에 연관된 에피그램을 자신이 증오하는 대상을 노골적으로 부정적으로 비유하는데 사용하고 있다는 사실이다. 적어도 이러한 방식에는 자신과 생각이 다른 상대방을 조금이라도 배려하고 존중하는 마음을 찾아볼 수 없다. 이것이 남진우와 김현의 엄청난 차이일 것이다. 이러한 의미에서 자신과 생각이 다른 논자와의 대화 방식에 관한 한, 김현과 남진우는 완전히 종자가 판이한 사람들이 아닐까 싶다.

지금까지 설명한 의미에서 필자가 김현을 준거로 남진우를 비판하는 것은 자연스러운 과정이었다. 더군다나 남진우는 그토록 김현을 추앙하고 존경하지 않는가. 그러므로 필자가 남진우의 주장처럼 "갑자기 '김현 선생'을 들먹"인다고 볼 수는 없을 것이다. 그것은 "갑자기"의 차원이 아니라 필연적인 수순이었다. 김현과 남진우의 특수한 관계에 비추어 자연스러운 필자의 발언이 "덜떨어진 봉건적 사고방식의 잔재"라면, 남진우가 대화의 상대방에게 퍼부은 "동정", "연민", "열등감의 소산", "제 2의 김정란" 등등의 독설은 도대체 무슨 사고방식이라고 불러야 할 것인가. 그리고 "발설자의 심기를 일일이 살펴야 하는가"라니. 이미 세상을 뜬 비평가가 무슨 말을 한다고 이러한 표현을 하는지 모르겠다. 김현을 언급하면서 남진우를 비판한 필자의 발언은 그의 주장처럼 "권위주의적 사고방식"에서 나온 것이 아니라, 남진우가 문학권력 비판자들에게 선사한 '주와 비'라는 기괴한 상징이 과연 애초에 그 표현을 활용한 김현의 취지에 비추어 적합한가를 따져보라는 의미에서 나온 것이다. 제발 남진우는 필자의 비판을 부정적으로 확대 해석하지 말기 바란다.

## 8. 고등비평과 하등비평, 혹은 강준만과 김우창

「주와 비의 세계에서」라는 평문에서 남진우가 설정한 고등비평/하등비평이라는 이분법의 문제점을 지적한 필자의 언급에 대해서 남진우는 "부실한 텍스트 읽기를 보여주는 실례"라고 주장하면서 다음과 같이 언급하고 있다.

> 나는 그 글에서 고등비평/하등비평은 비평적 범주의 문제지 위계적 가치판단의 문제가 아니라는 점을 충분히 설명했다고 본다. 그것은 마치 형이상학이 형이하학에 비해 그 자체로 우월하거나 열등한 것이 아닌 것과 마찬가지이다. 고등비평은 그 자체로 고등한 것이 아니며 하등비평은 그 자체로 하등한 것이 아니다. 그런데 권성우는 하등비평을 그 자체로 하등한 것이라고 보고 반발하는 매우 단세포적인 대응을 하고 있다. (360쪽)

남진우는 역시 이 대목에서도 필자의 비판이 지닌 맥락을 정확하게 파악하지 못하고 있다. 설사 남진우가 고등비평/하등비평의 구분을 단순한 비평적 범주의 차원에서 수행했다 하더라도, 그러한 남진우의 발언이 강준만과 남진우 사이에 격렬한 논쟁이 진행 중인 사실을 인지하는 독자들과 지식사회에 그 자신의 의도 그대로 수용될 수 있을지 의문이 아닐 수 없다. 오스틴의 이론에 따르면, 남진우는 한 단어나 표현이 지닌 '발화효과적 행위(perlocutionary act)'의 측면을 전적으로 간과하고 있다. 언어가 중립적이지 않다는 사실을 남진우도 너무도 잘 알고 있을 것이다. '하등비평', 혹은 '고등비평' 이라는 용어는 그 자체로 결코 중립적일 수 없는 표현이다. 하등비평/고등비평의 구분이 단순한 "비평적 범주의 문제"라는 남진우의 발언은 언어사회학적 맥락이 거세된 진공 상태에서나 가능한 주장이다. 고등비평이나 하등비평과 같은 그 자체로 가치 평가적인 용어는 어떤 식으로 사용하더라도 특정 입장에 유리하거나 불리한 편파적인 이미지를 동반하는 것이다.[56] 필자는 바로 이 점을 지적했던 것이다. 가령, 남진우의 비평을 현학적인 비평이라고 부르고, 강준만의 비평을 구체적인 비평이라고 부르면 남진우는 그러한 구분을 흔쾌히 수용할 수 있겠는가. 지금까지 언급한 이유 때문에 필자는 강준만의 비판적 글쓰기를 하등비평으로 분류하는 남진우의 주장을 '주와 비' 라는 불길한 비유와 더불어 "비판적 글쓰기를 진행하는 논자들의 이미지를 훼손하기 위한 공공연한 담론의 책략"이라고 간주했던 것이다.

---

**56** | 그러므로 "나는 하등비평을 통해 '고등' 한 경지에 도달할 수 있는 가능성을 결코 무시하지 않는다"(360쪽)는 남진우의 발언은 일종의 모순어법에 가깝다.

이와 연관하여, 강준만과 김우창의 글쓰기를 상보적인 관점에서 파악하고 있는 필자를 비판하면서, 남진우는 "도대체 강준만의 글 어디에 김우창의 글에서 볼 수 있는 이론적 깊이와 문체의 아름다움과 균형 잡힌 사유를 볼 수 있다는 말인가"라고 주장하고 있는데, 그것은 김우창의 미덕을 중심으로 강준만을 평가하는 일방적 시선에 불과한 것이다. 그런 식이라면 다음과 같은 반문도 가능할 것이다. 도대체 최근의 김우창의 글 어디에 강준만과 같이 치열한 비판적 열정과 첨예한 문화적 · 정치적 사안에 대한 소신 있는 발언, 탈권위주의에 근거한 성실하고 지속적인 글쓰기를 볼 수 있다는 말인가. 물론 필자는 남진우가 열거한 김우창의 미덕을 높이 평가한다. 그러나 경우에 따라서는 김우창의 미덕 자체가 일종의 한계로 작용할 수도 있는 것이다. 가령, "균형 잡힌 사유"가 한 발만 잘못 디디면 그것은 무책임한 양비론으로 변질될 수도 있다. 실제로 최근에 김우창이 몇몇 민감한 사안에 대해서 언급한 내용들은 애매한 일반론에 불과한 경우도 많았다. 김우창의 미덕과 변별되는 차원에서 강준만의 미덕이 존재한다는 사실을 인정해야 하는 것 아닐까.

좋다. 이 문제는 각자의 선택에 맡기자. 남진우가 김우창을 높이 평가하고 강준만을 격렬하게 비판하는 것은 그의 자유일 것이다. 그러나 다음과 같은 남진우의 발언은 그가 비판이라는 행위를 얼마나 주관적인 궤변으로 변질시키고 있는가 하는 점을 뚜렷하게 보여준다.

> 나도 강준만의 책을 즐겨 읽는 독자 중의 한 사람이지만 강준만의 가치는 그를 김우창이라는 지식인과 동일한 자리에 놓음으로써 확보되는 것은 아니다. 책상 앞에서 집중하고 읽어야 하는 책이 있는가 하면 식당에서 음식을 기다리면서도 읽고 지하철이나 기차에서 이동 중에 부담 없이 펼쳐 들었다가 언제라도 접어둘 수 있는 책도 있는 법이다. 만일 누군가 『창작과비평』이 도저히 실을 수 없는 글을 『선데이서울』이 싣고 있고 『선데이서울』이 도저히 실을 수 없는 글을 『창작과비평』이 싣고 있다면서 이들을 상보적 관계로 봐야 한다고 주장한다면 굳이 이의를 달 생각이 없지만 그렇기 때문에 이 두 잡지는 "애초에 하나가 다른 하나보다 우월하거나 고등한 그런 관계가 결코 아닌 것이다"라고 과감하게 주장한다면 나는 다만 허탈한 웃음을 지을 수밖에 달리 할 말이 없을 것이다. (361쪽)

이 대목에서 남진우는 또 다시 '비교의 비약'을 감행하고 있다. 어떻게 『창작과비평』과 『선데이서울』의 관계가 김우창과 강준만의 관계와 평면적으로 비교될 수 있는가. 김우창/강준만의 관계를 굳이 비교하자면 『창작과비평』/『인물과사상』이라는 구도로 비교했어야 하지 않았을까. 남진우가 이러한 비교의 타당성을 인식하지 않았을 리가 없다. 그렇다면 남진우가 월등 적합한 비교의 대상을 놔두고 『선데이서울』을 등장시킨 이유는 무엇인가. 그것은 무엇보다도 강준만과 『인물과사상』을 『선데이서울』이라는 통속적 오락지의 이미지와 연계시키기 위함일 것이다. 남진우가 자신과 생각이 다른 사람을 격렬하게 비판하는 것은 좋다. 그러나 앞으로는 제발 합리적이며 수긍할 수 있는 방식으로 비판에 임해주기 바란다.

## 9. 논쟁의 주요논점에 대해서 대화하자.

남진우는 필자가 문학권력 비판을 둘러싼 공방을 '비판적 글쓰기' 일반으로 환치시키고 있다고 주장하고 있다. 이러한 남진우의 비판은 필자가 『문학동네』 2001년 여름호 서문의 "우선 문학권력이라는 용어부터 납득하기 어려웠고, 비판의 숨은 동기들이 적잖이 수상쩍었으며, 그 '비판적' 혹은 '전투적' 글쓰기라는 것이 대체로 이성적 담론의 요건조차 갖추지 못한 선정성, 음해성 언사에 불과했다"는 대목에 대해서 비판하는 과정에 나온 다음과 같은 발언을 지칭하는 것이다.

비판적 글쓰기로 통칭되는 새로운 문화가 위의 예문과 같이 결코 단순하게 매도될 수 없기 때문이다. 다른 예를 들 것도 없이, 최근 2, 3년 동안 특유의 치밀하고 소신 있는 글쓰기로 '비판적 글쓰기'의 자장을 넓힌 철학자 김영민이나 김진석 등의 글쓰기가 과연 이러한 매도의 대상이 될 수 있는가? 진중권, 강준만, 김규항, 홍세화, 유시민, 노혜경, 김명인, 이명원, 김정란 등의 다양한 층위의 비판적

> 글쓰기가 과연 이러한 악의적인 매도를 해도 좋을 만큼 오로지 부정적이라는 말인가?[57]

일단 여기서 문학권력 논의는 매우 다양한 스텍트럼을 지니고 있다는 사실이 주목되어야 한다. 가령, 강준만, 김정란-남진우 논쟁, '동인문학상' 비판을 둘러싼 황석영, 정과리, 고종석 등의 논의, 『문학과사회』를 둘러싼 논쟁, 서정주 논쟁, 이문열 논쟁, 박남철 논쟁 등등의 다양한 층위가 모두 문학권력 논의에 포괄되며, 또한 이 논의들은 마치 감자넝쿨처럼 복합적으로 얽혀 있다. 아울러 이 논쟁들을 글쓰기 형식의 층위에서 조망하면 비판적 글쓰기, 혹은 전투적 글쓰기라 불릴 수 있는 혁신적 글쓰기 방식이 깊게 연관되어 있다. 그런가 하면, 또 다른 한편으로는 안티조선이라는 사회적 의제가 몇몇 문학권력 논의들의 핵심고리에 자리하고 있다.

이런 상황에서, 문학권력 논의나 문학권력 비판에 대한 반론은 그 대상이 구체적으로 한정되지 않으면, 구름 잡는 소리가 될 공산이 크다. 『문학동네』의 서문이 바로 그런 경우였다. 그리고 그 비판 내용은 "비판의 숨은 동기들이 적잖이 수상쩍었으며"라는 구절에서 볼 수 있듯이, 사람의 마음 속을 멋대로 추정하는 식의 근거 없는 비난으로 채워져 있었다. 그래서 필자는 위의 예문과 같

---

**57** | 권성우, 「우리를 아프게 하는 비판을 원한다」, 『황해문화』 2001년 가을호, 355쪽.

은 지적을 하게 된 것이다. 그러나 그것은 남진우가 함부로 추정하듯이, "문학권력 비판 담론이 노정하고 있는 부정적 측면을 희석시키기" 위해서는 결코 아니었다. 굳이 말하자면, 『문학동네』 서문에서 비판한 대상이 도대체 어떤 논의를 지칭하는 것인지가 명확히 밝혀져 있지 않았으며, "'비판적' 혹은 '전투적' 글쓰기"라는 표현이 있어, 필자는 생각나는 대로 문학권력 논의와 비판적 글쓰기를 수행한 필자들을 열거한 것이었다.

남진우 식으로 주장하자면, 왜 필자가 최근에 문학권력 논의에 참여한 바 있는 고종석(김정란 비판), 구모룡(『문학과사회』 비판), 임우기(『문학과사회』 비판), 이승원, 신철하, 홍기돈, 고명철 등의 이름을 제외했겠는가?(넓게 보면, 황석영, 조정래, 현기영 등의 소설가들도 최근에 문학권력에 대한 비판적 발언을 시도한 바 있다). 그들을 전부 포함해야 "대단한 세력이라도 구축된 것처럼 과시"할 수 있었을 것인데도. 앞에서 인용한 필자의 지적을 "권력 중독자들이 내비치기 쉬운 증상 중의 하나"라고 확대 해석하는 남진우의 시각은 비판 대상자의 의도를 어떻게 해서든지 자기 식으로 해석하겠다는 오만한 발상에 해당된다. 다음과 같은 남진우의 주장도 일종의 억지에 가깝다.

> 그는 왜 이동하나 한기 그리고 반경환을 이 위인열전의 목록에서 뺀 것일까. 특히 반경환은 문학권력 논쟁이 본격적으로 점화되기 오래 전부터 불철주야 문학권력 비판에 헌신해온 용사 아닌가. 이렇게

도마뱀 꼬리 자르기 식으로 사람을 넣고 빼서야 쓰겠는가. (353쪽)

나는 이런 식의 트집 잡기가 정말 제대로 된 비판과 무슨 관계가 있는지 모르겠다. 원활한 대화에 의한 생산적인 논쟁이 전개되기 위해서는 『문학동네』 서문에서 개진된 문학권력 논의에 대한 비판이 과연 타당한가의 여부가 구체적으로 얘기되어야 한다. 그래서 남진우는 필자가 문제제기한 대목, 즉 문학권력 "비판의 숨은 동기가 적잖이 수상쩍었"다는 무책임한 추정이나 문학권력 비판들이 "선정성, 음해성 언사에 불과했다"는 주장을 설득력 있는 분석을 통해 논리적으로 입증하면 될 것이다. 그러나 남진우는 논쟁의 본질적인 사안은 접어둔 채, 비평가 두어 명이 필자가 열거한 명단에서 빠진 것을 마치 대단한 사실이라도 발견했다는 식으로 추궁하고 있다. 그런 식이라면 남진우는 고종석, 구모룡, 임우기 등등에 대해서는 왜 언급이 없는가? 필자가 이동하와 한기를 제외한 것은 무슨 특별한 이유가 있어서가 아니다. 남진우는 나에게 문학권력 논의와 연관된 모든 인물들을 반드시 열거할 의무라도 있다고 주장하는 것인가? 그들이 빠진 이유는 고종석, 임우기, 구모룡 등이 제외된 이유와 동일하다. 다만, 반경환에 대해서는 좀더 얘기를 해야 될 것 같다. 『문학동네』는 서문에서 문학권력 논의에 대해서 상당히 악의적인 비판을 전개한 바 있다. 그러한 시각의 편향성을 비판하고 문학권력 비판이나 비판적 글쓰기의 성과와 정당성을 옹호하기 위해서, 필자의 판단 하에 최소한 부정적인 의미의 문학권력 비판을 보여준 논자를 제외시키는 것은 너무나 당연하지 않은가. 누가 남진우 보고 출판사 문학동네의 문학적 성과와 업적을 언급할 때, 함량 미달의 문인까지도 의무적으로 포함시켜야 한다고 주장한다면 뭐라고 할 것인가?

필자의 『문학동네』 서문 비판에서 문학권력 비판 논의와 비판적 글쓰기가 혼재되어 있다는 점은 사실이다. 이 점을 인정하는데 인색하고 싶지 않다. 그러나 그렇다고 하더라도, "나는 권성우가 진정 홍세화나 김진석을 존중한다면 그들을 존중할 만한 가치가 전혀 없는 글의 생산자들과 동일한 반열에 올려놓는 무리와 실례를 저지르지는 않았을 것이라고 생각한다"(354쪽)는 발언에 대해서는 한번쯤 짚고 넘어갈 필요가 있겠다.[58] 홍세화가 진중권, 김정란 등과 『아웃사이더』 편집위원으로 활동하면서 서로의 입장을 존중하고 있다는 사실을 모르지 않을 남진우라면, 강준만이나 진중권의 글쓰기에 대한 김진석의 존중[59]을 인식하고 있을 남진우라면

58 | 이러한 방식의 담론은 사실 논리적 분석 이전의 폭력 그 자체라고 할 수 있다. 남진우는 "필자는 이 명단에서 장석주 하재봉 박일문 같은 댄디즘적 취향은 훨씬 노골적이면서도 문학적 성과는 훨씬 의심스러운 작가의 이름은 일부러 생략했다. 왜냐하면 이들을 다른 작가와 같은 반열에 놓고 이야기한다는 것 자체가 다른 작가에 대한 결례라고 생각되었기 때문이다"라고도 얘기한 바 있다. 남진우가 비판하는 소설가들의 작품에 대한 구체적인 분석 없이 이루어지는 이러한 직설적이고 노골적인 비교에 의한 비판은 그 대상이 된 작가에게는 엄청난 폭력으로 작용하고 있는 것이 아닌가. (남진우, 「견딜 수 없이 가벼운 존재들」, 『숲으로 된 성벽』, 문학동네, 1999, 62쪽)

59 | 김진석을 포함하여 『사회비평』의 편집진들은 강준만, 진중권 등의 비판적 글쓰기를 소중하게 생각하며, 그들을 중요한 필자로 생각하고 있다.

적어도 이런 식으로 말해서는 안 된다. 이러한 발언은 필자가 열거한 다른 논자들뿐만 아니라, 한편으로는 홍세화와 김진석에 대한 모독일 수도 있다. 그리고 남진우가 잘 모르는 것 같아서 참고삼아 말하자면, 김진석 역시 「정치 바람, 문학 바람」(『동서문학』 2001년 여름호)라는 글에서 서정주 시의 "권력형 탐미주의"를 비판하는 과정에서 "문학은 그저 탈권력적인 수치의 차원에서만 존재하지는 않는다"고 주장하면서, 문학권력에 대한 비판에 발을 담그고 있다. 그리고 철학자 김영민도 김정란의 시와 산문을 누구보다도 높이 평가하고 있다.[60]

나는 남진우에게 바란다. 지엽말단적인 시비에 소모적으로 매달리지 말고, 서로 애초의 중요한 논점에 대해서 성실하게 대화하자고. 이러한 의미에서 『문학동네』측에서 문학권력 비판자들을 일러 "비판의 숨은 동기들이 적잖이 수상쩍었으며"라고 언급한 대목을 구체적 증거를 통해 논리적으로 해명해주기를 다시 한번 강력하게 요청한다. 이 대목은 문학권력 비판자들에 대한 분명한 모독에 해당되며, 비판의 진정성을 결정적으로 훼손시킬 수 있는 주장이기에 결코 대충 넘어갈 수 없는 문제이다. 특히 걸핏하면 "사적원한" 운운하는 남진우가 이러한 작업에 적극적으로 참여해 주기 바란다.

---

60 | 김영민, 「배리(背理)의 인간학, 결핍의 존재론, 상처의 소통학(疏通學)」, 김정란 시집 『스 · 타 · 카 · 토 내 영혼』 해설 (문예중앙, 1999) 참조.

## 10. 남진우의 비판은 성공했다.[61]

지금까지 살펴 왔듯이 남진우는 필자의 글 「우리를 아프게 하는 비판을 원한다」에 대한 반론에서 자의적 왜곡과 주관적 궤변, 감정적 비난, 책임질 수 없는 주장 등을 총동원하여 선보이고 있다. 그러므로, "급기야 문학 및 문학인에 대한 위증과 험담과 폭언까지 비평으로 통하는 사태를 목격하고 있다"[62]는 『문학동네』 편집위원 황종연의 발언은 남진우의 반론 「권성우에게 답함」에 정확히 부합되는 지적이라고 할 수 있겠다. 그래도 『문학동네』에 희망이 있다고 판단하게 되는 것은 의도했건, 의도하지 않았건 간에 이렇게 동료 편집위원의 한계를 예리하게 갈파해 내는 면도 있기 때문이다. 앞으로도 『문학동네』 진영 비평가들이 문학권력 논쟁에 대한 비판을 왕성하게 해주기 바란다. 그 과정은 자연스럽게 남진우에 대한 비판으로 접맥되면서, 남진우에게 자신의 글이 지닌 문제점을 스스로 성찰할 기회를 제공하게 될 것이다. 또한 "상황은 이렇다. '비판'을 말하는 자리에 '비평'이 없다. '대화'의 조건에 대한 인식의 결핍은, 독백과 야유를 '비판적 대화'라고 참칭하게 한다. (중략) 어떤 비판도 비난도 가능하게 만드는 우리 시대의 저

---

61 | 제목에서도 그러하지만, 이번 절의 앞 부분 몇몇 대목이 일종의 문학적 아이러니에 가깝다는 것을 인식하지 못할 독자들은 없다고 믿는다.

62 | 황종연, 「살아 있는 혼돈을 위하여」, 『문학동네』 2001년 겨울호, 439쪽.

말들의 범람"[63]이라는 이광호의 발언도 역시 대화성을 몰각한 최근 남진우의 감정적 비판에 대한 지적으로는 손색이 없을 정도이다. 역시 이들은 예리한 비평가라는 사실을 다시 한번 실감한다. 특히 남진우의 비평집 서평을 하는 자리에서 이러한 비판을 전개한 이광호의 리뷰는 이제 주요한 비평적 에콜의 비평가들끼리도 서로 '비판적 대화'에 나서고 있다는 참으로 의미 깊은 징후를 보여주고 있다.

그런데 여기서 반드시 지적되어야 할 사실은 남진우 식의 엉터리 비판을 통해 문학권력 논쟁은 완고한 부정적 이미지를 착색하게 되었다는 사실이다. '비난의 수사학'과 주관적 궤변을 동원하여 문학권력 논쟁을 인위적으로 진흙탕 싸움의 성격을 띠게 만든 남진우의 결정적인 공로(?) 덕분에 이제 이 논쟁이 애초에 제기했던 근원적인 문제의식은 희석되고 논쟁에 대한 부정적인 이미지만 난무하는 희한한 현상이 발생하고 있다(이러한 현상이야말로 주류 문학에콜이나 문학권력이라고 비판받았던 출판사로 보아서는 환영할 일이 아닐까). 가령, 최근의 조선일보 기사는 필자와 남진우의 논쟁을 보도하면서 「문학권력 논쟁 2년, 감정대립으로 끝나」(조선일보 2001.11.20)라는 제목을 뽑고 있는데, 이러한 관점이야말로 이 논쟁의 근본적 역할과 맥락을 은폐하면서 논쟁에 대한 부정적인 이미지만 생성시키고 있다.[64] 이 기사는 또한 "작년 봄부터 문단 내

---

63 | 이광호, 「독백을 넘어서」, 『문학과사회』 2001년 겨울호, 1697쪽.

불화의 씨앗으로 작동했던 '문학권력 논쟁'이 저열한 인신공격까지 불사하며 갈수록 치열해지는 양상이다. 논쟁 당사자들조차 이러한 사태를 경계해 왔으면서도, 감정적 이유에 묶인 탓인지 말꼬리 잡기 공세를 늦추지 못하고 있다"면서 서두를 시작하고 있는데, 이러한 대목 역시 도대체 누가 누구에게 저열한 인신 공격을 구사하고 있는지에 대한 구체적 지적과 섬세한 차별성 없이 문학권력 논쟁을 단순한 감정 싸움으로 몰고 가고 있다. 필자의 글「우리를 아프게 하는 비판을 원한다」의 어느 대목에 "저열한 인신 공격"에 해당되는 구절이 있는가.

문학권력에 대한 일부 유력한 저널리즘의 보도가 이러한 식으로 이루어지다 보니, 문학권력 논쟁의 다양한 층위와 섬세한 맥락을 따라 읽지 못한 대다수의 독자들은 이제 문학권력 하면 저열한 인신 공격이 난무하는 샅바 싸움을 자연스럽게 연상하게 될 것이다. 이러한 현상은 문학전문가들에게도 예외가 없이 나타난다. 예컨대 문학평론가 고영직은 "이른바 '문학 권력 논쟁'은 그 비판적 합리성에도 불구하고, 더 진전된 논쟁의 모습을 보여주지 못한다는 판단이 든다. 어쩌면 이 논쟁은 결국 '문학의 귀환'을 견인하는데 있을 것이다. 그런데 자칫 문학권력 논쟁이 '비난의 수사학'에

64 | 필자와 남진우 논쟁에 관한 조선일보 기사의 편향성과 문제점에 대해서는 창작과비평사 홈페이지(www.changbi.com)의 '독자마당' 게시판에 필자가 올린 글「남진우의 반론과 조선일보 기사에 대하여」(2001.11.21)를 참조할 수 있다.

빠져 매너리즘화하는 것은 아닌가 하는 질문을 던지게 된다"(민예총 발간의 '일일문화 정책동향' 에 수록)고 말하고 있다. 일면 일리 있는 지적이라고 하지 않을 수 없다. 그런데 문제는, 이러한 지적에는 비판적 합리성을 지녔던 논쟁이 무슨 이유 때문에 '비난의 수사학' 으로 변질되면서 매너리즘화되었는지에 대한 원인분석이 빠져 있다는 사실이다. 그러한 맥락에 대한 심층적 분석과 탐색이 동반되지 않은 채, 최근의 문학권력 논쟁을 비판한다면, 문학권력 논쟁은 가짜라는 식의 상투적 내용밖에 나올 수 없을 것이다. 그러한 태도로는 결코 문학권력 논쟁에 대한 새로운 지적이나 예리한 조언이 생성될 수 없다. 이러한 의미에서 앞으로 이루어질 문학권력에 관한 논의들이 각 논자들의 섬세한 차별성에 주목하지 않는다면, 그 자체로 타성적이며 불성실한 관점에 매몰될 우려가 높다고 하겠다.

나는 문학권력 논쟁의 성과와 한계에 대한 정말 진지한 비판과 의미 부여가 필요하다고 생각하고 있다. 그것이 가능하기 위해서는 논쟁의 다양한 맥락과 각 논자의 차별성, 논쟁의 사회학적 성격, 논쟁이 최근에 일면 감정적 인신 공격으로 변질된 원인 등이 분석적으로 따져져야 할 것이다.

이러한 의미에서라도, "강교수는 어떤 특정한 이념에 터 잡은 문학론을 펼치는 것이 아니라, 문학장 안에서 힘이 형성되고 보전되고 행사되는 방식에 관심을 쏟을 뿐이다. 문학사회학을 거칠게 작가의 사회학과 텍스트의 사회학과 독자의 사회학으로 나눌 수 있다면, 강교수의 시선이 닿는 분야는 주로 작가의 사회학이다. 그것은 사회과학자로서, 특히 우리 사회 지식인들의 몸가짐에 지속적 관심을 보여온 비판적 사회과학자로서 충분히 건드릴 만한 영역이다. (중략) 매스미디어와 문학의 관련 양상을 따져보는 것은 현대의 문학사회학이 피할 수 없는 과제다. 그것은 비판적 언론학자로서 강교수에게 맡겨진 과제이기도 하다"[65]라고 말하면서 강준만의 문학권력 비판의 사회학적 맥락과 의의를 짚어주고 있는 고종석의 지적은 소중하다.

결과적으로 문학권력 논쟁을 소모적인 싸움으로 보이게 만들면서, 논쟁이 발생한 애초의 취지와 근원적인 문제의식을 희석화시킨 남진우의 비판은, 그가 이러한 점을 의식했느냐 하는 차원과는 상관없이, 성공한 것이 아닐까. 이제 문학권력 비판자들에게 진정으로 중요한 것은 훼손된 논쟁의 맥락을 정상적으로 복원하여, 다시 문학권력 비판의 근원적 취지와 초발심을 어떠한 방식으로 재구성하느냐의 문제일 것이다. 이를 위해서는 저 완고한 냉소주의의 회랑을 정면 통과할 수밖에 없을 것이다. 그러한 과정 속에서 혁신적이며 생산적인 문제제기가 다시 생성될 수 있을 것이다. 이러한 작업을 위해서 필자를 포함한 문학권력 비판자들은 또 다시 냉정한 자기 성찰을 위해 차가운 '겨울의 시간'을 묵묵히 견뎌내야 할 것으로 보인다.

---

**65** | 고종석, 「강준만, 문학, 문학사회학」, 한국일보 2001.11.15.

## 11. 글을 맺으며

『비평의 희망』을 출간한 후에 필자는 논쟁적 글쓰기와 일정한 거리를 두고자 했다. 그것은 비판적 글쓰기의 중단이 아니라, 글쓰기 방식의 다양화를 통해 비평적 탄력을 복원하기 위한 선택이었다. 그러나 아직도 이 시대의 비평은 나에게 치열한 비판적 글쓰기를 요구하고 있는 것일까. 그것이 내 비평적 운명이라면 기꺼이, 그리고 진지하게 그 운명을 받아들이고 싶다. 내 식으로 표현하자면 '비평의 희망'의 싹을 그 근저에서부터 파괴하고 있는, 남진우의 오만한 반론에 대해서는 어떤 식으로든지 적극적인 대응을 하지 않을 수 없었다. 무엇보다도 내 자신의 비평적 자존심과 진정한 '비평의 희망'을 위해서.

나는 이 글에서 수행한 남진우에 대한 비판에도 불구하고, 적어도 작품 분석에 있어서 남진우가 유능한 자질을 지닌 비평가라는 사실을 부인할 생각은 없다. 바로 그렇기 때문에 남진우 비평의 기묘한 모순과 감정적인 언어폭력이 더욱 안타까운 것이다. 남진우는 왜 이렇게 형편없이 변해 가는 것일까. 과연 그 이유는 무엇일까.

남진우는 몇 년 전에 "우리를 죽음으로, 파멸로 인도하는 것은 다음 아닌 우리 자신이다"[66]라고 말한 바 있다. 남진우도 정확하게

---

66 | 남진우, 『올페는 죽을 때 나의 직업은 시라고 하였다』(열림원, 2000), 264쪽.

예견했듯이 당연히 지금의 이해할 수 없는 남진우를 만든 가장 중요한 원인은 무엇보다도 남진우 자신에게 있을 것이다. 남진우는 윤대녕의 「배암에 물린 자국」을 분석하면서 "선의의 피해자로만 여겨왔던 자신이 실은 의도하지 않게 남에게 위해를 가한 가해자였던 적은 없었던가"라고 언급한 바 있다. 나는 바로 이 말을 남진우 자신의 최근 행보에 비추어 냉정하게 자문해 보라고 권유하고 싶다. 아울러 비평가 남진우를 망가지게 한 문학제도적인 원인에 대해서도 언급해 볼 수 있겠다. 그것은 무엇보다도 출판-비평-언론-권력으로 이어지는 최전선에 남진우가 자리하고 있다는 사실과 일정한 관련성을 지닌다. 개인적으로 나는 남진우가 조직생활이나 패거리에 그다지 안 어울리는 비평가라고 생각한다. 철저하게 홀로 일 때 좋은 글을 쓰는 그가 조직과 출판자본의 논리에 따라서 무리한 주장을 하게 되었을 때, 그의 비평적 매력과 단단한 논리는 홀연 실종된다.

남진우가 출판구조에서 멀어지면 질수록, 비평적 권력의 이해관계에서 자유로우면 자유로울수록, 독자들은 그의 심미적 비평의 진정한 가치를 기꺼이 신뢰하게 될 것이다. 진정한 댄디는 오로지 주체적인 힘으로 자유롭게 살아가면서, 권력에 저항하면서, 고독하게 글쓰기에 매진하는 아웃사이더가 아닐까. 나는 앞으로 남진우가 진정한 댄디로 남게 되기를 기대한다. 물론 그러기 위해서는 하일지와의 논쟁을 비롯한 몇몇 논쟁의 과정에서 그가 자행한 언어폭력과 감정적 인신 공격, 의도적 왜곡에 대한 분명한 입장 표명이 선행되어야 한다. 남진우가 자신의 공격적인 글쓰기에 부합되는 진실한 자기 성찰을 보여주기 이전에는 나는 남진우의 어떠한 현란하고 화사한 심미적 비평도 결코 신뢰하지 않을 것이다. 그가 "용서받을 수 없는"[67] 오만한 댄디로 기억될지, 혹은 자신의 한계와 과오를 성실하게 갱신해나갔던 탁월한 심미적 비평가로 기억될지의 문제는 전적으로 남진우 자신에게 달려 있다.

궁극적으로 필자에 대한 남진우의 반론은 한 심미적 비평가가, 현실적인 이해관계에 따라 얼마나 위험한 변신을 보여줄 수 있는가를 뼈아프게 입증하는 비평문학의 '치사한 상징'으로 수용되어야 할 것이다. 비평가 최동호는 남진우의 비평집 『그리고 신은 시인을 창조했다』의 뒷날개 촌평에서 "남진우의 비평에는 불가해한 매력과 신비가 있다. 시적 상상력으로 가득 찬 그의 뛰어난 통찰력은 불사의 생명을 갈망하는 시적 근원을 투시하여 섬세하고 날카로운 문장으로 새로운 세계를 창조한다"고 언급하고 있다. 그러나 그 매력과 신비, 통찰력은 타자를 잔인하게 공격하는 남진우의 감정적 글쓰기 앞에서는 한낱 헛된 신기루가 아닐까. 어느 순간 괴이한 공격성으로 돌변할 수도 있을 그 매력과 신비의 세계를 어떻게 근원적으로 신뢰하겠는가.

남진우는 첫 비평집 『바벨탑의 언어』에 수록된 「화음과 불협화음」이라는 글을 "진지하라, 그것이 신의 선물이다"라는 주문으로

---

67 | 살먼 루시디에 대한 박노자의 표현을 차용했다.

끝맺은 바 있다. 지금까지 전개한 이 글의 논리에 따르면, 나는 남진우가 「권성우에게 답함」을 정말 "진지한" 마음으로 썼는지 의구심을 가질 수밖에 없다. 하일지는 10년 전에 남진우를 비판하면서 "그의 그 신중하지 못한 평론의 태도는 어쩌면 진지하지 못한 그의 어떤 의도에서부터 나오는 것인지도 모른다는 점이다"[68]라고 썼다. 남진우는 그로부터 정확히 10년 후에 또 다시 너무나 진지하지 못한 글을 쓴 것이 아닐까. 이러한 필자의 주장이 설득력이 있는지의 여부에 대해서는 그 누구보다도 남진우 자신이 정확하게 인식하고 있을 것이다. 남진우 스스로 자신이 얼마나 진지하게 필자에 대한 반론에 임했는지를 자문해 보기를 바란다. 나는 여기서, 내 글의 한계를 다시 남진우가 "진지하게" 지적해 준다면, 겸허한 마음으로 성찰의 시간을 가지겠다는 약속을 독자들에게 드리고자 한다.

나는 『비평의 희망』의 서문에서 처절한 절망 속에서 진정한 희망의 싹을 발견할 수 있으리라고 썼다. 이제 이 시대의 비평은 비평의 더러움 속에서 진정한 비평의 희망을 발견하게 될지도 모를 일이다. 그 더러움을 무책임하게 회피하지 않고, 끝까지 투명하게 인식할 수 있을 때, 그리하여 그 더러움 속의 청초한 아름다움을 발견할 수 있을 때, 우리 시대의 비평은 비로소 한 단계 도약할 수

---

68 | 하일지, 「한 문학평론가의 와해된 논리를 지적해 줌」, 『소설의 거리에 관한 하나의 이론』 (1991, 민음사), 223쪽.

있을 것이다.

(강준만 · 권성우, 『문학권력』, 개마고원, 2001.12)

**보유**

이 평문은 남진우의 글 「권성우에게 답함」에 대한 반론 형식으로 쓰인 글이다. 문학평론가 남진우는 이 책에 수록된 필자의 글 「우리를 아프게 하는 비판을 원한다」(『황해문화』 2001년 가을호)에 대해 반론으로 「권성우에게 답함」(『황해문화』 2001년 겨울호)을 발표한 바 있다. 그러므로 이 글 「심미적 비평의 파탄: 남진우의 글에 답한다」는 남진우의 글에 대한 재반론에 해당하는 글이다. 필자의 글과 남진우의 반론, 그리고 남진우의 반론에 대한 강준만의 문제제기(「글쓰기의 기본 윤리에 대해」, 월간 『인물과사상』 2002년 1월호, 「남진우의 글쓰기 무엇이 문제인가」 : 논쟁의 기본윤리에 대해」, 단행본 『인물과사상』 21호, 2002)를 함께 읽으면 이 논쟁의 맥락과 전개과정이 객관적으로 인식될 것이다. 필자의 재반론에 대해서 남진우는 현재까지 아무런 대응을 하지 않고 있다. 한편, 이른바 문학권력 논쟁의 복잡다단한 지형과 그 전개과정을 전체적으로 파악하기 위해서는 이명원의 『파문— 2000년 전후 한국문학 논쟁의 풍경』(새움, 2003)을 정독할 필요가 있을 것이다.

# 현학과 과잉, 그리고 '비평의 감옥'

황종연의 『소설의 악몽』 해설 비판

## 1. '해석의 독점' 을 넘어서

문학작품에 대한 특정한 해석이 그 작품의 문학적 가치와 문학사적 맥락을 해명하는 주도적인 관점으로 부상했을 때, 거기에는 여러 가지 원인이 있을 수 있다. 우선, 그 특정한 해석이 작품에 대한 적절하고 온당한 관점을 확보한 경우를 들 수 있을 것이다. 그러한 경우 그 해석이나 비평문이 이후에 씌어질 해당 작품에 대한 리뷰나 문학적 평가에 커다란 영향력을 미친다면, 그것은 지극히 자연스러운 비평적 소통과정이리라. 한 편의 비평문이 특정한 작품에 대한 정확하고도 섬세한 해석과 적절한 평가를 통해, 긍정적인 의미에서의 비평적 전범으로 작용했던 공정하면서도 탁월한 비평문들을 우리는 알고 있다. 어떠한 문학외적 이해관계로부터도 자유로운 상태에서 작품 그 자체를 정확하게 분석하고 의미부여하는 비평, 한 마디로 균형 잡힌 문제의식에 의해 씌어진 다양한 실제비평에서 이러한 모범적인 비평적 노력을 발견할 수 있는 것이다. 작품에 대한 진정한 애정과 작품의 한계에 대한 냉철한 파악이야말로 그러한 바람직한 의미에서의 비평문을 낳게 만드는 비평적 태도일 것이다. 이러한 태도에 의해서 씌어진 비평문들이 주목을 받으면서, 이후에 전개될 다양한 비평문들의 전령사 역할을 하거나 상당수 문학기사의 받아쓰기 대상이 되는 것은 대체로 충분히 이해됨직한 문화적 현상이다.[1]

한편 앞의 경우와는 달리 문학작품에 대한 특정한 해석이 그 해석의 적확성이나 타당성보다는, 문학장의 제도적 요인이나 지면의 역학관계에 의해서 주도적인 비평적 발언으로 부각되는 경우가 있을 것이다. 이러한 예를 들어보자. 유수한 출판사에서 출간된 창작집에 붙인 유력한 비평가들의 해설(대개 해당 출판사에서 간행되는 문예지의 간판급 편집위원이나 잘 나가는 신진비평가가 동원된다)이나 주류 문예지에 수록되는 작품비평에 해당되는 평문들은 그 자체로 일종의 문학적 권위로 작용하고 있는 것이 사실이다. 그런데 그러한 비평문들이 작품의 문학적 성과를 초과하는 과잉해설이나 이른바 주례사 비평에 해당된다면, 아울러 그럼에도 불

---

1 | 이러한 비평문들은 해당 문인들에게도 커다란 격려가 되는 동시에, 자신의 문학적 한계를 객관적으로 인식하게 만드는 소중한 기회를 부여한다.

구하고 그 비평문들이 해당 작품의 문학성을 규명하고 평가하는 과정에서 유력한 견해로 대우받는다면 이러한 현상을 어떻게 보아야할까. 최근 비평계에서 찾아볼 수 있는 심각한 문제점은 바로 이 후자에 해당되는 비평문이 사실상 '해석의 독점'을 구가하고 있다는 사실과 연관된다. 좀 더 구체적으로 말하면, 다음과 같은 예를 들 수 있겠다. 가령, 한 편의 유력한 문학신간에 주어지는 해석적 지평과 그 이후에 전개되는 상징권력 효과는 대체로 아래와 같은 전형적인 비평 유통의 궤적을 밟고 있는 것으로 보인다.

1) 해당 신간 작품 뒤에 붙어 있는 유력한 비평가의 호의적 해설이나 문예지의 리뷰 및 서평을 통한 적극적인 의미부여(A)
2) 그 해설 및 리뷰를 중심으로 한 신문 문학기사의 전파 및 인용(B)
3) (A)와 (B)가 그 작품에 대한 해석의 상징권력으로 작용하면서 그 작품의 이미지와 평가에 대한 막대한 영향을 미침(C).
4) 문학적 상징권력을 획득한 작가가 발표한 태작조차 언론의 적극적인 관심사가 되고 호의적인 비평적 조명을 받음. 그리고 그러한 과정을 통해, 마침내 문학적 스타의 반열에 올라선 몇몇 작가들이 돌아가면서 유력한 문학상을 수상하며, 그들의 에세이, 독서일기, 영화평, 결혼, 일상 등등의 다양한 글쓰기 및 관심사가 언론과 대중들의 관심사로 작용하기 시작함.

5) 이제 작가 자체가 일종의 상징권력이 되어, 해당 작가를 비판하는 글쓰기 자체에 상당한 부담이 형성됨.

이러한 일련의 과정이 공고해지면, 독자에게도, 비평가에게도 바람직하지 않다. 무엇보다도 한 작품과 작가에 대한 다양한 이견이 자연스럽게 표출될 여지가 제한되기 때문이다.

우선 독자의 경우. 상당수의 평범한 독자들은 일종의 해석적 상징권력인 (A)에 무비판적으로 편승할 가능성이 높다. 특히 유수한 출판사에서 간행된 창작집의 해설이나 유력한 문예지에 수록된 리뷰는 그 자체가 무시될 수 없는 중요한 비평적 지침으로 작용한다. 물론 (A)나 (B)에서 제시되는 작품평가와는 근본적으로 다른 관점을 가졌기에 해당 비평문에 대한 불신을 가진 독자들도 분명히 존재할 것이다. 그러나 그러한 독자들의 이견이 현실적으로 표출되면서, (A)와 (B)를 생산적으로 견제하는 통로로 자리잡기란 쉽지 않다.

물론 비평가의 경우에는 (A)와 (B)에 대한 이견을 공개적인 지면에서 표출할 수 있을 것이다. 사실 이러한 대화과정이 공적인 비평담론의 소중한 역할일 것이다. 그러나 비판적 사유가 활발하게 작동해야 될 비평계에서도 항목 5)에서 볼 수 있듯이 (A)와 (B)에 대한 본격적인 비판은 심리적 부담감을 동반할 수밖에 없다. 그 비판이 초래할 인간적 · 정치적 · 문학적 파장을 생각하다 보면, 상당수의 비평가들은 '분명히 수긍할 수는 없지만 그냥 넘어가자'는 식의 수동적인 결론에 도달하게 되는 것이다. 특정한 창작집이나 작가에 대한 비판은 단지 그 신간과 작가만의 문제로 끝나지 않는다. 문학권력 논쟁을 비롯한 최근의 몇몇 논의들에서 볼 수 있듯이, 비판과 논쟁을 성숙하게 수용하지 못하는 한국 지식인사회에서, 그 비판 행위는 특정한 출판자본 및 비평가 집단과의 불화관계로 발전할 가능성이 상존한다.[2] 그러므로 이러한 비평계의 구도 속에서, 작품집의 해설이나 문예지의 리뷰에 대한 비판적인 대화를 시도하면서 독점적 해석에 반기를 드는 것은 비평계에서 고립을 자초할 가능성이 높다. 비평가의 비판적 열정과 공정성에 대한 열망이 크면 클수록, 그러한 가능성이 증대될 것이다. 결국 지금과 같이 해설비평과 언론의 상징권력이 공고하게 결합되어 다양한 해석적 지평의 생성이 애초에 한계가 있는 상황에서는, 상당수의 문학전문가를 포함한 대다수의 평범한 독서대중은 이미 유력한 해석지침으로 작용하고 있는 작품해설이나 서평에 대한 비판적 '버텨 읽기'를 스스로 포기할 가능성이 높으며, 설령 그러한 비판적 읽기를 수행한다고 하더라도, 그러한 견해가 구체적인 글쓰기로 현실화되는 것은 더더욱 쉽지 않다고 하겠다.[3]

---

2 | 특정한 출판사에서 출간된 작품을 근본적으로 비판한 비평가는 대체로 그 이후에 해당 출판사 및 문예지를 둘러싼 담론 공간에서 철저하게 배제되어 버린다.

3 | 이러한 의미에서 주로 『문학동네』를 중심으로 활동한 1990년대 작가들의 문학세계에 대한 황종연의 과잉해석을 설득력 있게 비판한 박성창의 「비평과 진실」(『세계의문학』 2002년 봄호)은 주목에 값하는 평문이라고 생각된다. 유의미한 해석학적 충돌을 유도하는 이러한 평문이 너무나 드물다는 것이 '비평의 위기'를 가져온 근본적인 원인이리라.

그렇다면, 이러한 비평계의 문제점은 문학작품의 평가에 있어서 어떠한 문제점을 낳는가? 나로서는 무엇보다도 '작품 해석의 독점화'를 들고자 한다. 그것은 문학의 위기와 비평의 위기를 가져온 유력한 원인이다. 한 작품에 대한 해석과 평가가 얼마나 다양하고 풍성하게 이루어지는가의 문제는 특정한 시대에 존재하는 문학 전체의 성숙과 밀도에 커다란 영향을 미친다고 할 수 있다. 사실 바람직한 비평은 그 시대에 산출된 문학적 성과에 대한 풍요롭고도 참신한 해석과정 속에서 이루어질 수 있을 것이다. 그렇기 위해서는 서로 이질적인 비평적 견해들이 활발하게 부딪치면서, 다양한 '해석학적 충돌'을 통해 좀 더 온당하고 합리적인 해석을 위한 지속적인 비평적 대화가 전개되어야 할 것이다. 그러나 현실은 그렇지 못하다. 의미 있는 해석학적 충돌은 회피되고, 단일한 주류적 비평에 대한 수동적 추인(追認)만이 남는다.[4]

결국 이러한 악순환의 회로를 통해, 작품에 대한 다양한 견해가 사장되며 특히 소수자의 견해는 대체로 묵살되는 구조가 정착되는 것이다. 특히, 몇몇 출판사에서 집중적으로 관리하거나 옹호하

---

4 | 이러한 의미에서라도 문학장이나 출판산업에서 상대적으로 거리를 둔 독립적인 매체를 지닌 비평가들의 존재는 소중하다. 앞으로 소신 있는 비판과 논쟁이 활성화되기 위해서는 독립적인 비평가들이 증가해야 할 것이다. 이에 대해서는 다음 평문을 참조할 수 있다.
권성우, 「신진비평가의 선택과 실천: 『비평과전망』과 백지연의 경우」, 『황해문화』 2002년 여름호.

는 간판작가들에 대한 문제제기는 생각보다 활발하지 못하다. 요컨대 주류문예지와 저명한 문학출판사를 중심으로 한 비평적 상징권력의 '해석독점'에 대한 비판적 대화가 제대로 이루어지지 않는다는 사실이야말로 이 시대의 문학환경을 황폐하게 만드는 가장 치명적인 요인이 아니겠는가. 왜냐하면, 바로 그러한 과정으로 인해, 상당수 작가들은 작품에 대한 성찰적 갱신의 기회를 제공받지 못하며, 현재적 성과에 자족하게 되기 때문이다. 이는 곧바로 당대문학의 전반적인 하향평준화를 가져올 수 있다. 그 하향평준화는 독자들의 외면으로 연결되는데, 바로 이러한 악순환의 과정이 몇 년 전부터 적극적으로 언급되어온 '문학의 위기'의 유력한 원인이 아닌가 판단된다. 그러므로 과잉 해석에 해당되는 해설과 비평에 대한 비판적 대화는, 작품 평가의 공정성과 객관성의 확보라는 차원에서뿐만 아니라, 이 시대 문학을 제대로 살리기 위해서도 시급히 요청된다.

궁극적으로 이러한 문제의식은 단지 주례사 비평이나 과잉 해석의 문제점을 지적하는 소극적인 차원을 넘어서야 한다. 더욱 중요한 것은 특정한 작품에 대한 독점적이며 편향적인 해설의 영향력을 탈피하여 주체적이며 비판적인 읽기가 활발해져야 한다는 사실이다. 이러한 작업을 통해, 한 편으로는 작품 해석의 진정한 다양성을 확보하는 동시에 또 다른 한편으로는 작품 평가에 있어서 공정성과 객관성을 진전시킬 수 있을 것이다.

이 글은 지금까지 서술한 문제의식에 따라서, 이른바 대표적인 신세대 소설가로 부각되면서 한국소설의 새로운 미학적 영토를 의욕적으로 개간하고 있는 것으로 평가되고 있는 백민석의 장편소설 『목화밭 엽기전』에 대한 황종연의 해설 「소설의 악몽」과 비판적으로 대화하기 위해서 씌어진다. 백민석은 1990년대 후반 이후 비평계에서 가장 주목받아온 신예작가에 해당된다. 예를 들어, 유수한 비평적 해석공동체인 『문학과사회』(1997년 가을호)와 『문학동네』(2000년 봄호)의 작가특집란에서 집중적인 조명을 받았으며, 상당수의 저널리즘에 의해 2000년대를 이끌어갈 소설가로 평가되고 있다. 그리하여 『목화밭 엽기전』을 비롯하여 백민석의 문학세계를 적극적으로 평가하는 무수한 비평문들이 씌어졌다. 그 중에서 황종연의 해설은 『목화밭 엽기전』(이하 『목화밭』으로 칭함)의 해석과 백민석 문학의 이해에 결정적인 영향을 미친 글이라고 판단된다. 예를 들어, 『목화밭』은 출간 직후에 조선일보, 동아일보를 비롯한 대부분의 일간지에 대서특필되었는데, 그 기사들의 논리는 기본적으로 황종연의 해설에 바탕을 두고 있다. 아울러 황종연의 해설은 그 이후에 씌어진 『목화밭』에 대한 해석에도 커다란 영향력을 발휘했다. 말하자면 황종연의 해설은 『목화밭』의 이해에 관한 일종의 전범 역할을 하고 있는 것이다.

물론 『목화밭』과 「소설의 악몽」에 대한 비판적 견해가 없었던 것은 아니다.[5] 그런데 이 비판들은 백민석의 문학세계를 적극적으로 평가한 숱한 비평문과 신문기사들에 비하면 소수자의 견해에 해당된다. 정작 이러한 비판적 목소리는 메아리 없는 독백에 불과했다. 말하자면, 『목화밭』에 대한 해석학적 충돌이 본격적인 비평적 대화로 발전하지 않았던 것이다. 이 글은 황종연의 해설 「소설의 악몽」과의 좀 더 심층적인 비평적 대화를 통해, 1990년대 문학의 위기를 낳은 중요한 원인인 과잉 해석 및 주례사 비평에 대한 냉철한 비판이 필요하다는 문제의식, 그리고 백민석을 위시한 1990년대 모더니스트들의 문학세계에 대한 활발한 토론이 필요하다는 문제의식에 입각하여 씌어진다. 한층 미시적인 차원에서 말하자면 황종연의 해설 「소설의 악몽」에 대한 문제제기는, 『목화밭』의 문학적 성과와 한계를 객관적으로 이해하는 작업에 유효한 시사점을 제공할 수 있을 것이다. 아울러, 문학권력에 대한 비판적 글쓰기가 이제 주례사 비평을 비롯한 작품 해석에 대한 구체적인 비판을 통해 새로운 차원으로 전개되어야 한다는 진전된 문제의식이 이 평문을 관통하고 있다는 점을 밝혀둔다.

---

5 | 우선 『목화밭 엽기전』에 대해서는 다음과 같은 비판적 지적을 참조할 수 있다.

* 이명원, 「엽기적 강박관념과 머리로만 쓰는 이야기꾼」, 한겨레신문 2000.4.24.
* 고명철, 「같은 세대 작가에게 던지는 한 비평가의 전언」, 『비평과전망』 2호, 2000.5.
* 홍기돈, 「피안을 향한 동경의 화살은 어떻게 날아가는가: 백민석의 소설 세계에 대하여」, 『페르세우스의 방패』(백의, 2001.5).

황종연의 해설 「소설의 악몽」에 대한 비판은 다음과 같은 평문을 참조할 수 있다.

* 필자 미상, 「죽비소리: 백민석 장편소설 『목화밭 엽기전』」, 『현대문학』 2000.5.
* 박성창, 「비평과 진실」, 『세계의문학』 2002년 봄호.

## 2. 과잉 해석은 분명히 존재한다!

기본적으로 과잉 해석 내지 주례사 비평에 대한 문제제기는 비평적 해석의 객관성에 대한 근본적인 질문을 던지는 과정이라고 할 수 있다. 여기서, 우리는 비평적 해석의 절대주의와 상대주의라는 저 해묵은 비평적 딜레마와 마주치지 않을 수 없다. 원칙적으로, 한 작품에 대한 평가는 비평가의 숫자만큼이나 다양할 수 있으며, 그 해석적 스펙트럼의 다양성은 비평적 안목의 폭넓음을 보여주는 증표이기도 할 것이다. 그러나 여기서, 고려해야 할 점은 모든 해석이 상대주의와 다양성이라는 미명으로 용인될 수는 없다는 사실이다. 가령 작품에 대한 지나친 과잉 해석이나 주관적인 엉뚱한 해석을 비평적 시각의 다양성이라는 이름으로 옹호할 수는 없을 것이다.[6] 비평적 상대주의의 가능성을 최대한 열어놓는 가운데, 가능한 한 가장 합리적이며 타당한 해석을 위해서 노력하는 것이 모든 비평가에게 주어진 숙명적인 과제가 아닐까. 물론 특정한 비평이 작품에 대한 과잉 해석에 해당되는가의 문제는 섬세한 논리적 검증을 필요로 한다.

상당수의 경우, 작품에 대한 남다른 애정에 근거한 개연성 있는

---

6 | 1999년 비평가 한기와 이광호 사이에 벌어졌던 유미리의 『타일』에 관한 논쟁은 특정한 작품의 평가를 둘러싼 비평가들의 이견이 얼마나 커다란 편차를 지니고 있는가 하는 점을 여실히 보여준다. 한 비평가에게는 탁월한 작품이 다른 비평가에게는 너무나 지루한 작품으로 수용될 수 있는 것이다.

해석과 의식적인 과잉 해석은 명백하게 구분되지 않는다. 그러므로 어떤 비평이 과잉 해석에 해당되는지 아닌지에 대해서 논리적으로 해명하는 것은 결코 쉽지 않다. 바로 이러한 예술적 평가의 근본적인 주관성, 애매성이 주례사 비평이나 과잉 해석이 자연스럽게 서식할 수 있는 비평적 조건으로 작용하고 있는 것으로 보인다. 또한 예술 작품 자체가 과학적 논리를 초월하는 영역에 가깝기에, 보편적 합의에 바탕을 둔 예술 평가의 객관적 기준을 마련하기 힘들다는 엄연한 사실을 인식해야 할 것이다. 문학성과 연관된 작품의 가치 평가는 근본적으로 명명백백한 논리로 규명하기에는 한계가 있는 것이다. 예를 들어, 누구나 인정하는 탁월한 일급 작가와 삼류 작가의 질적 차이에 대해서 관행적으로 언급하기는 쉬울 것이다. 그러나 구체적인 논의를 통해, 일급 작가의 문학성과 삼류 작가의 문학성의 편차를 논리적으로 규명하는 작업은 대단히 정교하고 섬세한 분석을 필요로 한다. 아울러, 특정한 비평가가 특정한 작가나 작품에 대해 유달리 적극적으로 평가하는 행위는 충분히 존중되어야 한다는 사실을 인식하도록 하자(창작가와 마찬가지로 비평가 역시, 자신의 독특한 작품 분석과 의미 부여를 통해 자신의 비평적 개성을 확고하게 보여줄 수 있을 것이다). 그러니, 이러한 사항들에 대한 충분한 검토가 결여된 해설 비평이나 주례사 비평에 대한 비판이 때때로 단순한 도덕적 질타로 떨어질 수 있다는 사실을 비판의 주체는 분명히 직시해야 한다.

이 모든 고려사항에도 불구하고, 위에서 언급한 문학적 가치평가를 둘러싼 딜레마들이 때로는 노골적이며 거친 형태로, 때로는 대단히 정교한 분석적 해설의 형태로 드러나는 과잉 해석과 주례사 비평이 존재한다는 사실 자체를 부정할 수는 없을 것이다.[7] 또한 예술적 평가의 객관적 기준을 과학적으로 규정하기 힘들다는 사실이 편파적인 과잉 해석과 주례사 비평의 존재 자체를 부인할 수는 없을 것이다.[8] 그렇다면, 이러한 비평의 한계와 문제점을 어떠한 방식으로 효과적으로 드러낼 수 있을까. 일단 비평의 위기가 언급될 때마다 관행적으로 언급되는 타성적 질타의 수준에서 탈피하여, 실제로 주례사 비평과 과잉 해석에 해당되는 비평문과 작품에 대한 분석적 문제 제기가 필요하다고 판단된다. 그리고 그 비판적 문제 제기는 한편으로는 작품 평가의 복잡성 및 다양한 해석가능성을 최대한 존중하면서도, 또 다른 한편으로는 명백한 과잉 해석과 주례사 비평의 문제점을 논리적으로 지적하는 과정을 통해 전개되어야 할 것이다. 결국 과잉 해석과 주례사 비평에 대한 비판은 기존의 독점적 해석의 틈새에서 진행되는 비판적 버텨 읽기에 해당된다고 하겠다.

주례사 비평이나 과잉 해석도 다양한 방식이 존재한다. 책 날개

---

7 | 이러한 대목은 특정한 정치인의 금품수수가 대가성이라는 것을 입증하기 힘들다고 해서, 그것이 대가성 금품 수수라는 정치적 관행이 존재한다는 사실을 부정할 수 없는 것과 유사하다.

8 | 이러한 사실은 그 아무리 다양한 해석과 독법에도 불구하고 명작과 태작, 일류 작가와 삼류 작가 사이의 기본적인 구분이 무화될 수 없는 이치와도 같다.

와 흔히 '표4' 라고 일컬어지는 뒤표지의 존평은 상대적으로 노골적인 상찬에 해당되는 경우가 많다. 신예 소설가 민경현의 소설집 『붉은 소묘』(문학동네, 2002)를 평하고 있는 다음과 같은 존평을 읽어보자.

> 민경현의 소설만큼 죽음을 통한 현재의 삶의 근원적 성찰을 밀도 있게, 그리고 감동적으로 표현한 경우를 나는 본 적이 없다.

이러한 발언은 전형적인 주례사 비평에 해당한다. 『붉은 소묘』가 출간된 출판사 문학동네 편집위원인 류보선의 이러한 존평은 지금까지 '죽음' 을 주제로 소설을 써온 수많은 소설가들의 존재를 간과하면서, 민경현의 소설을 어떤 절대성의 지평에 가두어놓고 있다. 좀 더 구체적으로 말해서, 이러한 발언은 '죽음' 이라는 인류사 이래로 가장 문제적인 문학적 주제에 바쳐진 촘촘한 문학사적 맥락을 무시하는 것이다.[9] 문학사적 맥락과 다른 작품과의 비교에 관한 최소한의 탐색이 없는 위의 진술은 사실 비평가의 언어가 아니라 카피라이터의 언어에 가깝다. 광고의 언어는 기본적으로 논리와 합리적 분석을 추구하지 않는다. 설사 민경현의 소설이 상대적으로 죽음의 문제에 대해서 진지한 천착을 보여주는 것이 사실

9 | 만약 류보선의 존평이 실제 독후감에 해당된다면, 그것은 역으로 류보선의 빈약한 독서량을 입증하고 있는 것이 아닐까.

이라고 하더라도, 제대로 된 비평이라면 위와 같은 과장된 확대해석은 응당 피해야 하지 않겠는가. 이러한 식의 주례사 비평이 더더욱 문제가 되는 것은, 위의 촌평과 같은 노골적인 상찬이 실제로 작가 자신에게도 커다란 도움이 안되기 때문이다. 이제 두 번째 창작집을 발표한 신진 작가에게 바쳐지는 이처럼 달뜬 찬사는 자칫 작가 자신의 작품을 엄격하고 성실하게 가다듬는 데 장애물로 작용할 수 있다.

이러한 촌평과는 달리, 책 뒤에 붙은 장문의 해설 비평이나 문예지에 수록된 본격적인 비평문 중에서도 사실상 과잉 해석이나 주례사 비평에 해당되는 경우가 비일비재하다. 황종연의 해설 「소설의 악몽」은 200자 원고지로 약 120매에 해당되는 장문의 글이며, 분명 커다란 노력을 들인 꼼꼼한 비평문에 해당된다. 또한 뒤에서 좀 더 자세히 설명하겠지만, 황종연은 백민석의 『목화밭』을 해설하면서 현란한 문학적 전범과 다양한 문화적 정보를 끌어들이고 있다. 만약 황종연의 해설을 과잉 해석이나 주례사 비평이라는 범주에 놓고서 본다면, 그의 비평은 작품의 문학사적 성과를 도출하기 위해서 커다란 노력을 기울인 대단히 세련된 주례사 비평에 해당한다. 그러나 문제는 류보선의 촌평과 같이 다소 노골적인 찬사에 비해, 황종연식의 비평은 그 위험한 속성을 제대로 파악하는 것이 쉽지 않다는 사실이다. 어떤 면에서는 치밀하고 성실한 과잉 해석은 상투적이지만 온당한 비평보다 한층 고도로 충전된 비평정신의 소산일 수 있다. 바로 그렇기 때문에, 「소설의 악몽」과 같은 해설 비평에 대한 문제제기는 더욱 중요한 것이다.

이제 이 글은 황종연의 「소설의 악몽」이 어떠한 방식으로 백민석의 『목화밭』을 기술적으로 확대 평가하고 있는가를 면밀하게 검토하고자 한다. 황종연의 「소설의 악몽」에 대한 비판은 과연 그의 비평이 백민석의 『목화밭』에 대한 타당하고 객관적인 정보를 전달하고 있는가 하는 질문과 맞물리는 것이다.

## 3. 정전, 현학, 그리고 대비

황종연은 「소설의 악몽」에서 『목화밭』의 문학적 맥락을 설명하면서 다양한 문화적 정보와 문학적 전통을 『목화밭』 앞뒤에 배치하는 비평적 글쓰기를 구사하고 있다. 그것은 기본적으로 여러 가지 형태의 문학적 권위와 정전을 통해, 『목화밭』의 문학성을 적극적으로 옹호하고자 하는 비평적 욕망의 소산이기도 하다. 다음의 예문들을 보자.

> 『목화밭 엽기전』에 제시된 바와 같은 지나친 욕망, 정열, 권력의 환상은 결코 생소한 것이 아니다. 그것은 신화와 전설 이래 이야기의 전통 속에 줄곧 명맥을 유지해왔고, 리얼리즘의 기율과 마찰하면서 혹은 타협하면서 현대적인 감성과 미학의 중요한 부분을 차지해왔다. 광기, 폭력, 패악의 환상은 특히 현대문학과 예술에 널리 퍼져

있는 반문화 혹은 '적대적 문화'의 주요 스타일에 해당한다. 블레이크의 '지옥', 사드의 '소돔', 니체의 '디오니소스'가 표시하는 그 반문화적, 비윤리적 에너지에 대한 고양된 감각을 떠나서 삶에 대한 현대적인 감각을 얘기하기란 거의 불가능하다. (286~287쪽: 이하 괄호 속의 숫자는 「소설의 악몽」의 해당 면을 의미함)

현재로 보면 초과의 환상은 무엇보다도 대중문화의 두드러진 특징 중의 하나이다. 브람 스토커의 『드라큘라』에서 파피 Z. 브라이트의 『아름다운 시체』에 이르는 소설, 파울 베게너의 〈프라하의 학생〉에서 데이빗 린치의 〈블루 벨벳〉에 이르는 영화에서는 그런 종류의 기괴한 환상이 하나의 전통을 이루고 있다. 신비주의, 오컬티즘, 뱀파이어리즘, 악마주의, 새도-메저키즘, 페티시즘, 정신분열증 등은 이제 매체, 장르, 스타일의 차이를 넘어 대중문화 일반에서 끊임없이 재생되고 있는 레퍼토리에 속한다. (287쪽)

사실 『목화밭 엽기전』 주제의 재료들은 고딕 픽션의 관습을 일정하게 따르고 있다. 예컨대, 사회로부터 고립되어 살고 있는데다가 사회 질서와 공존하기가 생래적으로 불가능한 '괴물' 집단으로 그려진 한창림 부부는 E.T.A. 호프만의 「장자 상속」이나 에드가 알란 포의 「어셔가의 몰락」 이후 고딕 픽션에 전형적으로 등장하는 이상한 가족의 형상을 닮아 있다. (중략) 또한 한창림이 보여주는 인간과 원숭이의 이중성 역시 로버트 루이스 스티븐슨의 『지킬박사와 하이드 씨의 이상 사례』를 비롯한 고딕 환상물에 빈번히 나오는 '도플갱어' 모티프에 연속되어 있다. 인간 분신으로서의 원숭이에 대한 기묘한 환상으로 말하면 그것은 멀리 조셉 셰리던 르파뉘의 「녹차」나 카렌 블릭센의 『일곱 편의 고딕 테일』 중의 「원숭이」 같은 이야기를 그 원조로 한다. (288쪽)

위의 일련의 예문들에서 등장하는 외국작가와 작품들의 목록은 정말 현란하다고 표현될 정도이다. 물론 이러한 사실 자체가 문제가 되는 것은 아니다. 굳이 이해하자면, 황종연의 이러한 설명 방식은 『목화밭』의 문학적 의미를 상호텍스트적 맥락에서 규명하려는 의지에서 나온 것일 터이다. 그러나, 여기서 지적되어야 할 점은 「소설의 악몽」에서, 황종연이 나열하고 있는 이미 그 존재 자체로 문화적 신화가 되어버린 작품들과 『목화밭』 사이에 존재하는 미학적 질의 편차는 희석되어버린다는 사실이다.

황종연은 『목화밭』의 문학적 계보를 설명하기 위해서 사드, 블레이크, 니체, 브람 스토커, 데이빗 린치, 에드가 알란 포, 스티븐슨 등등의 글쓰기와 이제는 문화적 전범이 되어버린 대표작들을 무수하게 열거하고 있다. 그러나 이러한 작품들은 현대문학과 문화사에서 이미 커다란 권위와 명성을 획득하고 있는 것이 아닌가. 자세히 살펴보면, 황종연이 내세운 작품들이나 작가들은 고전적인 의미의 문학적 정전 canon과는 다소 차이가 있다. 사드의 경우에서 전형적으로 볼 수 있듯이 황종연이 해설에서 열거한 작가,

작품들은 문화적 · 문화적 권위들을 급진적으로 해체하여 당시로서는 낯선 미학적 충격을 제공한 경우에 해당된다. 그러나 그러한 '이단의 거장' 들이 현대문화사에서 성취한 독특한 성과는 결코 부인될 수 없다. 이러한 문화적 전범들과 『목화밭』의 관계를 유추하는 글쓰기를 통해 결과적으로 황종연의 해설은 바로 그 '이단적 거장' 들의 한국판 버전으로 백민석을 당당히 포함시키고 있는 것이다.

이와 같은 비평적 전략은 기본적으로 백민석의 『목화밭』이 대단히 의미 있는 문학이라는 선험적인 전제를 깔고 있다. 물론 한국소설의 경계를 한 단계 넓힌 백민석의 잠재적인 가능성이나 『목화밭』의 문화사적 의미망을 계보학적으로 구성하기 위한 비평가의 전략적 욕망은 충분히 이해될 수 있다. 그러나 황종연의 해설이 백민석에게 진정으로 유효한 도움을 주기 위해서는 '지금 이 한국사회의 시점에서 『목화밭』은 과연 어떠한 문화적 파장과 영향력을 지니고 있는가?', '『목화밭』의 문학적 기원으로 언급한 다양한 문화적 텍스트들과 『목화밭』은 어떠한 차이를 지니고 있는 것인가?', '사드, 니체를 읽거나 데이빗 린치의 「블루 벨벳」을 보았을 때의 근원적인 충격을 『목화밭』은 제공하고 있는가?' 라는 질문들에 대한 최소한의 탐색이 포함되어야 할 것이다. 그러했을 때, 백민석의 『목화밭』의 성과, 문학사적 맥락, 한계 등이 한층 투명하게 드러날 수 있을 것이다.

이러한 측면에서 보자면, 『목화밭』이 담보한 문학성에 대한 냉철한 분석 없이, 다양한 문화적 정전과 『목화밭』을 동일선상에 놓고 조망하는 황종연의 해설은 실상 서구의 다양한 정전과 문화적 테마를 그대로 지금 이 시대의 우리 문학작품에 단순하게 대입시키는 기계적인 발상에 근접한다. 백민석의 『목화밭』이 사드의 문제의식과 표면적으로 유사한 관점을 보여주고 있다 하더라도, 그들이 각기 처하고 있었던 문화적 맥락과 정치적 지형은 판이했던 것이 아닌가. 바로 이러한 점에 대한 인식이 부족한 황종연의 해설은 해당 작품의 문학적 기원에 대한 현란한 의미규정은 넘치되, 기본적인 가치 평가와 차이들에 대한 탐색은 배제해 버린다.

『목화밭』 해설의 문제점과 별도로, 비평가 황종연의 현학성은 바람직한 비평문화를 위해서 좀 더 엄밀하게 지적될 필요가 있다. 한 사람의 비평가가 다양한 외국이론과 다방면의 문화 정보에 대한 지식을 지니고 있다는 점은 분명한 장점이자 소중한 비평적 자산일 것이다. 그의 첫 비평집 『비루한 것의 카니발』에서 확인할 수 있듯이, 황종연은 한국문학 연구자로서는 드물게도 폭넓은 이론적 감각을 보유하고 있다. 그러나 그러한 이론적 감각이 현학적으로 사용될 때, 그것은 오히려 작품을 주관적으로 해석하거나, 권위적인 담론을 구사하게 만드는 요인으로 작용한다. 황종연의 평문 상당수가 「소설의 악몽」과 유사하게 외국이론이나 외국문학을 현학적으로 설명한 이후에 그의 연장선상에서 한국문학을 논의하는 방식으로 이루어져 있는데, 이는 때로 외국문학과 이론의 권위에 기대어, 자신의 발언에 무게를 실으려는 비평적 전략과 연관되는 것이다. 최근에 씌어진 한 평문의 다음과 같은 대목도 이러한 황종연의 권위적 태도를 여실히 드러내고 있다.

> 그러나 계급은 윤지관 비평에 나타난 바와 같이 그렇게 단단한 범주가 아니다. 루이 알뛰쎄르(Louis Althusser)를 비롯한 많은 철학자들이 속류 맑스주의를 극복하기 위해 행한 이론적 노력을 통해서 계급은 정치경제학의 여타 범주들과 마찬가지로 '리얼한 것'에 접근할 특권을 확보하게 해주는 개념이 아닌 것으로 판명되었다. 니꼬스 뿔란차스(Nicos Poulantzas) 이후 계급론의 동향을 **약간이나마 아는 사람이라면** 계급은 객관적인, '아프리오리'(a priori) 한 실재가 아님을 이해한다.[10] (강조: 인용자)

표면적으로는 온건한 것처럼 보이는 위의 예문에서 '너, 알뛰쎄르와 뿔란차스의 계급론 읽어봤어?' 라고 고압적으로 질타하는 황종연의 냉소적인 목소리를 감지하기란 그다지 어렵지 않다. 황종연이 애용하는 상당수의 외국이론 지식은 바로 이렇게 권력적인 방식에 의해서 타자의 무지(?)를 지적하고 자신의 유식과 현학을 과시하는 방식을 통해 구사된다. "약간이나마 아는 사람이라면"이라는 대목은 바로 황종연 자신의 왜곡된 '지적 우월감'을 우회적으로 드러낸다. 이러한 미묘한 표현을 통해, 황종연은 윤지관이

---

**10** | 황종연, 「모더니즘에 대한 오해에 맞서서」, 『창작과비평』 2002년 여름호, 256쪽.

뿔란차스를 전혀 읽지 않았음을 암시하는 동시에 자신이 뿔란차스를 웬만큼 읽었음을 은연중에 과시한다. 물론 나는 황종연의 이러한 모습을 사대주의적 지식인이나 기지촌 지식인이라는 잣대로만 볼 수는 없다고 생각한다. 분명 외국이론의 보편성이 존재할 것이며, 외국이론에서 사용되는 개념의 적실성 여부가 그 이론에 대한 대단히 소중한 정보를 제공할 수도 있다. 그러나 계급에 대한 신축적인 알뛰쎄르의 생각이 윤지관의 논리의 허술함을 그대로 입증하는 논거로 채택될 수 있는지는 좀 더 면밀한 검토가 필요할 것으로 보인다. 설사, 황종연의 지적이 사실에 가깝다고 하더라도, 특정한 외국이론의 인식 여부가 '계급'과 같은 광범위하고 일반적인 용어의 정확한 사용을 판별하는 유력한 기준이 될 수는 없을 것이다. 물론 필자는 황종연의 윤지관 비판의 근본적인 취지에는 동의한다. 다만 자신이 숙지하고 있는 현란한 외국이론의 맥락과 한계에 대한 성찰적 사유가 더욱 근본적으로 전개될 때, 황종연의 비평은 현학적 비평이라는 꼬리표를 뗄 수 있으리라.

이러한 의미에서 최근에 황종연이 "나 자신 포스트모더니즘이나 포스트구조주의에 의존한 1990년대 모더니즘에 대해 지나치게 너그러웠던 게 아닌가 반성하는 중이다"[11]라고 언급한 대목은 의미심장하다. 그러나 그의 이러한 지적은 구체적인 작품에 대한 언

11 | 황종연, 「모더니즘에 대한 오해에 맞서서」, 『창작과비평』 2002년 여름호, 253쪽.

급을 통해 비평적 성찰로 전개되었을 때 한층 소중한 의미를 지니게 될 것이다. 아울러 황종연 자신이 '반성'이라는 용어를 언급한 김에 지적하자면, 1990년대 모더니즘에 대한 황종연의 이러한 너그러움이 그가 1990년대 젊은 문학을 적극적으로 옹호해온 『문학동네』 편집위원이라는 사실과 과연 아무런 연관성이 없는 것인가에 대해서 스스로 질문해 보아야 하지 않겠는가. 황종연의 이러한 정체성은 그 자신도 정확하게 인식하지 못하는 편파성을 낳을 수도 있다.

지금까지 설명한 의미에서, 나는 황종연의 풍부한 이론적 자질이 좀 더 공정하고 합리적인 분석을 위해 사용되기를 바란다. 그러기 위해서는 혹시 자신의 현란한 이론적 기반이 특정한 이해관계를 위해서 활용되는 것은 아닌가, 문화적 배경과 정치적 지형의 차이에 주목하지 않은 채 이루어지는, 서구의 기념비적 작품과 우리 문학작품에 대한 계보학적 설명이 작품에 대한 공정하고 합리적 해석을 방해하고 있는 것이 아닌가 하는 질문을 스스로 던질 수 있어야 할 것이다.

## 4. 비판인가 일탈인가? 저항인가 유희인가?

문학작품을 당대 사회와 지배 이데올로기, 혹은 재래적인 문학적 관습에 대한 비판, 성찰, 부정, 저항이라는 관점에서 보는 시각은 우리 비평계에 일반화되어 있다. 그러다 보니, 실상 비판이나 저항으로 해석하기에는 분명히 적절하지 않은 작품마저, 무리하게 비판, 성찰, 저항, 부정이라는 관점에서 조망하는 저 끈질긴 의사(擬似) 계몽주의적 관행이 발견되기도 한다. 황종연의 『목화밭』 해설 역시 기본적으로 이러한 과잉 해석의 습속으로부터 자유롭지 않다. 그는 「소설의 악몽」 곳곳에서 '탈주', '저항', '비판', '해체', '전복' 등의 용어들을 사용하면서, 『목화밭』이 기존의 휴머니즘 이데올로기와 문명사회 및 권력에 대한 저항에 해당한다고 강조하고 있다. 다음과 같은 예문은 황종연이 『목화밭』을 조망하는 시각을 인상적으로 보여주고 있다.

(가) 박태자의 매저키즘과 한창림의 새디즘이 『목화밭 엽기전』에 묘사된 초과의 경험에 핵심적인 것임은 물론이다. 그것은 모든 초과의 경험이 그렇듯이 **주어진 삶의 구조나 체계로부터의 해방**을 가져다 준다.(303쪽)

(나) 이처럼 죽음을 불러오는 지나친 욕망의 흐름을 통해 한창림, 박태자가 보여주는 것은 **권력에 대한 분열증의 저항의 한 형식**이다. 그들은 권력과 공모하고 있는 자신의 동일하고 통일된 자아를 파괴함으로써 **권력에 대항한다**. (304쪽)

(다) 한창림, 박태자의 이야기는 인간이 사회를 만듦으로써 그 자신을 자연으로부터 해방시켰다는 **문명화의 서사를 전복시키고** 사회 바로 거기에서 인간의 자연에 대한 종속이 여

전히 반복되고 있음을 보여준다. (306쪽)

(라) 백민석의 브리콜라주는 대중문화의 기표들을 장식적으로 재활용하는 데에 그치지 않고 그 재활용에 내재하는 **전복의 능력을 발현시킨다**는 점에서 특별하다. (중략) 『목화밭 엽기전』의 불경한 미학은 단순히 대중문화와 관련된다기보다는 **하층계급 젊은이들의 우상파괴적이고 아나키즘적인 문화 전유(專有)**, 즉 하위문화 subculture와 관련한다. (308쪽, 이상 강조는 인용자)

이러한 황종연의 지적을 통해, 『목화밭』은 우리 시대의 기존체계와 문명화의 서사들에 대한 비판과 전복, 탈주, 저항을 적극적으로 시도하고 있는 단연 이색적인 작품으로 평가된다. 그러나 이러한 주장이야말로 『목화밭』에 대한 과잉 해석 및 오독에 가까운 견해가 아닐까. 살인, 시체 유기, 포르노그래피, 일상 속의 폭력, 광기, 유괴, 살인, 방화 등등의 사건들이 수시로 등장하는 『목화밭』은 그 작품의 의도와 맥락을 '해방', '비판', '전복', '권력에 대한 저항' 등의 코드로 읽기보다는, 일탈, 광기, 야수성, 비정상, 문화적 엔터테인먼트 등의 코드로 읽었을 때 그 작품의 본질을 한층 정확하게 짚어낼 수 있다. 『목화밭』은 차라리 한바탕 '광란의 축제' 혹은 문학적 엔터테인먼트에 가까운, 그래서 어떠한 식의 계몽적 의미 부여도 소멸케 만드는 그런 과격한 허무주의의 공간에 존재한다. 그러므로 소설의 주인공이자, 극도로 비정상적이며 엽기적인 행동을 보여주는 한창림의 다음과 같은 고백이 그들의 기이한 행동의 한계 및 이 소설의 맥락을 제대로 짚고 내고 있는 것이 아닐까 싶다.

> 따지고 보면 그와 아내가 이 사회에 끼친 해악이란 엄밀히 말해 없었다. 그들은 어차피 사회 체계 바깥의 존재인 것이다. 그런 존재는, 제아무리 용을 써도 사회 체계 안의 내용물에 그 어떤 영향도 미칠 수가 없다…… 그래서 괴물은 장난감의 수준으로 전락하고 마는 것이다. (중략) 그와 그의 아내가 저질러놓은 것이라곤 예쁘장한 사내아이 몇을 죽여 둔덕에 파묻은 것뿐이었다. 그저 그뿐, 그 이상도 그 이하도 아니었다. 그건 죄악도 패악도 아무것도 아니었다…… 그와 아내는, 그래서 비극적인 존재였다. 아무리 지랄을 쳐도 자기가 태어난 이 사회에 한 뼘 손톱 자국조차, 한 뼘 이빨 자국조차 낼 수 없는 무력한, 비극적인 존재였다. (백민석, 『목화밭 엽기전』 문학동네, 2000, 261쪽)

특정한 사회나 문화적 관습에 대한 비판과 저항, 전복은 그러한 행위들이 지향해야 할 최소한의 가치를 내장하고 있다. 그러나 『목화밭』은 위의 예문에서도 확인할 수 있듯이 실상 어떤 가치도 지향하지 않는다. 소설 속에서 한창림과 박태자의 행동은 전체 사회적 차원에서 보면, 한창림의 발언대로 일종의 "장난감 수준"일 수 있는 것이다. 물론 이러한 측면이 구조적인 일상적 폭력과 공허한 인간주의 이데올로기가 기묘하게 공존하는 현대사회의 검은 그림자를 일면 풍자한다고 볼 수 있으리라.[12] 이 부분이 어쩌면 『목화밭』의 문학적 미덕일 수 있다. 바로 여기까지가 『목화밭』이 감당할 수 있는 최대치의 해석이 아닐까. 『목화밭』의 메시지를 기존사회와 권력에 대한 비판, 전복, 저항으로 해석하는 것은 그럴듯한 관점이기는 하지만 적절한 해석은 아니다. 더군다나, 『목화밭』을 "하층계급 젊은이들의 우상파괴적이고 아나키즘적인 문화전유(專有)"로 조망하는 관점은 급진적 문화운동의 맥락을 『목화밭』의 해석에 그대로 적용시킨 전형적인 과잉 해석에 해당된다.

황종연이 『목화밭』을 해석하는 이러한 관점은 그가 1990년대 문학의 정치성을 적극적으로 평가하는 다음과 같은 견해와 깊이 연루되어 있는 것으로 보인다.

> 1990년대 문학은 나름대로 정치적이다. 민족통일운동이나 민중해방운동 같은 정치적 중심을 상정하지 않았을 뿐이지 개인과 사회를 지배하는 권력과의 싸움을 수행했다. 일상, 신체, 욕망, 성, 가족, 생태 등의 테마를 다룬 1990년대 시와 소설에서 바로 그 삶의 영역에 작동하는 권력을 의식하거나 그 권력에 대한 반란을 꿈꾸는 언어를 만나기란 극히 용이한 일이다.[13]

---

12 | 그러나 그 풍자가 얼마나 문학적으로 밀도 깊게 이루어졌는가를 따져보는 것은 또 다른 차원의 평문이 필요할 것이다.

13 | 황종연, 「살아 있는 혼돈을 위하여」, 『문학동네』 2001년 겨울호, 460쪽.

이러한 발언이 1990년대 문학을 1980년대 문학의 반대급부로 단순하게 해석하는 편향을 염두에 두고 있음은 충분히 짐작된다. 말하자면 1990년대 문학의 핵심을 단지 탈정치성, 개인의 발견, 자폐적인 내면에 대한 탐닉으로 바라보는 시각에 대한 문제제기가 위의 발언에 스며들어 있는 것이다. 그러나 위의 진술은, 1990년대 문학이라는 지나치게 넓은 범주를 통해 1990년대 문학의 정치성을 주창하고 있기 때문에 별다른 구체성이 없다. 『목화밭』에 대한 황종연의 과잉 의미 부여에서 확인했듯이, 이러한 관점은 기본적으로 정치, 권력에 대한 반란이라는 개념을 지나치게 확대 해석하고 있다는 혐의에서 자유롭지 못하다.[14] 이미 우리는 한 편의 초역사적인 서정시도 풍부한 정치적 맥락을 지닐 수 있음을 인지하고 있다. 이러한 의미에서 "1990년대 문학은 나름대로 정치적이다"라는 발언은 동어반복에 가깝다. 중요한 것은, 1990년대 문학의 정치성이 80년대 문학의 정치성과 어떠한 면에서 구별되며, 그러한 정치성이 과연 기존체제에 대한 제대로 된 비판과 전복정신

---

14 | 이광호는 황종연의 이러한 주장에 대해서, "이런 설명이 민족문학 진영의 1990년대 문학에 대한 오해를 해소하는 데 도움이 되기는 하지만, 그 자체로 1990년대 문학의 승리를 보증하는 것은 아니다. 1990년대 문학이 이미 이러한 정치성의 조건을 적극적으로 의식하고 실현했는지는 확언하기 어렵기 때문이다"라고 주장하면서 1990년대 문학이 획득한 정치적 맥락에 대해 일정한 유보적 태도를 보이고 있다. 이광호, 「이토록 사소한 정치성의 발견」, 『문학생산』 창간호 2002년 여름호, 34쪽.

을 보여주고 있는지를 면밀하게 검토하는 작업일 것이다.

그러므로, 가령 '『목화밭』에서 표출되고 있는 메시지가 과연 기존체제와 지배이데올로기에 대한 비판과 전복, 저항에 해당되기는 한 것인가?', 그리고 '설사 황종연의 주장대로 『목화밭』을 기존 체제에 대한 비판과 저항이라는 입장에서 조망하더라도 그 비판과 저항이 실제 어떠한 효과를 발휘하고 있는가?', 그리하여 '『목화밭』은 과연 이 시대의 정치적 · 문화적 현실에 부합되는 제대로 된 정치성과 부정의 정신을 담보하고 있는가?' 하는 질문들에 대한 탐색이 이루어졌을 때, 『목화밭』을 둘러싼 논의는 한결 풍부한 함의를 지닐 수 있을 것이다. 이러한 논의와 연관하여, 최근 '엽기' 라는 표현은 가장 상투적인 문화상품의 역할을 하고 있다는 사실을 인식해야 하지 않을까.

황종연이나 류보선 같은 『문학동네』 진영 비평가들이 컬트 무비, 대중가요, 만화, 록음악 등의 이른바 1990년대의 하위문화와 대중문화를 소재로 하여 씌어지는 문학작품에 대해서 적극적인 평가를 내린 사실을 우리는 인지하고 있다.[15] 여기서 문제가 되는 것은 이미 다양한 하위문화가 이미 문화산업의 논리에 전면적으로 포섭되어 있는 상태에서, 그러한 대중문화(하위문화)에 근거한

15 | 1990년대 문학을 조망하는 류보선의 시각에 대한 구체적인 비판으로는 권성우, 「'비판을 위한 비판', 그 맹목적인 글쓰기에 대하여: 류보선의 비판에 답한다」(단행본 『인물과사상』 21호, 개마고원, 2002.1)를 참조할 수 있다.

문학작품을 비판, 전복, 저항, 성찰 등의 계몽주의적 개념으로 조망하는 것은 대단히 일면적인 해석이라는 사실이다. 특히 『목화밭』 식의 '엽기적 상상력'을 기존의 문화적 관행이나 지배이데올로기에 대한 저항과 비판의 관점에서 사유하는 것은, 거대한 문화산업과 지적 엔터테인먼트의 규정력을 무시한 순진한, 아니 사실은 대단히 전략적인 견해에 불과하다.

## 5. 사드, 장정일, 그리고 백민석

물론 "엽기는 이 부조리하고 모순적인 현실에 대한 일종의 도발과 전복을 수행하는 불온한 상상력을 토대로 하여 강력한 비판과 풍자로서 자리하게 된다"[16]면서 엽기문화의 전복적 기능과 비판정신을 적극적으로 평가하는 입장도 존재한다. 그러나 이러한 견해는 하나의 가능성일 수는 있어도, 엽기문화 전반을 규정하는 현실적인 지침이 될 수는 없을 것이다. 엄밀히 말하면 '엽기적 상상력, 엽기문화=비판, 전복, 저항'이라는 전제는 구체적인 개별 사안에 따라 긍정될 수도 있고 부정될 수도 있다. 즉, 표면적으로 유사한 주제를 담고 있다고 여겨지는 엽기적 문학도 해당 작품을 둘러싼 여러 가지 변수, 가령 문화적 맥락, 작품의 문학성, 정치적 지형

---

**16** | 김진수, 「엽기 혹은 도발과 전복의 상상력」, 『문학/판』 창간호 2001년 겨울호, 49쪽.

등등에 의해 판이한 평가를 받을 수 있다는 것이다. 이러한 의미에서 황종연이 『목화밭』의 문화적 기원 중의 하나로 언급한 사드와 백민석의 경우를 대비해볼 필요가 있다.

실제로 한 불문학자는 "사드의 성적인 상상력은 그러므로 성적인 탐미주의자나 성적인 망상증 환자의 상상력이 아니라 부정과 위반의 정신에서 나오는 것이다", "근본적으로 사드의 정신은 잔혹한 부정의 정신이다"[17]라고 주장하면서, 온갖 끔찍하고 일탈적인 성이 난무하는 사드의 엽기적 문학이 지닌 부정정신과 위반의 기능을 적극적으로 평가하고 있다. 실상 사드의 삶과 문필 활동을 추적하다 보면 이러한 견해가 충분한 근거를 가지고 있다는 결론에 도달할 수 있다.

사드는 평생 동안 27년에 이르는 기나긴 세월동안 감옥에 수감되어 있었으며, 당시 종교적으로 최대의 범죄였던 남색(男色)으로 인해 사형선고를 받기도 했다. 그리고 그의 소설들은 압수되어 소각되었으며 금서 목록에 올랐다. 사드의 실제 행각은 소설 못지않게 충격적이었다. 남색, 가학 행위, 신성 모독 등 18세기 사회에서 사회적 · 종교적으로 용납받을 수 없는 방탕행위들을 사드는 실제로 감행했던 것이다.[18] 한마디로 사드의 엽기적 소설과 그에 버금

---

**17** | 박동찬, 「사드의 상상력과 엽기」, 『문학/판』 창간호, 62~63쪽.

**18** | 사드에 대한 이상의 정보는 박동찬의 「사드의 상상력과 엽기」(『문학/판』 창간호)의 주요 대목을 정리한 것이다.

가는 행동들은 당시로서는 목숨을 건 도박이었다고 할 수 있다. 여기서 인상적 점 두 가지. 사드는 자신의 글쓰기와 사회적 행동을 그대로 일치시켰다는 점. 또 하나는 사드가 당시 비밀 경찰의 경계인물로 손꼽히고 있었다는 사실과 그의 소설들이 압수되어 소각되었다는 사실에서 엿볼 수 있듯이 사드의 존재와 글쓰기 자체가 당시 사회에 커다란 위협으로 작용했다는 사실. 이렇게 보면 사드의 글쓰기는 그 자체로 당시 지배적인 문화적 관습에 대한 분명한 저항이었다.

지금까지 살펴본 사드의 삶과 글쓰기를 위선적 도덕과 종교적 금기가 지배하던 당시 사회에 대한 치열한 위반이자 비판으로 해석하는 것은 자연스럽다. 그래서 "육체와 성에 대한 끝없는 환상을 통해 사드의 성적인 상상력은 해방되었으며 사회적 · 종교적 금기의 위반을 통해 인간과 사회에 대한 모든 상상의 지평이 열렸다"[19]는 평가가 가능해지는 것이다.

이에 비할 때 백민석과 『목화밭』을 둘러싼 문화적 맥락, 정치적 지형, 일상사의 세목은 사드의 그것과는 판이하다. 사실 사드까지 갈 것도 없다. 마광수와 장정일이 필화사건으로 인해 구속 수감되던 시대의 문화적 · 정치적 지형과 백민석이 본격적으로 활약하기 시작한 시대의 그것 사이에는 커다란 차이가 존재한다. 백민석이 『목화밭』을 출간하던 2000년은 우리 사회의 온갖 문화적 · 정치적

19 | 박동찬, 앞의 글, 62쪽.

금기가 이미 해체되었거나 거의 해체되어가던 시기였다. 동성연애, 엽기, 폭력 등은 이미 그 이전부터 영화나 대중문화의 유행 소재였고, 외설과 검열 문제 역시 마광수, 장정일이 구속 수감되는 야만적인 사건을 거치면서 글쓰기를 둘러싼 금기가 현저하게 사라지기 시작했던 것이다. 1990년대 후반부터 문화적 금기와 정치적 억압은 급격하게 해체되었으나, 문화산업 시스템과 엔터테인먼트 기획력은 급속도로 확대되기 시작했다. 이제 폭력, 섹스, 엽기 자체가 상품화의 회로 속에 편입되는 시대에 접어들었던 것이다.

여하튼 백민석보다 월등 온순한 상상력을 보여주었던 마광수와 장정일이 각각 『즐거운 사라』와 『내게 거짓말을 해봐』로 구속 수감되었던 것에 비해, 백민석이 『목화밭』을 출간했을 때 조선일보, 동아일보, 경향신문, 국민일보, 대한매일신문, 한국경제신문 등의 일간지에 대서특필되면서 언론의 적극적인 조명을 받았으며 유수한 문예지와 저널리즘에 의해서 새 천년을 이끌어갈 대표주자로 각광받았다는 사실은 여러모로 시사적이다. 이러한 사실은 역설적으로 『목화밭』이, 독자에 대한 영향력을 포함하여, 이 사회체제에 어떤 위협도 되지 않는다는 사실을 상징하고 있는 것이 아닐까.

바로 이러한 시대의 한복판에 백민석이 있고 『목화밭』이 존재하는 것이다.

물론 이러한 사태의 변화에 대해서 백민석이 책임을 질 필요는 전혀 없다. 백민석은 그 나름대로 변화된 현실에 성실하게 적응해

오면서 개성적인 작품세계를 보여준 것이다. 당연하게도 우리는 백민석에게 사드나 장정일의 길을 강요할 수 없다. 그들의 남다른 선택이 가능했던 문화사적 맥락에 대한 검토 없이, 사드나 장정일의 기준으로 백민석의 문학적 선택을 폄하하는 것은 일종의 폭력일 것이다. 동성연애로 사형을 언도받던 사드의 시대와 동성연애가 일면 상투적 문화코드가 되어버린 21세기를 평면적으로 비교할 수는 없으리라.

내가 강조하고자 하는 것은 변화된 현실의 조건, 즉 엽기나 폭력이 일종의 엔터테인먼트로 기능하는 문화지형을 철저하게 자각했을 때 제대로 된 비판과 전복이 가능하다는 사실이다. 그러므로 백민석의 창작동기와 연관하여 다음과 같은 지적은 할 수 있겠다. 설사 백민석의 창작의도가 기존 체제에 대한 비판과 권력에 대한 저항[20]에 있었다 하더라도, 실제 작품에서, 그리고 작품이 독자들에게 전해지는 과정에서 그러한 의도가 제대로 관철되고 있는가 하는 점은 다른 차원의 문제라는 사실이다. 붉은색과 검은색이 그로테스크하게 조화된 『목화밭』의 괴기스러운 책표지, 그리고 제목에서도 드러나지만 유달리 "엽기적 상상력"이 강조되는 서적 유통

20 | 실제로 백민석은 안티 조선 서명에 참여하고 논객 진중권의 주장에 적극적으로 동의하는 등, 사회 비판에 많은 관심을 지닌 것으로 보인다.

21 | 인터넷 서점 알라딘이나 Yes24의 독자서평을 보면, 상당수의 독자들이 '엽기'라는 표면적 주제에 이끌려 책을 접하는 것으로 드러난다. 가령, somebody라는 네티즌은 "단지 책 제목만을 보고, 뒷면에 쓰여진 몇 자의 글만을 보고 대리만족을 위해 고른 책이었다"고 알라딘 독자서평에서 언급하고 있다.

의 전략[21]은 이 작품이 어떠한 방식으로 사회적으로 수용되고 있는지에 대한 암시를 준다. 그러므로 공포와 엽기적 행동이 그 자체로 유희나 팬시로 둔갑하는 시대라는 사실[22]을 제대로 헤아리지 못한 엽기적 주제의 문학은 그 애초의 의도와 관계없이, 현실적인 비판의 맥락을 담보하지 못한 문화산업의 일회적인 소모품으로 전락할 수 있다는 사실을 상기하자.

그래서 이러한 질문들을 던져본다. 『목화밭』에서 묘사된 폭력과 엽기적 상상력은 그 자체로 한 편의 무서운 악몽이다. 그런데 우리는 그 악몽을 꾸면서, 정작 우리가 염두에 두어야 할 구체적인 체제의 폭력과 야만에 대해서는 망각해버리게 되는 것은 아닐까. 너무나 공포스런 문화적 체험과 현란한 스펙타클의 재현 속에서, 상대적으로 일상화된 체제의 폭력과 지배구조는 점차 잊혀져 가는 것은 아닐까. 한 사회학자는 "상품화된 폭력은 폭력 그 자체에 대한 사유, 나아가 그러한 사유의 예감조차 어렵게 하는 한 폭력적인 체계와 공범자일 뿐이라고"[23] 단정한다. 물론 나는 『목화

---

22 | 예를 들어 "스크린을 붉게 물들이는 난도질은 이제 억압된 욕망의 거세라는 심각한 해석이 필요 없는 유희가 됐다. 얼마 전 서울 영등포 롯데백화점에서 공포영화들의 캐릭터를 모아 전시했던 '엽기전'에서 인기를 모았던 캐릭터들은 누르면 피가 솟구치는 가면 등 끔찍한 모형들이었다는 백화점 쪽의 설명은, 공포가 하나의 팬시현상으로 변한 요즘 세태를 보여준다"는 주장(「괴물은 시대를 은유한다」, 『한겨레21』 372호, 2001.8.14)이 있다. 이러한 대목은 엽기가 하나의 문화산업의 회로에 편입되고 있는 현상을 인상적으로 상징한다는 점에서 흥미롭다.

23 | 주은우, 「폭력의 상품화에 대하여」, 『문학/판』 2002년 봄호, 281쪽.

밭』이 이러한 지적에 정확히 부합된다고는 생각하지 않는다. 그러나 『목화밭』이 투사하는 궁극적인 이데올로기적 효과에 대해서 근본적으로 성찰하지 않을 때, 사람들은 마치 츄잉껌을 씹듯이 일종의 부드러운 '일회용 악마' 인 『목화밭』을 소비하게 되리라.

지금까지 전개한 주장이 작가에 대한 도덕적 비판으로 수용되지 않기를 바란다. 작가의 글쓰기가 좀 더 치명적인 위반, 유효한 비판이 되기 위한 조언으로 받아들여지면 좋겠다. 본질적으로 보면, 문화산업의 소모품에 해당하는 작품을 쓰건, 후기 산업 사회의 현실을 절묘하게 풍자하는 작품을 쓰건 간에 기본적으로 그것은 작가의 자유이자 취향의 문제일지도 모른다. 사실 문화산업의 제대로 된 소모품이라도 만들어 보는 것이 얼마나 많은 작가의 바람일 것인가! 그러한 선택을 두고 작가를 윤리적인 차원에서 타박할 수는 없다. 『목화밭』은 어떤 측면에서는 백민석의 문학적 개성과 재능이 분명하게 발휘된 작품이다. 무서울 정도의 생생한 묘사력, 문제 설정 능력, 대중문화 정보에 대한 풍부한 장악은 『목화밭』에서 백민석이 보여주는 문학적 개성을 이룬다. 『목화밭』 읽기를 통해 우리는 한 편의 생생한 악몽을 접할 수 있다. 『목화밭』처럼 엽기, 폭력, 컬트에 해당하는 작품은 우리 문화사(문학사)의 경계를 넓혀줄 수 있을 것이다. 아울러 그러한 문화적(문학적) 현상을 조망하는 세심한 비평이 요구된다는 점은 분명하다. 그러나 그것들을 손쉽게 권력에 대한 비판이나 저항, 기존의 문화적 관습에 대한 전복이라고 규정하지는 말자. 무엇보다도 문화산업의 논리가 비판적 상상력마저도 흡수해버리는 우리 시대의 복잡한 현실을 꿰뚫어보면서, 문학이 담보한 냉철한 비판의 사유를 수호하기 위해서 힘겹게 노력하고 있는 문인들의 자리를 남겨 두기 위해서.

결국 문제는 비평가의 과잉 해석인 것이다.

궁극적으로 우리는 황종연에게 '도대체, 비판과 부정의 기준이 무엇인가?' 라는 근원적인 질문을 던지지 않을 수 없다.[24] 황종연은 백낙청을 비롯한 리얼리즘 논자들에 대해서 "리얼리즘 개념을 지나치게 확장해 혼란을 초래했다는 비판을 면하기 어렵다"[25]고 말한 바 있다. 나는 동일한 논리에서 황종연이야말로 비판과 전복, 혹은 저항의 개념을 지나치게 확장해 결과적으로 그것들을 아무런 의미가 없는 개념으로 만들고 있는 것이 아닌가 하는 질문을 던지지 않을 수 없다. 왜 이런 사태가 발생했을까. 자신이 높이 평가하는 작품에 비판(부정)이라는 매력적인 지적 행위와 긍정적인 문학성을 동시에 선사코자 하는 황종연의 욕심이 『목화밭』의 문학사적 맥락을 지나치게 확대 해석하고 있는 것이 아닐까.

---

24 | 이와 연관하여 박성창은 황종연의 「이졸데의 손녀들, 그들의 불륜과 소설」의 과잉 해석을 지적하면서, "급기야 서하진과 전경린의 소설은 '부정의 정신' 을 보여주는 것까지 승화된다. 불륜에서 진정성을 찾아내고 이를 부정의 정신으로까지 연결시키는 비평의 정신은 정말 놀랍다"(박성창, 「비평과 진실」, 『세계의문학』 2002년 봄호, 190쪽) 고 언급하고 있다.

25 | 황종연, 「모더니즘에 대한 오해에 맞서서」, 『창작과비평』 2002년 여름호, 262쪽.

## 6. 비평가의 자부심과 냉소

지금까지 탐색한 황종연의 해설 「소설의 악몽」에 나타난 몇 가지 문제점들은 그의 독특한 비평적 취향과 습속에서도 비롯되는 것으로 보인다. 이제 이 글은 황종연의 비평관과 논쟁을 대하는 태도에 대해서 검토하게 될 것이다. 이러한 탐색을 통해 과잉 해석을 자연스럽게 유도하는 비평적 습속의 원인을 유추할 수 있을 것이다.

황종연의 비평 행위를 관통하는 심리적 정서가 있다면, 그것은 자신의 글쓰기에 대한 왜곡된 자부심과 지적 우월감이다. 특히 앞에서도 언급했듯이 누구보다도 다양한 문학적 정보와 이론에 대한 감수성을 구비하고 있는 황종연에게 그러한 '지적 우월감'은 뒤집어보면, 바로 자신의 비평에 대한 자부심의 발로라고 할 수 있다. 누구에게나 그렇듯이 자부심 자체를 부정적으로 볼 필요는 없을 것이다. 그런데 이 자부심이 조금만 발을 잘못 내딛으면 그것은 타자에 대한 냉소와 조롱으로 변질된다. 일면 타자의 비평적 성과와 성실하게 대화하는 것으로 보이는 황종연은 자신과 다른 입장을 지닌 타자를 비판하거나, 타자의 비판에 대응하는 과정에서 지나친 냉소를 보여준다. 황종연은 지난해에 발간한 첫 비평집의 서문에서 비평가에 대해서 다음과 같이 의미심장한 견해를 피력하고 있다.

비평가에 대한 가장 적절한 은유는 키츠가 말한 '카멜레온 시인'

이다. 비평가가 시도때도없이 일인칭 주어를 쓰는 것은 우스운 노릇이다. 비평가의 자아는 그가 존경하는, 사랑하는, 욕망하는 타자이다. 나는 너다.[26]

나는 이러한 황종연의 비평관에서 심각한 독선을 발견한다. "시도때도없이 일인칭 주어를 쓰는 것"이라는 주관적이며 일방적 표현도 문제거니와, 자신과 다른 글쓰기 철학을 가지고 비평 활동에 참여하는 비평가들의 글쓰기를 "우스운 노릇"이라고 조롱하는 모습에서는 왜곡된 형태의 지적 우월감을 발견하게 된다. 황종연은 최근 몇 년간, 이른바 '논문 중심주의'로 통칭되는 주체를 제도적으로 은폐하는 글쓰기에 대한 다양한 문제제기가 이루어졌다는 사실을 모르지 않을 것이다. 글쓰는 주체의 개성적인 발산을 은밀하게 억압하는 경화된 논문식 글쓰기의 문제점이 지적되는 판국에,[27] 하물며 일종의 지적인 에세이에 해당되는 비평에서 자신을 선명하게 그리고 자주 드러낸다는 것이 무슨 커다란 허물은 아닐 것이다. 중요한 것은 글의 밀도가 아니겠는가. 황종연 식으로 말하면 고(故) 김현이야말로 "우스운 노릇"을 가장 자주, 본격적으로 보여준 비평가가 아닌가.[28]

---

**26** | 황종연, 「책머리에」, 『비루한 것의 카니발』(문학동네, 2001.2), 7쪽.

**27** | 김영민, 「논문중심주의와 우리 인문학의 글쓰기」, 『탈식민성과 우리 인문학의 글쓰기』(민음사, 1996) 참조.

이러한 질문들을 던질 수 있겠다. 과연 이 시대의 비평은 '자기'가 지나치게 드러나서 문제인가?, 아니면 '자기'가 은폐되어 비평적 개성이 발견되지 않아서 문제인가? 비평문에서 이름을 지워도, 어떤 비평가가 쓴 것인지 알아볼 수 있는 개성적인 비평문들이 과연 얼마나 되는가?

요컨대 흔히 '나'로 표현되는 글쓰기 주체를 어떠한 방식으로 드러내는가 하는 문제는 글쓰기 형식 및 글쓰기 관행 전반과 연관된 대단히 민감하면서도 근본적인 논의사항이라고 할 수 있다. 그것은 토론과 문제제기에 의해서 지속적으로 논의될 과제이지, 황종연과 같이 일방적이며 냉소적인 시각으로 규정될 수 있는 만만한 사안이 아닌 것이다.

황종연의 이러한 독선적 태도는 때로 자신에게 주어진 비판에 대한 대단히 불성실한 대응을 낳고 있다. 예컨대, 황종연은 백민석에 대한 윤지관의 지적을 언급하는 각주에서, "나를 비판하면서 1990년대 문학에는 유목민이 없다고 말한 누군가의 황당한 소리

---

**28** | 최근 박성창은 황종연의 이러한 비평관에 대해서 다음과 같이 비판하고 있다. "황종연이 말하고 있듯이 '비평가가 시도때도 없이 일인칭 주어를 쓰는 것은 우스운 노릇'으로 비추어질 수 있을지도 모르지만 더욱 우스운 것은 타인의 목소리와 가면 속에 숨어들어 자신이 내야 할 목소리를 잊어버리고 자신의 얼굴을 지워버리는 것이다" 박성창, 「비평과 진실」, 『세계의문학』 2002년 봄호, 191쪽. 박성창의 비판은 1990년대 후반의 젊은 모더니스트와 여성작가들의 문학세계를 어떻게 볼 것인가? 황종연의 비평을 어떻게 볼 것인가? 등의 문제에 대한 소중한 토론거리를 제공하고 있다.

와 달리 1990년대 문학의 실정에 맞는 지적이다"[29]라고 박성창의 「비평과 진실」(『세계의문학』 2001년 봄호)을 염두에 둔 비판을 전개하고 있다. 1990년대 문학과 유목민이라는 흥미로운 주제는 성실한 논의과정에서 분석적으로 규명될 일이지, 황종연과 같이 일방적인 일갈로 해결될 일이 아닐 것이다. 나는 만약 황종연이 박성창의 비판에 대해서 이견을 가지고 있다면, 이런 식으로 각주에서 불성실하게 대응하지 말고, 박성창이 황종연에게 보여준 진지한 비평적 관심[30]에 상응하는 성실한 대응을 하기를 요청한다.

이 시대에 현장비평을 전개하는 비평가라면, 황종연이 보여주었던 바, 다양한 이론적 지식을 작품 해석에 활용하는 문제에서 자유롭지 않을 것이다. 때로 그의 폭넓은 이론적 지반은 다양한 문학적 현대성의 성과들을 명쾌하게 해명하는 데 유효한 도움을 준다. 그러나 「소설의 악몽」에서 전형적으로 볼 수 있듯이, 그는 왜곡된 지적인 우월감을 바탕으로 하여, 외국 이론과 문화적 전거들을 현학적이며 권력적으로 활용하고 있다.[31] 그러한 과정을 통해, 황종연은 타자의 논리를 '외국 이론'에 기대어 권위적으로 제압하거나 자신

---

29 | 황종연, 「모더니즘에 대한 오해에 맞서서」, 『창작과비평』 2002년 여름호, 255쪽.

30 | 박성창의 황종연 비판에 해당하는 「비평과 진실」(『세계의문학』 2002년 봄호)은 약 200자 원고지 120매에 해당하는 장문의 평문이다. 그리고 황종연은 박성창의 평문이 발표되던 당시 동아일보와의 인터뷰에서, "두 사람이 (나를) 바람직한 논쟁 파트너로 인정해 준 점이 기쁘다"(「문학계 황종연 논쟁 가열」, 동아일보, 2002.2.26)면서, 윤지관과 박성창의 비판에 대해서 언급한 바 있다. 그렇다면 황종연에게 이러한 질문을 던질 수 있겠다. 과연 당신은 박성창을 바람직한 논쟁 파트너로 생각하고 있는가?

이 옹호하는 작품의 미학적 가치를 증폭시킨다. 때때로 황종연의 비평문은 굳이 외국 이론이 등장할 필요가 없는 대목에서도 다양한 외국 이론을 장황하게 등장시킨다. 그래서, 상당수 그의 비평에는 외국 이론과 외국 작가들의 현란한 경연은 존재할지언정, 그 이론의 근원적인 존재의미를 성찰하는 진지한 주체의 시선은 결정적으로 약화되어 있다. 한 마디로 말해서 황종연의 비평에는 '스스로를 뜨겁게 성찰하고 고뇌하는 자기의식'이 부재한다. 비평은 단지 화려한 지식의 경연장이 아니다. 오히려 비평은 모든 글쓰기가 그러하듯이 본질적으로 자신의 모든 실존을 건 선택일 것이다.

아울러 다음과 같은 점에서도 황종연이 기대고 있는 비평적 습속의 문제점을 발견할 수 있다. 주로 1990년대 작가를 호의적으로 조망하고 있는 황종연의 해설비평은 해당 작품이 지배 이데올로기를 비판하거나 재래적인 문화적 관습에 저항한다는 식의 관점을 자주 표출하고 있다. 그러나 그의 상당수 비평문에서 정작 작품 자체에 대한 비판적 읽기나 성찰적 사유는 거의 찾아볼 수 없다.[32] 대신 최근 평문에는 작품에 대한 과잉된 애정이 넘친다. 나

---

31 | 황종연 비평의 부정적인 현학성에 대해서는 강준만의 「대학은 문학에 어떤 영향을 미쳤는가」(단행본 『인물과사상』 22호, 개마고원, 2002.4), 245~247쪽 참조.

32 | 팔봉비평문학상의 심사위원들은 『비루한 것의 카니발』이 80년대 민족문학에 대한 이해가 충실치 않다고 평하면서, 이러한 한계가 "그의 평론에서 비판이 약화하는 것과 맞물리는지도 모른다. 뛰어난 해석에 비해 냉철한 평가는 드물다"고 언급하고 있다. 「팔봉비평문학상 심사평」, 한국일보 2001.7.8.

는 이 기묘한 비평적 분열증의 기원과 원인이 궁금하다.

지금까지 황종연 비평의 몇 가지 문제점을 살펴보았다. 이러한 비판에도 불구하고, 분명한 강조하거니와 나는 황종연의 비평적 재능과 이론에 대한 장악력을 높이 평가한다. 이러한 발언은 단순한 췌언이 아니다. 필자가 『비평의 희망』의 서문에서, 황종연에 대해 지적하면서 "나와는 다른 비평적 정신과의 만남을 통해 무엇을 배울 수 있는지에 대해서 인식할 수 있었던 소중한 계기였다"[33]고 언급할 수 있었던 것은 문학적으로 판이한 입장에도 불구하고 황종연의 비평정신에 대한 최소한의 신뢰가 존재했기 때문이다. 아마도 황종연 비평의 문제성 자체가 나로 하여금 이 글을 쓰게 만들었을 것이다. 그러나 지금 현재 '황종연의 비평이 과연 공정하고 합리적인가' 라는 질문을 던지지 않을 수 없다. 나는 앞으로 황종연의 비평에서 선명한 자기 주장과 작품에 대한 냉철한 비판정신, 뚜렷한 비평적 실존의 그림자를 한층 자주 발견할 수 있게 되기를 기대한다.

## 7. 『목화밭』의 구성과 형식

지금까지 이 글은 『목화밭』에 대한 황종연의 해설 「소설의 악

---

**33** | 권성우, 「책머리에: 비평의 희망을 위해서」, 『비평의 희망』(문학동네, 2001.10), 8쪽.

몽」이 어떠한 방식을 통해, 작품의 의미를 과잉 해석하고 있는지에 대해서 분석해왔다. 여기서는 주로 『목화밭』을 형식적인 측면에서 언급하게 될 것이다. 이러한 점은 황종연이 「소설의 악몽」을 비롯한 『목화밭』에 대한 대부분의 평문들이 작품의 서사적 구성이나 형식, 문체에는 별다른 관심을 보이지 않는다는 사실과 연관된다. 물론 황종연은 『목화밭』의 장르적 특성이나 '브리콜라주 bricolage'로 명명되는 텍스트 구성 원리에 대해서는 관심을 보여준 바 있다. 그러나 이러한 설명방식은 서사적 구성에 대한 질적 평가를 무의식적으로 간과하고 있다. 어떠한 작품이 다양한 대중문화 형식을 조합하고 배열했다는 식의 지적은 대체로 그 작품의 형식이나 스타일의 미적인 완성도에 대해서는 언급하지 않는다. 가령 80년 5월의 광주를 언급한 소설들은 상당수가 있다. 그런데 단지 광주를 언급했다는 사실이 그 작품의 완성도를 보장하지는 않는다. 중요한 것은 어떤 구성과 형식이 광주라는 내용과 유기적으로 맞물리고 있는가 하는 차원의 문제의식일 것이다.

실상 「대공원 옆 동물원」, 「육식 원숭이」, 「목화밭에 무슨 일이 있었을까」 등의 세 가지 장으로 이루어진 『목화밭』에는 비평가의 다양한 호기심을 자극할 수 있는 무수한 테마들이 발견된다. 학원 강사인 한창림과 과외 아르바이트를 하는 박태자 부부가 실은 미소년들을 납치하여 펫숍 삼촌의 관음증 충족을 위해 포르노를 제작하는 엽기적 일에 몰두하고 있다는 것, 그 작업이 끝날 때마다 지하실에 감금한 미소년들을 잔인하게 살해한 연후에 집 근처 둔

덕에 매장한다는 것, 한편 오장근 형사에게 쫓기는 과정에서 박태자는 펫숍 삼촌의 사무실에서 윤간을 당한 후에 잔인하게 살해당하고 급기야는 소각기에서 불태워질 운명에 처한다는 것, 한창림은 과천 서울랜드 바이킹에서 마지막 결투를 위해 오장근 형사, 뷰티플 피플 언니의 남편, 회계사, 펫숍 삼촌 등을 호출하며 결국 오장근 형사와 결투하는 과정에서 경찰에 잡히게 된다는 것이 이 소설의 주된 줄거리이다. 아울러 그 큰 줄거리에 마치 만드릴 육식 고릴라를 연상시키는 한창림의 야수성을 적나라하게 상징하는 생생한 표현과 한창림과 오장근 형사, 회계사, 펫숍 삼촌, 뷰티플 피플 언니 남편 등을 둘러싼 황당한 에피소드들이 이 소설의 뼈대를 구성하고 있다. 이러한 소설의 줄거리에는 살인, 폭력, 시체 유기, 새도 매저키즘, 악마주의, 윤간, 포르노, 동성애, 관음증, 야수성, 과천 서울랜드와 동물원이라는 상징적 공간 등등이 등장하는데, 이러한 소재들은 그 자체로 매력적인 비평적 대상이 될 만하다.

가령 우리는 야수성에 대해서도 무수한 담론을 전개할 수 있으리라. 야수성은 근대/반근대, 문명/야만, 동물/식물, 인간/자연, 이성/광기, 노동/유희 등의 숱한 이항대립적인 담론을 통한 다양한 비평적 접근을 허락한다. 그러나 문제는 이러한 파격적인 소재들이 프로이트주의, 탈현대주의, 에로티시즘 등의 다채로운 서구 이론으로 무장한 비평가들의 현학 취미와 과시욕을 부추길 확률이 높다는 점이다.[34] 물론 이러한 소재들이 완전히 새로운 것은 아니다. 한 마디로 말해서, 『목화밭』은 호러 무비와 하드코어 포르노

그래피가 버무려진 듯한 작품이다. 물론 작가의 광범위한 취재가 있었겠지만, 이 작품이 체험의 핍진성보다는 주로 문화적 정보에 기반하여 씌어졌다는 점은 분명하다.

지금까지 언급한 소재 자체에서 연유하는 비평적 매력으로 인해 상당수의 비평가들이 『목화밭』을 내용적 측면에서 접근하고 있다. 그러나 나로서는 『목화밭』을 읽으면서 아쉬움을 느꼈던 것은 무엇보다도 형식이나 구성의 취약함 때문이었다. 내용은 문제적이되, 형식은 엉성한 작품은 그 내용의 문제성마저 희석시킬 수 있다. 이에 반해 탄탄한 형식과 구성, 밀도 깊은 문체는 작품의 내용 전달을 한층 효과적으로 만든다(특히 『목화밭』처럼 파격적 내용을 담은 모더니즘 취향의 작품은 형식과 구성에 대한 배려가 더더욱 필요하다).

황해도 진지노귀 굿 열두 마당 형식을 차용하면서 분단의 상처를 절묘하게 드러낸 황석영의 『손님』은 그 독특한 구성과 비극적 내용이 완벽하게 맞물리면서 분단문학의 새로운 차원을 개척하고 있다. 황종연이 『목화밭』의 문화적 맥락 중의 하나로 소개한, 컬트무비의 고전으로 추앙받고 있는 데이빗 린치의 「블루 벨벳」이나 코헨 형제의 「바톤 핑크」 같은 영화가 높은 평가를 받는 이유는 그 파격적인 내용을 받쳐주는 정교하게 직조된 구성 때문일 것이다. 그

---

34 | 『목화밭』에 대한 숱한 비평문 중에서 형식주의적 분석에 해당하는 비평문이 거의 없다는 점은 의미심장하다. 그것이 비판이건, 칭찬이건 간에, 파격적인 소재에 대한 지나친 경도가 작품 분석을 내용 편향적으로 유도하고 있는 것이다. 이는 결과적으로 작품의 정확한 성취와 한계에 대한 세밀한 파악에 장애가 된다.

래서 우리는 그 영화들을 보는 내내 긴장하지 않을 수 없는 것이다.

이렇게 본다면, 『목화밭』은 형식적 배려가 부족한 작품이다. 이 소설의 숱한 에피소드들은 때로 충분한 인과 관계가 없이 느슨하게 연결되어 있으며, 결말 부분도 미약하다. 가령, 한창림과 호암 아트홀에서 영화를 같이 본 여학생과 대화하는 장면은 급작스럽게 돌출된다. 물론 이 대목은 내용적인 측면에서 보면, 호암 아트홀로 상징되는 진부한 휴머니즘의 이데올로기를 지적하기 위한 것이지만, 형식적인 측면에서는 앞뒤에 존재하는 이야기와 충분한 맥락 없이 갑자기 등장한다. 그러므로 이 대목은 소설 속에서 단지 호암 아트홀이라는 상징을 써먹기 위해서 파편적으로 편입되었다는 느낌을 준다. 박태자와 시간강사 '임' 사이에 진행되는 에피소드 역시 좀 더 섬세한 맥락 속에서 전개되어야 하지 않았을까 싶다. "적도 생각할 수 있다"는 깨달음과 "누군가의 평생을 망쳐버린다는 건 아무래도 흥분되는 일이다"로 표현되는 박태자의 원초적 악마성에 대한 묘사는 흥미롭지만, 작품 전체의 구도 속에서 치밀하게 맥락화되지는 못한 것으로 보인다. 결말 역시 미진하기는 마찬가지이다. 무엇보다도 박태자의 끔찍한 죽음으로 인해 소설의 말미에서 팽팽한 긴장관계를 이루고 있던 펫숍 삼촌과 한창림의 대립 구도가 설득력 있게 해소되지 못한 채 목화밭에 대한 환영(幻影)으로 슬그머니 마무리되는 장면은 분명 아쉽다. 특히 그토록 원초적인 야수성의 소유자인 한창림이 펫숍 삼촌으로 인해 최고조로 타올랐던 적개심을 표출할 기회가 주어지지 않았다는 점은 정말 안타깝지 않은가. 펫숍 삼촌의 존재로부터 보다 더 치명적인 폭력이나 엽기적 정황을 이끌어낼 수는 없었을까. 이러한 아쉬움은 펫숍 삼촌이라는 캐릭터 자체가 그만큼 모호하기 때문에 발생하는 점도 있을 것이다.

전반적으로 소설을 통해 제기되었던 다양한 문제들이 충분히 마무리되지 않은 채 갑자기 결말로 치닫는다는 점, 소설의 주제와 연관된 문제의식을 작가가 무리하게 제시하기 위해서 몇몇 에피소드들 부자연스럽게 삽입했다는 점, "어둠이 초고속으로 몰려들고 있었다", "이제 안부는 없다. 개 먹이가 됐거든! 됐지?"에서 볼 수 있다시피 때때로 어색한 문장이 발견된다는 점 등등이 『목화밭』의 형식적 결함이 아닌가 판단된다.

물론 내용적 측면에서만 보면 백민석의 작품에 현실적인 맥락이나 논리정연한 인과관계, 유기적 구성을 요청하는 것은 부차적인 문제 제기일지도 모른다. 『목화밭』 자체가 그러한 고전적인 소설의 덕목에서 자유로운 파격적인 소설이기 때문이다. 그러나 주제의 특이함과 엽기적 상상력이 형식적인 취약함에 대한 방패막이가 될 수는 없으리라. 모든 뛰어난 작품은 그 파격적이며 비현실적인 내용 속에서 또 하나의 정교한 형식과 생생한 리얼리티를 확보하고 있는 것이 아닐까. 파격적이며 일탈적인 주제일수록, 형식과 구성, 문장에 한층 세심한 주의를 기울이는 것이 필요하다는 사실을 『목화밭』은 보여준다. 지금까지 언급한 의미에서, 『목화밭』을 일컬어 "눈을 뽑아내고, 시체를 모독하는 것은 '엽기적' 인

소재는 될 수 있을지언정 엽기적인 '문학'이 될 수는 없다"는 이명원의 지적[35]은 설득력이 있다고 생각된다.

황종연은 임규찬, 윤지관 등을 비롯한 창비 진영 비평가들이 모더니즘 작품을 지나치게 내용 중심적으로 읽는다고 질타한 바 있다. 그는 임규찬을 비판하면서, "문학작품을 다루면서 스타일이나 기법보다 사회적인 의식이 더욱 '근원적인' 문제라고 보는 것은 동의하기 어려운 리얼리즘론의 편견이다"[36]라고 말하고 있다. 또한 그는 백민석에 대한 윤지관의 비평을 비판하면서 "백민석의 모더니즘 작품에서 윤지관이 읽어내고 있는 것은 그의 타자가 아니라 그 자신이다"[37]라고 언급하고 있다. 그런데 정작 황종연은 『목화밭』의 한계가 엽기적이며 파격적인 내용을 충분히 받쳐주지 못하는 형식과 구성의 엉성함에서 연유한다는 사실을 인식하지 못하는 것은 아닐까. 그가 「소설의 악몽」을 통해 진정으로 보여주고자 했던 것은 그 자신의 현란한 비평적 전략이 아니었을까.

내용 위주의 독법이 지닌 문제는 기본적으로 작품의 질과 문학성에 대한 섬세한 판별이 이루어지기 힘들다는 점에 있다. 이러한 측면에서 보면, 역시 『문학동네』 편집위원인 신수정의 다음과 같은 『목화밭』에 관한 평은 작품의 문학성을 임의적으로 규정한 연

35 | 이명원, 「엽기적 강박관념과 머리로만 쓰는 이야기꾼」, 한겨레신문 2000.4.24.
36 | 황종연, 「모더니즘에 대한 오해에 맞서서」, 『창작과비평』 2002년 여름호, 243쪽.
37 | 위의 글 255쪽.

후에, 그것을 광고의 언어로 번역한 것에 가깝다.

> 이 소설을 읽기는 쉽지 않다. 장르주의 소설로 읽기에는 너무나 건조하고 작가주의 소설로 읽기에는 무언가 편하지 않다. 무엇보다도 인간 존재를 둘러싼 이 끔찍한 진실을 마주 대하고 싶지 않다. 그렇다면 대성공 아닌가. 무릇 **최고의 소설**은 언제나 우리를 외면하고 싶은 진실 속으로 초대하고 있기 때문이다.[38]

위의 대목은 읽기에 불편한 소설이라는 작품의 독서 유형을 별다른 근거 없이 '최고의 소설'이라는 작품 평가의 항목으로 대체시키고 있다. "우리를 외면하고 싶은 진실 속으로 초대하는" 소설, 혹은 끔찍한 소재를 내세운 읽기 힘든 소설이라는 항목은 사실 작품성의 문제나 작품의 평가와는 근본적으로 다른 범주이다. 그것은 읽기에 쉽고 재미있는 소설이라고 해서, 가치 없는 소설이라고 판단할 수 없는 것과 같다. 이렇게 다른 범주의 항목을 교묘하게 연계시키면서, 신수정은 『목화밭』을 '최고의 소설'로 격상시키고 있는 것이다. 이처럼 무책임한 비평이 실제로는 '최고의 소설'을 난립하게 만들어, 문학의 위기를 가져온 중대한 원인이라는 것을 인식해야 되지 않을까.

여기서 한 가지 분명히 할 사실이 있다. 그것은 『목화밭』에 대

---

**38** | 신수정, 「백민석의 '목화밭 엽기전' : 신수정의 문학리뷰」, 국민일보 2000.3.22.

한 과잉 해석과 주례사 비평에 대한 비판이 작가 백민석의 문학적 재능과 잠재력에 대한 원천적 부정으로 해석될 수는 없다는 사실이다. 앞에서 언급한 몇 가지 약점에도 불구하고, 『목화밭』에서 백민석이 보여준 여러 가지 재능, 가령 새로운 문화적 취향을 작품화하는 동물적인 감수성, 수컷의 원초적 야수성을 생생하게 표현하는 그만의 문체, 다양한 문화정보를 성실하게 수용하고 조합하는 능력, 소설 속에서 문화적 · 사회적인 문제의식을 다양하게 설정하는 폭넓은 시야 등은 백민석의 문학적 잠재력을 분명하게 확인시켜준다고 하겠다.

백민석은 지금까지 쓴 작품보다 앞으로 써야 할 작품이 많은 작가이다. 이제 백민석의 문학적 잠재력은 적절한 비판과 조언, 통렬한 문제 제기를 통해서 한층 구체적으로 현실화되어야 한다. 백민석 문학의 새로운 갱신은 주례사 비평을 넘어서는 바로 그 자리에서 시작될 것이다.

## 8. 자기 정체성의 경계를 가로지르는 탈주를 위하여

황종연은 『목화밭』을 평하면서, "『목화밭 엽기전』은 앞으로 한동안 창조적, 비판적 의식을 끊임없이 괴롭힐 소설의 악몽이다. 아마도 이 악몽을 해석하고, 활용하고, 처치하는 가운데 한국 소설은 새로운 원년을 이룩할 것이다"(308쪽)라고 썼다. 이러한 표현이 『목화밭』에 대한 세련된 의미부여라는 생각은 들지만, 과연 황종연의 주장이 얼마나 합리적 근거가 있는 것인지 나는 모르겠다. 다만, 분명히 말할 수 있는 것은 황종연의 「소설의 악몽」은 앞으로 한동안 창조적, 비판적 비평을 쓰고자 하는 비평가에게 끊임없는 성찰거리를 던져주는 문제적 비평이라는 사실이다. 아마도 「소설의 악몽」에 대해서 비판하고 성찰하고 논의하는 과정 속에서 한국 비평은 새로운 갱신을 이루어 갈 것이다.

황종연은 최원식에 대한 비판을 전개하면서, "자신이 하고 있는 비평의 관행 자체를 성찰의 대상으로 삼고 문학의 창조성을 굳건하게 만드는 사색에 나서야 한다는 것은 이제 현장에 있는 비평가라면 너나없이 짊어진 과제"[39]라고 천명한 바 있다. 나는 황종연의 이러한 발언이야말로 과잉 해석이나 주례사 비평에 대한 문제 제기의 필요성을 가장 적합한 언어로 표현하고 있는 대목이라고 생각한다. 우리 시대 작가들이 성찰적 자기 갱신을 통해 "문학의 창조성"을 모색하는 과정에서 커다란 장애물로 작용하는 비평적 습속이 바로 이른바 주례사 비평과 과잉 해석이 아닌가. 그러한 의미에서 나는 황종연이 위의 발언을 자신의 비평에 대한 가열한 성찰로 되돌려놓기를 희망한다. 그래서 "권력과의 진정한 싸움의 단초는 나를 자기 부정의 매질 앞에 방치하는 마조히즘, 나 자신을 비루하게 만드는 난동, 나의 정체성의 경계를 가로지르는 탈주에

39 | 황종연, 「살아 있는 혼돈을 위하여」, 『문학동네』 2001년 겨울호, 439-440쪽.

있다"[40]는 황종연의 주장이 스스로에게 던지는 결연한 다짐이 되기를 기대한다. 위의 표현이 단지 장식적 수사가 아니라는 사실을 보여주기 위해서는 그야말로 비평가 황종연을 둘러싼 몇 가지 정체성에 대한 투명한 응시가 요청될 것이다. 서양이론에 해박한 한국 근대문학 연구자로서의 황종연, 신흥 문학권력으로 급부상한 『문학동네』 편집위원 황종연, 서정주와 조연현을 배출했던 이른바 문협정통파 학맥의 계승선상에 있는 동국대 국문과 교수 황종연, 이러한 자기정체성의 경계를 가로지르는 탈주를 보여주었을 때, 황종연의 비평은 진정으로 갱신될 것이다. 이 평문이 황종연 비평의 성찰과 쇄신에 조그만 단초라도 된다면, 이 글의 최소한의 의미는 충족되는 것이다.

모든 비판적 행위가 그러하듯이, 이제 비판의 칼날은 이 단행본의 필자들에게 다시 돌아올 것이다. 그리하여 나는 다시금 이 책에서 다양한 방식으로 표출되고 있는 비판적 글쓰기와 메타 비평에 대한 근본적인 성찰이 전개되기를 희망한다. 물론 이를 위해서는 비판의 주체뿐만 아니라, 비판 대상의 열린 참여가 필요할 것이다. 황종연의 진지한 비판에 의해서, 비판적 메타비평이 스스로를 되돌아보면서 한 발짝 진전할 수 있는 빛나는 계기를 얻게 되기를 염원한다.

그래서 당신과 우리는 '논쟁'을 통해서 성장할 것이다. 스스로

---

40 | 황종연, 「살아 있는 혼돈을 위하여」, 『문학동네』 2001년 겨울호, 461쪽.

의 지독한 상처까지 응시하게 만드는 그러한 논쟁적 대화의 과정이 없다면, 우리 비평가들은 앞으로 우울한 '비평의 감옥'을 서성이게 될지 모른다. 그 감옥에 아무리 화려한 언어의 성찬이 존재하더라도, 그곳이 감옥이라는 사실은 변하지 않는다. 화사하기에 더욱 부박한 '비평의 감옥'. 이제 우리 시대의 비평은 비평정신의 퇴행에 저항하고 논쟁문화의 성숙을 위해 더 많은 상처를 필요로 하는 것인지 모른다. 당신과 우리들의 상처를.

그래서…… 뼈저린 상처를 스스로 껴안은 사람만이 저 완강한 비평의 감옥에서 탈주할 수 있을 것이다. 혹시라도 자기 확신과 현학, 호승심, 나르시시즘, 위선적 도덕주의, 가짜 성찰, 지적 우월감, 자기 비하, 관념적 진보주의, 중심에 대한 굴종, 기지촌 지식인 근성 등등으로 채워질 수도 있을 당신과 우리들의 상처를.

(권성우 외 『주례사 비평을 넘어서』, 한국출판마케팅연구소, 2002.8)

보유

이 글은 황종연의 글 「소설의 악몽」〔백민석 장편소설 『목화밭 엽기전』(문학동네, 2000)의 해설〕에 대한 비판적 문제제기에 해당하는 글이다. 이 글이 발표된 후, 황종연은 경향신문 기사를 통해, "비평에 대한 생각부터 서로 다른 것 같다"면서 "계간 문학동네 겨울호쯤에 생각을 정리해서 발표할 것"(경향신문 2002.8.19)이라고 밝힌 바 있다. 그러나 그 이후 황종연의 입장은 구체적인 글로 발표되지 않았다.

# '비판을 위한 비판', 그 맹목적 글쓰기에 대하여

류보선의 비판에 답한다.

## 1. 논쟁의 위기를 돌파하기, 혹은 모독을 견디는 힘

말의 진정한 의미에서 비판과 논쟁의 의미와 역할은 무엇일까. 류보선의 글 「'비판적 글쓰기', 혹은 대중기만으로서의 비판」(『문학동네』 2001년 겨울호)을 읽으면서 나는 비판과 논쟁을 둘러싼 이러한 근원적인 문제에 대해서 생각해 보았다. 비판이란 상대방의 글에 나타나는 모순과 한계를 지적하는 과정을 통해, 상대방으로 하여금 자기 갱신과 성찰을 촉구하는 행위라고 할 수 있다. 또 다른 한편, 비판은 상대방의 잘못된 논리와 행태에 대해서 준열하게 고발하는 차원에서 전개될 수도 있을 것이다. 그 어느 쪽이건 간에, 비판은 근본적으로 대화적인 게임에 해당된다. 이러한 두 가지 비판은 물론 상대방의 다른 반응을 유도하겠지만, 근본적으로 유의미한 비판 방식이다.

그런데 만약 그 비판이 상대방이 도저히 수긍할 수 없는 비판, 온갖 논리적 비약과 오류로 이루어진 '비판을 위한 비판'에 해당된다면, 그러한 비판의 의도와 맥락은 무엇인가. 그러한 비판의 목적이 과연 대화와 논쟁에 있는 것일까. 오히려 그러한 비판은 논쟁의 섬세한 맥락을 따라가면서 조금이라도 유의미한 논쟁을 전개하고자 하는 의지보다는, 상대방에게 타격을 주고자 하는 '비난의 수사학적 전략'에 의해 추동되고 있는 것이 아닐까. 나는 최근에 씌어진 남진우의 필자 비판과 더불어, 류보선의 비판을 읽으면서, 논쟁 상대방의 논지를 일방적으로 왜곡하고 자의적으로 단정하는 방식을 통해 상대방의 정당한 문제제기를 탈색시키고 그 이미지를 훼손코자 시도하는 새로운 비판(?)의 방식을 목도할 수 있었다.

물론 이러한 비판에 대해서도 성실하고 적극적으로 대응해야 하리라. 하지만 안타까운 것은 이러한 '비판을 위한 비판'에 대응하는 과정은 피치 못하게 자신의 논리에 대한 근거 없는 모욕과 정면으로 마주치는 과정이기도 하다는 사실이다. 더더욱 안타까운 것은 이러한 방식의 논쟁이 제 삼자에게는 당연히 진흙탕 논쟁으로 비추어질 수밖에 없다는 사실이다. 사실 남진우나 류보선과 같은 논자들이 궁극적으로 의도하고 것은 바로 '논쟁의 파탄'인지도 모른다. 사람들은 논쟁의 섬세한 맥락이나 세부적 진실, 주장의 차이에는 별다른 관심이 없다. 그들은 논쟁으로 생성된 표면적인 이미지로 각기 다양한 관점을 지닌 논자들을 일률적으로 판단한다. 이러한 과정을 통해, 애초에 비판적 글쓰기를 수행한 논자들이 비판을 통해서 제기하고자 했던 문제의식은 희석되고, 논쟁에 대한 앙상한 이미지만 남는 것이다. 이러한 '논쟁의 위기'를 어떻게 극복하는가 하는 점이 지금 이 시대의 비판적 글쓰기를 수행하는 논자들의 일대 과제라고 생각된다.

아마도, 논쟁이 상대방의 '비판을 위한 비판'에 의해 비합리적인 구도로 흘러갈수록, 진정으로 필요한 것은 비판의 기본적인 목적과 초발심을 견지하는 것이리라. 아울러 상대방의 비판에 대한 튼튼한 내성을 키우는 것도 이 시대에 비판적 글쓰기를 수행하는 사람들에게 절실하게 필요한 덕목일 것이다. 그렇다. 자신의 문학적 입장에 대한 모독까지도 스스로 견딜 수 있을 때, 수렁에 빠진 논쟁의 맥락을 다시 정상적으로 복원하여 비판의 탄력성과 합리성을 한층 가다듬을 수 있을 것이다.

거시적으로 보면, 이러한 치열한 논쟁은 진작에 전개되었어야 했는지도 모른다. 사실 논쟁의 위기는 논쟁의 가능성의 다른 이름이다. 아직도 우리 지식인사회와 문단은 '차이'에 대한 섬세한 감각이 없다. 서로의 차이를 제대로 느끼고 무엇이 다른지를 격렬하게 확인할 수 있을 때, 그 자리에서 우리는 비로소 자신의 고유한 얼굴과 정체성을 발견할 수 있을 것이다. 나는 이번 문학권력 논쟁을 통해, 특히 비평가들이 자신의 고유한 비평적 정체성에 대해 다시 한번 생각해 보는 기회를 갖게 되기를 소망한다. 아울러 과연 권성우와 남진우, 류보선이 어떤 다른 글쓰기를 전개하고 있는지에 대해서 구체적으로 확인해보기 바란다. 그러한 차이들을 면밀하게 확인하는 고통스러운 과정이 없다면, 우리 지식인 사회와 문단은 언젠가는 또 다시 지적 몽매주의에 빠지게 되리라.

이 글은 류보선의 글 「'비판적 글쓰기', 혹은 대중기만으로서의 비판」에 대한 반론이다. 나는 류보선의 글을 읽고, 문학동네 측에 수 차례에 걸쳐서 정식으로 반론권을 신청했다. 그러나, 문학동네 측은 필자에게 반론권을 부여하지 않겠다고 전했다. 그래서 이 글이 저널룩 『인물과 사상』에 수록된 것이다. 문학동네 측의 반론 거부는 적어도 필자와 남진우, 류보선의 논쟁에 있어서, 열린 대화를 거부하는 쪽이 어느 쪽인가 하는 점을 선명하게 보여준다. 물론 그 어떤 문학적 사안에 관계없이 반론권이 자동적으로 보장될 수는 없을 것이다. 가령, 반론의 인신공격성 여부를 둘러싸고 반론권의 보장과 연관된 논쟁을 벌이고 있는 강준만, 개마고원/남진우, 문학동네 사이의 대립은 반론권의 보장 문제가 생각보다 단순치 않다는 점을 분명하게 보여준다.

그러나 적어도 류보선의 글에 대한 필자의 반론 신청을 거부한 문학동네의 행태는 결코 이해될 수 없다. 그것은 다음과 같은 이유에서 그러하다. 우선, 문학동네 측이 필자의 반론이 씌어지지도 않은 시점에서 반론권 신청을 거부하고 있다는 점, 아울러 필자와 류보선의 논쟁은 적어도 최근에 남진우가 발표한 「권성우에게 답함」이나 문학동네 측의 김정란 비판에 해당되는 「가짜 귀신 소동」

과 같이 인신 공격 여부가 문제되는 논쟁과는 거리가 멀다는 점, 그리고 한 문예지가 특집에 포함된 한 편의 독립적인 글을 통해 특정한 비평가를 전면적으로 비판하는 경우는 이례적이며 따라서 그 비판에 대한 반론을 수용하는 것은 너무나 당연하다는 점 등에서 문학동네 측의 몰상식적 행태는 비판받아 마땅하다.

특히, 반론이 씌어지지 않는 상태에서, 말하자면 구체적인 반론을 읽어보지도 않은 상태에서 반론을 원천적으로 거부하는 문학동네의 입장은 류보선의 권성우 비판이 대화나 정당한 비판의 차원에서 씌어진 글이라기보다는 일종의 치고 빠지는 차원에서 씌어진 평문에 가깝다는 사실을 여실히 보여주고 있다. 이러한 사실은 문학동네가 아직까지도 인터넷 홈페이지의 자유게시판을 폐쇄하고 있다는 문제와 더불어 문학동네 측의 반대화성을 분명히 인식시켜주고 있다(애초에 문학동네 측은 재작년 겨울에 새로운 게시판 개편작업이 끝나는 대로 자유게시판을 다시 열겠다고 약속한 바 있다).

『문학동네』의 편집주간은 이번 겨울호의 「비평과 정치」라는 제하의 특집의도에 대해서 필자가 문의하자, 최근에 최원식의 『문학의 귀환』과 필자의 『비평의 희망』이 발간되었다는 사실이 두 사람의 비평가가 이번 특집에 포함된 이유 중의 하나라고 말한 바 있다. 그런데 여기서 나는 분명하게 문제를 제기하고자 한다. 최원식에 대한 황종연의 평문은 대부분 『문학의 귀환』을 중심으로 전개되고 있는 반면에, 필자에 대한 비판에 해당하는 류보선의 글은 신작비평집인 『비평의 희망』을 거의 다루지 않고 있다. 이러한 사실이 함축하고 있는 의미는 무엇일까. 과연 『문학동네』 측은 무슨 의도로 필자의 비판적 글쓰기에 대한 비판을 특집기획에 포함시킨 것일까. 이와 연관하여 『문학동네』 2001년 겨울호의 서문은 중요한 암시를 던지고 있다. 예를 들어, 다음과 같은 대목을 보자.

> '문학권력론' 이라는 이름으로 행해지는 끈질기고도 공허한 문학 행태론을 비롯 민족문학론이나 현실주의론 등 우리 문학이 창안하고 발전시켜온 저 오래된 화두로부터 최근 9.11 테러와 문학의 관계에 이르기까지 문학과 정치의 상관관계를 다시 한번 궁구해볼 필요가 있다는 판단을 내리게 된 것도 바로 그 때문이다. 각각의 사안들은 동일한 지평에서 논의하기엔 다소 무리다 싶을 정도로 다양한 스펙트럼을 자랑한다.

그렇다. 문학동네가 스스로 자인한 대로 그처럼 성격이 다른 다양한 논의들을 '문학과 정치' 라는 하나의 특집에 소화하는 작업은 분명 "무리"일 것이다. 이러한 대목은 명백한 "무리"를 자행하더라도, 『문학동네』 지면이라는 상징권력을 활용하여, 문학권력 비판자들에 대한 적극적인 견제와 배척을 시도하겠다는 문학동네 측의 집요한 의도를 되비추고 있다. 그러나 더 중요한 것은 각각의 글들이 지닌 함량과 문제의식이 아닐까. 전체 특집이 다소 무리하게 엮이더라도, 그 각각의 글들이 정확하고 예리한 문제의식을 보여준다면, 전체 기획의 문제점은 어느 정도 희석될 수도 있을 것이다. 아울러 그러한 비판에 의해 필자를 포함한 비판의 대상자들은 모처럼 제대로 된 자기 돌아봄의 기회를 부여받을 수도 있을 것이다. 그러나 류보선의 글은 이러한 가능성을 원천적으로 차단시키고 있는 함량 미달의 비판에 해당된다.

논쟁의 과정에서, 성실하고 진지한 비판을 만나면 논쟁은 즐겁고 비판정신은 성장한다. 그러나 항상 그러한 비판을 만날 수 있는 것은 아닐 것이다. 오류와 왜곡으로 가득 찬 부실한 비판에 대하여 제대로 반론을 제기하는 것도 역시 논쟁의 소중한 국면이자 유의미한 역할일 것이다. 이에 따라 이 글은 류보선의 글에 나타난 문제점들을 하나하나 구체적으로 지적하는 과정을 통해, '비판을 위한 비판', 그 맹목적인 글쓰기의 치명적인 문제점을 드러내고자 하는 의도에 의해 씌어진다.

## 2. 비판적 글쓰기를 어떻게 볼 것인가?

류보선은 글의 앞부분에 해당되는 1장 「비판과 '비판적 글쓰기'의 거리」에서 주로 문학장에서 전개되는 비판적 글쓰기 일반에 대해서 비판하고 있다. 이 부분은 비판적 글쓰기를 조망하는 류보선의 편향된 시선을 뚜렷하게 보여주고 있다는 점에서 주목된다. 류보선은 평문의 모두를 다음과 같이 시작하고 있다.

> 아직도 이른바 '비판적 글쓰기' 라는 독특한 형식의 글들이 문학비평이라는 이름으로 계속 발표되고 있다니 놀라운 일이다. 도대체가 지금의 '비판적 글쓰기' 에는 계속 논의될 만한 어떠한 쟁점도 문제의식도 보이질 않는 것이다. 그런데도 '비판적 글쓰기' 는 계속되고 있다니.(462쪽)[1]

이러한 대목은 비판적 글쓰기에 대한 류보선의 이해가 참으로 박약하다는 사실을 역연히 보여주고 있다. 우선, 비판적 글쓰기라는 비평 양식이 단지 특정한 시기에 집중적으로 진행되었다가 그 소임을 다하면 소멸되는 한시적인 글쓰기가 아니라는 사실을 인식해야 되지 않을까. 가령, 한 사회의 문제점을 지적하고 권력집단을 견제하는 언론의 기능은 그 사회가 존재하는 한 지속적으로 필요할 것이다. 그러한 언론의 비판이 계속된다고 해서, 우리는 그 비판을 동어반복이라고 표현하지는 않는다. 문학 분야 역시 마찬가지일 것이다. 문단의 문제점과 불합리한 관행, 부정적 현상이 조금이라도 존재하는 한, 비판적 글쓰기는 중단될 수 없는 것이다. "도대체가 지금의 '비판적 글쓰기' 에는 계속 논의될 만한 어떠한 쟁점도 문제의식도 보이질 않는 것이다"라는 진술 역시 류보선이 최근의 문학권력 논쟁과 비판적 글쓰기를 조망하는 일방적

---

1 | 류보선, 「'비판적 글쓰기', 혹은 대중기만으로서의 비판」, 『문학동네』 2001년 겨울호. 인용문 뒤의 숫자는 이 글이 수록된 해당 호 『문학동네』 지면의 쪽수를 의미한다.

시선을 재확인해 줄뿐이다. 이른바 문학권력 논쟁만 하더라도 수없이 다양한 스펙트럼을 지니고 있으며, 지속적으로 새로운 쟁점이 생성되고 있다. 예컨대 동인문학상 논란을 비롯하여 『문학과사회』 비판, 김정란 논쟁, 서정주 논쟁, 이문열 논쟁, 『창작과비평』 비판 등 지속적으로 생성되는 새로운 쟁점들을 보라. 또한, 이 즈음의 비평적 논의와 연관하여, '남진우의 감정적인 글쓰기를 어떻게 볼 것인가?' 라는 주제 역시 최근의 새로운 쟁점이라고 볼 수 있을 것이다. 그런가 하면, 강준만이 『인물과사상』(제20권)에서 제기한 윤지관-백낙청 비판 역시, 지금까지 문단에서 한번도 공식적으로 발의된 적이 없었던 새로운 문제제기에 해당된다. 그렇다면 비판적 글쓰기에 더 이상 논의될 어떠한 쟁점도 보이지 않는다는 류보선의 주장은 너무 오만하거나 둔감한 관점이 아닌가.

### 포괄적인 주장을 통한 논점의 왜곡

류보선은 "이들은 '비판적 글쓰기' 의 한 실천 형태로 '문학권력 비판' 을 그들의 핵심적인 목표로 제시하는데, 이때까지만 해도 이들에 대한 우리의 기대가 충족되는 것처럼 보였다"(464쪽)라는 의례적인 발언을 한 이후에 다음과 같이 지적하고 있다.

> '비판적 글쓰기' 의 논자들은 동시대문학의 핵심적이고 본질적인 구성요소로 그 이전까지는 어느 누구도 주목하지 않았던, 비합리적이고 직접적인 계기를 지목해낸다. 바로 '출판사나 문학잡지에 관

계하는 문학비평가의 행태'이다. 그들이 문제삼는 것은 1990년대 한국 문학비평의 논리도, 그것을 구성하고 있는 담론의 질서도 아니다. (465쪽)

위의 주장은 온통 엉성한 논리적 비약으로 채워져 있다. 굳이 말하자면, 비판적 글쓰기를 수행하는 논자들은 출판사나 비평적 에콜의 이해관계에 종속된 비평가들의 편파적인 비평 행태에 대한 비판작업을 비롯한 다양한 형태의 비판을 수행해 왔다고 할 수 있다. 그러나 류보선은 "출판사나 문학잡지에 관계하는 문학비평가의 행태"라는 포괄적인 규정을 통해 논점을 왜곡하고 있다. 도대체 어떤 비평가가 출판사와 문학잡지에 관여한다는 사실 자체만으로 문제제기를 했다는 말인가? 류보선 식으로 말하자면, 필자를 포함한 김정란, 김명인, 이명원, 하상일, 홍기돈 등등의 비판적 글쓰기를 적극적으로 수행한 비평가들도 출판사와 문학잡지에 관계하는 문학비평가에 해당된다. 그러므로 중요한 것은 어떠한 방식의 관여인지, 어떠한 방식의 행태인지를 면밀하게 규명하는 작업이 아니겠는가. 그리고 그 비평가들의 행태가 "동시대문학의 핵심적이고 본질적인 구성요소"라는 주장 역시 류보선의 과대망상에 불과하다. 물론 문학판에서 비판적 글쓰기를 수행하는 논자들은 출판사와 비평적 에콜에 종속되어 편파적 비평을 남발하는 비평가들에 대한 비판적 분석이 우리 문학의 합리적 발전과 공정한 평가를 위한 소중한 계기가 될 수 있다고 본다. 그러한 비판은 문학행태론의 중요한 주제일 수 있다. 그러나 그 비평가들의 행태를 곧바로 "동시대문학의 핵심적이고 본질적인 요소"로 간주할 만큼, 그리하여 단지 몇몇 비평가의 주장과 태도에 의해 특정한 시대의 문학적 본질이 규정될 만큼 문학장이 단순하지는 않을 것이다.

한 시대의 문학이라는 거대한 구조는 대단히 복합적이며, 중층적인 요인에 의해서 구성된다. 특정한 이해관계에 종속된 편파적인 비평가들의 행태에 대한 비판은 공정한 문학적 평가를 수행하고 진정한 다양성을 확보하기 위해서 절실하게 요청되는 작업 중의 하나일 따름이다. 비판적 글쓰기를 수행하는 그 어떤 비평가도 류보선의 주장처럼 비판적 글쓰기와 문학장에 대해서 그토록 거칠게 생각하지 않는다는 사실을 여기서 강조해야겠다.

아울러 류보선은 "'출판사나 문학잡지에 관계하는 문학비평가의 행태'"에 대한 지목이 "그 이전까지는 어느 누구도 주목하지 않았던, 비합리적이며 직접적인 계기"라고 주장하고 있는데 이 역시 전혀 근거 없는 주장에 불과하다. 이른바 출판자본이나 문학에콜의 논리에 종속된 비평가들의 편파적 비평 행위에 대해서는 1990년대 내내 지속적으로 문제제기가 이루어져 왔으며[2], 그 이전에도 가령 황국명 등의 『문학과지성 비판』(1988)이라는 단행본에서 볼 수 있다시피, 특정한 비평적 해석공동체에 대한 구조적인 문제제기도 수행되었던 것이다. 다만, 이전에는 비판이 전면화되

---

**2** | 강준만의 「평론가는 출판자본의 파출부인가?」(『문학권력』 개마고원, 2001.12)를 보라.

지 못하고 익명 비판에 머물러 있었음에 비해서, 최근에는 그 비판이 구체적인 실명 비판과 전면적인 비판으로 나아가고 있다는 점에서 차이가 있는 것이다.

류보선의 이처럼 엉성한 비판은, "그들이 문제삼는 것은 1990년대 한국 문학비평의 논리도, 그것을 구성하고 있는 담론의 질서도 아니다"라는 식의 배타적인 주장으로까지 나아간다. 비판적 글쓰기를 전개하는 문학비평가들의 메타비평 역시 한국 문학비평의 논리를 재구성하려는 노력에 해당되며, 새로운 담론의 질서를 창출하려는 시도에 다름 아니라는 사실을 류보선은 정녕 인식하지 못하는 것일까. 류보선의 이러한 주장은 어떻게 해서든지 비판적 글쓰기를 수행하는 비평가들을 비평문학의 장에서 배제시키고자 필사적으로 노력하는 그 자신의 욕망만을 도드라지게 만들 뿐이다.

### 비판적 글쓰기에 대한 편견과 맹목

비판이 설득력을 확보하기 위해서는 적어도 상대방이 왜 그러한 비판을 하는 것인지에 대해서 한번쯤 진지하게 사유하는 과정을 거쳐야 할 것이다. 그러나 류보선은 이러한 상호 대화에는 전혀 관심이 없다. 그에게는 무엇보다도 비판적 글쓰기를 수행하는 논자들에게 타격을 주고자 하는 마음이 앞선다. 가령, 다음과 같은 예문은 류보선의 이러한 심리를 여실히 보여주고 있다.

이들이 그려낸 지독한 한국문학 지도 앞에서 우리가 할 수 있는 일이라곤 도대체 무엇이 이들로 하여금 동시대의 문학현상에서 한국문학을 구성하는 보편적 계기들(예컨대 근대성, 문학성, 작가의식, 주체성, 계급성, 총체성, 분단, 자아의 분열, 식민지 근대 등)과 문학사적 맥락을 다시 회복할 수 없는 방식으로 도려내게 했는가 망연자실해 하는 것뿐이다. (466쪽)

나는 류보선의 이러한 주장을 보면서 류보선과는 완전히 다른 의미에서 망연자실할 수밖에 없었다. 비판적 글쓰기의 기본 정신은 학맥, 인맥, 문학적 패거리 등의 불합리한 구조를 혁파하면서 왜곡된 "근대성"을 제대로 잡으려는 소중한 계몽적 노력에 맞닿아 있다. 아울러 비판적 메타비평은 편파적이며 불공정하게 구성되는 "문학성"의 개념을 비판적으로 재해석하여, 문학적 "주체성"과 합리성을 확보하려는 노력으로 볼 수 있을 것이다. 그 과정은 정당한 "문학사적 맥락"을 정립하기 위한 비평적 도정이기도 할 것이다. 류보선은 무슨 근거로 비판적 글쓰기가 근대성이나 문학성, 주체성 등을 도려내고 있다고 생각하는 것인가? 그리고 최근 몇몇 문학비평가들이 수행하고 있는 비판적 글쓰기가 도대체 자아의 분열이나 식민지 근대, 계급, 분단 등등의 이질적인 층위와 어떤 구체적인 연관성을 맺고 있다는 것인가?

그 각각의 주제는 비판적 글쓰기와는 다른 차원에서 심층적으로 분석되고 조망될 테마일 것이다. 비판적 글쓰기와는 상관없이, 자아의 분열이나 식민지 근대, 계급성에 대해서 진지하게 탐구하는 연구자나 비평가들은 무수히 많다. 나 역시, 비평가로서 자아의 분열이나 근대성이라는 주제에 관심이 많다. 비판적 글쓰기를 수행하는 논자들이 언제 자아의 분열이나 식민지 근대에 대한 글을 쓰지 말라고 공개적인 억압이라도 했다는 말인가? 완전히 다른 층위를 기계적으로 연계시키면서, 비판적 글쓰기의 맥락과 목적을 왜곡하는 류보선의 과장과 논리적 비약은 정말 사람을 "망연자실"하게 만드는 그 무엇이 있다.

## 문학인의 진정한 자존심

류보선은 다음과 같이 비판적 글쓰기가 문학에 대한 모독이라고 주장하고 있다.

> 한마디로 '비판적 글쓰기'는 문학의 존재 의의는 물론 문학인들의 마지막 자존까지를 훼손시킨 문학에 대한 모독에 다름 아니며, 이것이 푸코와 들뢰즈 식의 용어에 가려 보이지 않았던 '비판적 글쓰기'의 실제 모습이다. 하여간 이들의 '문학권력 비판'에는 우리가 기대했던 한국문학의 배제의 기준과 그것에 의해서 폐기처분된 것들에 대한 고고학적인 탐사 같은 것은 애초에 없었다. 하여, '비판적 글쓰기'의 '문학권력 비판'이 그 실체를 드러낸 순간 우리는 자연스레 그들에 대한 관심을 거두어들일 수밖에 없었다. (466쪽)

문학인의 진정한 자존심이란 무엇일까?, 그리고 문학의 진정한 존재 의의는 무엇일까? 굳이 "문학인들의 마지막 자존"과 "문학에 대한 모독"을 운위한다면 다음과 같은 방식으로 말할 수 있으리라. 즉, 어떠한 이해관계로부터도 자유로운 상태에서 주체적이며 독립적인 글쓰기를 전개하고자 노력했을 때 "문학인들의 마지막 자존"을 제대로 살릴 수 있는 것이 아닐까. 그리고 남진우의 「권성우에게 답함」(『황해문화』 2001년 겨울호)과 같이 악의적 왜곡과 인신 공격적 비판으로 이루어진 글이 바로 "문학에 대한 모독"에 해당되는 것 아닐까. 비판적 글쓰기가 문학인들의 마지막 자존심을 훼손시켰다고 주장하는 이 어이없는 논리적 비약 앞에서 나는 정말 류보선이 생각하고 있는 문학적 자존심의 실체에 대해서 묻고 싶다. 아울러 문학권력 비판에 류보선이 상정하고 있는 "고고학적인 탐사"가 포함되어야 할 어떤 의무라도 있다는 것인지 되묻지 않을 수 없다. 류보선이 "기대했던" 주관적인 요망사항을 왜 비판적 글쓰기 논자들이 충족시켜주어야 하는가. 이런 식이라면, 필자가 류보선이나 남진우에게 기대하는 바를 열거하면서 최근에 류보선이나 남진우의 글쓰기에 그러한 부분들이 결여되었다고 비판한다면, 과연 류보선과 남진우는 수긍하겠는가.

문학권력 비판은 이 시대의 문학에 관한 만능 열쇠가 아니다. 문학권력 비판은 대단히 첨예하고 민감한 문학적 영역에 대해서 구체적인 메스를 들이대는 매혹적이면서도 위험한 글쓰기일 수밖에 없다. 당연하게도 문학권력 비판은 그 제한된 영역에 포커스를 맞출 수밖에 없는 것이다. 이 부분은 딱히 문학권력 비판에만 해당되는 것이 아니라, 모든 분화된 글쓰기의 운명이다. 이러한 기본적인 사실을 몰각한 류보선은 문학권력 비판에 자신이 주관적으로 기대한 것이 없다고 지금 떼를 쓰고 있는 것 아닌가. 그리고 "'비판적 글쓰기'의 '문학권력 비판'이 그 실체를 드러낸 순간 우리는 자연스레 그들에 대한 관심을 거두어들일 수밖에 없었다"는 주장은 류보선이 비판적 글쓰기를 바라보는 근시안적 관점을 분명하게 보여주고 있다. 만약 류보선이 비판적 글쓰기에 대한 진정한 애정과 관심이 있다면, 비판적 글쓰기가 올바른 방향성을 잡을 수 있도록 면밀한 비판과 조언을 건네면서 지속적으로 논쟁적 대화에 참여하면 될 것이다. 그러나 류보선은 비판적 글쓰기와 문학권력 비판이 활성화된 지 고작 이삼 년이 지난 이 시점에서, 자신이 상정한 주관적인 잣대에 부합되지 않는다면서 이제 관심을 거두겠다고 말하고 있는 것이다. 이러한 류보선의 태도는 금방 혁명이 일어날 것처럼 목소리를 높이다가, 자신이 소망하는 방식대로 역사가 전개되지 않자, 쉽게 환멸과 좌절에 빠지면서 오히려 더 세속적으로 급변해간 저 80년대의 일부 좌익소아병자들의 행태를 떠올리게 만든다.

**과연 누가 '비판을 위한 비판'을 전개하고 있는가?**

류보선은 아래의 예문과 같이 비판적 글쓰기가 '비판을 위한 비판'에 머무르고 있다고 시종일관 주장하고 있는데, 독자들은 이 글을 통해 과연 누가 '비판을 위한 비판'에 해당되는 글쓰기를 진행하고 있는가에 대해서 분명한 판단을 내려주기 바란다.

> '비판적 글쓰기'가 행하는 비판이란 넘어서야 할 어떤 권위를 상정하고 또 권위 때문에 버려졌던 어떤 잠재적 가치를 복원하겠다는 궁극적인 목적이 뚜렷한 비판이 아닌, 목적 없는 비판이며 비판을 위한 비판임이 분명히 드러난 것이다. (467쪽)

류보선의 주장과는 달리, 최근의 비판적 글쓰기야말로 잘못된 권위와 중심에 저항하면서, 특정한 해석공동체의 편향적인 평가에 의해서 소외되고 배제된 다양한 글쓰기를 복원하고자 하는 시도이다. 그러므로 비판적 글쓰기는 뚜렷한 의도와 목적을 지니고 있다. 비판적 글쓰기의 의미와 필요성에 대한 명백한 확신과 목적의식이 있기에, 최근의 몇몇 비판적 글쓰기를 수행하는 논자들은 가령 이명원의 경우에서 목도할 수 있다시피 개인적인 상처와 불이익에도 불구하고 지속적으로 비판적 글쓰기에 전념하고 있는 것이다. 오히려 '비판을 위한 비판'을 시도하고 있는 논자는 류보선과 남진우와 같이 오로지 문학권력 비판자들을 문학장에서 배제시키겠다는 욕망에 현혹되어 부실한 정치적 글쓰기를 전개하는 비평가들이 아닐까. 이 글 자체가 류보선이 얼마나 '비판을 위한 비판'에 매몰되어 있는가를 입증하는 소중한 계기가 될 것이다.

지금까지 이 글은 류보선이 비판적 글쓰기를 비판하는 대목들을 구체적으로 재비판해 보았다. 여기서 무엇보다 강조하고 싶은 것은 비판의 구체성과 연관된 문제이다. 일단 류보선이 이른바 문학비평계에서 진행되는 '비판적 글쓰기'에 대해서 지금까지 인용한 바와 같이 혹독한 비판을 전개하고자 했다면, 최소한 자신이 비판하고자 하는 논자들을 구체적으로 규정한 연후에, 실제 텍스트 분석과 설득력 있는 논거를 통해 비판을 전개해야 하는 것 아닐까. 그러나 류보선은 어떤 구체적인 분석도 없이, 비판적 글쓰기 일반에 대한 부정적인 명제적 진술을 정말 다채롭게(?) 진술하고 있다. 남진우의 경우에서도 드러나듯이, 상대방이 제기한 분명한 쟁점에는 답하지 않으면서, 상대방에 대한 부정적인 진술만을 근거 없이 나열하는 것이 최근 비판적 글쓰기에 대해서 문제 제기하는 논자들의 한결같은 담론구사 방식에 해당된다.[3]

## 3. 비판과 매혹

비판적 글쓰기 일반에 대한 비판적인 분석을 전개한 연후에 류보선은 비판적 글쓰기를 대표하는 논자로, 그리하여 비판적 글쓰기의 기원과 형성 과정을 일목요연하게 보여주는 논자로 필자를

3 | 남진우의 이러한 면모에 대해서는 다음과 같은 남진우 비판을 참조할 수 있다.
* 강준만, 「글쓰기의 기본 윤리에 대하여」, 『인물과사상』 2002년 1월호.
* 권성우, 「심미적 비평의 파탄-남진우의 반론에 답한다」, 『문학권력』 (개마고원, 2001. 12).

지목하면서 필자의 비판적 글쓰기에 대한 비판을 수행하고 있다. 적어도 필자에 대한 비판은 류보선이 전개한 비판적 글쓰기 일반에 대한 비판에 비할 때 일말의 구체성을 담보하고 있다. 류보선은 필자의 초기 비평세계에 대해서 다음과 같이 언급하고 있다.

> 권성우는 자신의 초기 비평세계를 '비평의 매혹' 이라고 형용한다. 하지만 그의 초기 비평에 '비평의 매혹' 혹은 '매혹의 비평' 만이 있는 것은 아니다. 그곳에는 바로 '비판적 사유' 가 치밀하게 작동한다. 정확하게 말하자면 '비판을 통한 매혹' 혹은 '매혹을 통한 비판' 의 모습이 있으며, 그의 초기 비평의 밀도를 유지시키는 힘은 바로 이것이다. (중략) 권성우의 초기비평은 분명 '권위가 사람들에게 부과하는 진실을 그저 무조건 수용하지 않는 태도' 의 산물이라 할 만하다. 즉, 권성우의 초기 비평은 '매혹' 이자 동시에 '비판' 인 것이다. (470쪽)

이러한 류보선의 주장은 비교적 필자의 초기 비평세계에 대한 정확한 진단을 담고 있다고 판단된다. 물론 이러한 언급은 필자의 최근 비판적 글쓰기를 초기 비평세계와 대비하면서, 비판적으로 분석하고자하는 담론의 구도에서 나온 것이다. 그러나 이 대목은 필자가 초기에는 비판적 사유나 권력 비판에 전혀 관심이 없다가 이즈음 갑자기 비판적 글쓰기에 몰두한다는 남진우 식의 근거 없는 추정에 대한 반증으로 유효할 것이다.

류보선은 주로 필자의 비판적 글쓰기에 대해서 문제삼고 있다. 이 대목에서 그가 지속적으로 강조하고 있는 사안은 필자의 글쓰기가 1990년대 문학에 대한 애정과 매혹을 느끼지 못한다는 것이다. 류보선은 그러한 비판의 논거로 필자의 다음과 같은 주장을 인용하고 있다.

> 비평가로서, 나의 중요한 관심사는 '매혹'과 '비판'이다. 나에게 책읽기의 매혹을 선사한 텍스트와 정말 행복한 열애를 하고 싶다. 청아한 보석 같은 작품과의 만남으로 생성되는 자발적이며 행복한 비평 쓰기는 내 비평의 원초적 태도이다. 문제는 이러한 비평의 매혹을 가능케 하는 빛나는 작품을 점점 만나기 힘든 문학적 현실이다. 이 점을 앞으로 어떻게 극복해 나가느냐의 문제가 나의 비평적 현안이다. 아울러 순수한 비평의 매혹을 어렵게 만드는 야만적인 문학환경에 대한 응시는 자연스럽게 비판을 동반하게 된다. 여기서 비판은 문학다운 문학, 작품다운 작품의 탄생을 제한하고 왜곡시키는 모든 문학제도와 문학적 관행을 과녁으로 한다. 진정한 매혹을 위해서도, 진지한 비판이 절실하게 필요한 것이 아닐까? 비판이라는 지적 행위를 성실하게 통과했을 때, 나는 한결 밀도 높은 새로운 매혹을 얘기할 수 있는 것 아닐까? 궁극적으로 나는 아름다운 비판이 스며든, 그리하여 한 단계 버전업된 '비평의 매혹'을 꿈꾼다.[4]

---

4 | 권성우, 「권성우와의 인문학 데이트」, 『비평과 권력』(소명출판, 2001.7), 251쪽.

이러한 대목을 인용한 연후에 류보선은 필자의 최근 비평에 대해서 아래와 같이 지적하고 있다.

(가) **과연 어떤 작품들에게서 '매혹'을 느끼는지 모르겠지만, 권성우는 동시대의 문학에서 '매혹'을 느끼기 힘들다고 말한다.** 그리고 그 요인으로 야만적인 문학환경을 든다. 그래서 모든 문학제도와 문학적 관행에 대한 비판일 수밖에 없다는 것이다. (중략) 과연, 권성우의 '비판적 글쓰기'는 어떤 과정을 거쳐서 문학비평가의 별로 있을 것 같지도 않은 **악행을 감시하는 것만이 위대한 문학, 그의 표현을 따르자면 '매혹'적인 문학을 가능케 한다는 결론**에 다다른 것일까. (475쪽, 강조: 인용자)

(나) 권성우의 '비판적 글쓰기'가 안고 있는 가장 결정적인 문제 중의 하나는 실제비평이 없는 것이 아니라 동시대의 **그 수많은 문학작품 어느 하나에서도 '자발적이고 행복한 교감'을 얻지 못한다는 것이며,** 이 불감증에 이르게 된 원인을 자신에게서 찾지 않는다는 것이다. (475쪽, 강조: 인용자)

(다) 권성우는 지금보다 얼마나 더 좋은, 그리고 얼마나 더 낯설고 새로운 작품이 나와야 '매혹' 당하는 것일까. 혹시 권성우는 자신의 입론의 정당성을 고수해야 한다는 강박관념 때문에 '매혹'들을 애써 외면하거나 부정하는 것은 아닐까, 아니면 타자

> 와의 논쟁적 사랑을 강조하던 그의 핵심어는 허구적인 수사가 아닐까 하는 의문과 의구심이 들 정도로 **단호하게 1990년대 문학을 거부한다.** (476쪽, 강조: 인용자)

위의 예문들은 하나같이 자의적 왜곡과 근거 없는 단정으로 이루어져 있다. 필자는 분명히 "비평의 매혹을 가능케 하는 빛나는 작품을 점점 만나기 힘든 문학적 현실"이라는 표현을 구사했다. 당연히 이러한 발언은 "점점"이라는 부사가 시사하듯이 그 이전의 문학과 대비되는 상대적인 표현에 해당된다. 그러나 류보선은 필자의 이러한 상대적인 차원의 진술을 예문 (다)처럼 "단호하게 1990년대 문학을 거부한다"는 식의 확고한 명제적 진술로 왜곡시키거나, 예문 (나)에서 볼 수 있듯이 "그 수많은 문학작품 어느 하나에서도 '자발적이고 행복한 교감'을 얻지 못한다"는 식의 극단적인 주장으로 변질시킨다. 그런가 하면 예문 (가)의 앞부분에서 강조한 대목처럼 마치 필자가 동시대 문학 전체에서 매혹을 느끼지 못한다는 식으로 몰아간다. 사소한 조사 하나로 인해 하늘과 땅 만큼이나 커다란 어감의 차이를 가져올 수 있다는 점을 류보선은 정녕 모르는 것일까. 만약 필자가 류보선의 글쓰기에 대해서 비판하면서 그 어떤 수준 이하의 작품에 대해서도 오로지 과장된 주례사 비평을 전개하고 있다고 말한다면 류보선은 수긍하겠는가.

분명히 말하거니와, 나는 동시대의 문학에 대해서 류보선과 같이 극단적으로 생각하거나 단정적으로 발언한 적이 결코 없다. 1990년대 문학에 대해서 아무리 비판적인 비평가도 류보선과 같은 방식으로는 말하지 않을 것이다. 위에서 인용한 류보선의 주장들은 단지 류보선의 머리에서 각색된 발언에 불과한 것이다. 필자는 비판적 글쓰기에 전념한 최근 몇 년 사이에도, 최인훈, 허만하, 이호철, 황석영, 김원일, 박범신, 최윤, 이승우, 이인성, 이성복, 정찬, 이균영, 윤정모, 고종석, 김영하, 김명인 등등의 문인들의 작품과 글쓰기가 지닌 문학적 매혹 및 그 소중한 성과에 대해서 언급한 바 있다. 나는 앞에서 열거한 문인들의 상당수 작품에서 "자발적이고 행복한 교감"을 느끼곤 했었다.

그렇다면, 류보선은 필자의 이러한 글쓰기들을 전혀 읽어보지도 않고 발언하는 셈이 되는 것이다. 아무리 단순한 비평가라도, 한 시대의 모든 문학작품에서 매혹을 느끼지 못한다는 식으로 생각하지는 않을 것이다. 물론 필자는 1990년대 중반 이후의 우리 문학이 그 전대에 비해서 탁월한 작품을 풍부하게 산출했다고는 생각하지 않는다. 문학적으로 뛰어난 작품과 문제작은 분명 상당수 있었으되, 전체적으로 볼 때 1990년대 중반 이후의 우리 문학은 문학적 거품이 횡행하던 시기로 볼 수 있을 것이다. 필자는 바로 이러한 차원에서 점점 비평적 매혹을 느끼기 힘든 1990년대 문학의 현실에 대해서 언급했을 따름이다.

류보선은 또한 예문 (가)에서 볼 수 있듯이 필자의 비판적 글쓰기가 "악행을 감시하는 것만이 위대한 문학, 그의 표현을 따르자면 '매혹' 적인 문학을 가능케 한다는 결론"에 도달했다는 황당한 발언을 전개하고 있다. 나는 이러한 대목을 접하면서, 남진우나 류보선과 같은 비평가들과 제대로 된 논쟁을 진행하는 것이 이제 근본적으로 불가능한 것이 아닌가 하는 생각을 하지 않을 수 없다. 비판적 글쓰기를 수행하는 그 어떤 비평가도 류보선과 같이 생각하지 않는다. 비판적 글쓰기를 수행하는 논자들이 류보선의 주장대로 그야말로 악행을 감시하는 대단한(?)일을 한다면, 류보선은 지금 문학동네 측 비평가들이 실제로 악행을 저질렀다는 고백을 스스로 하고 있는 것인가. 그리고 그 악행을 감시하는 것만이 ('만이' 의 용법에 주목하라!) 매혹적인 문학을 가능케 한다는 식의 발상은 도대체 누구의 주장인가. 류보선은 권성우가 그런 식으로 말했다고 주장하는 것 같은데, 다시 한번 반복하지만 필자는 결코 류보선과 같은 엽기적인 방식으로 말한 적이 없다. 류보선은 제발 자신의 주장에 책임을 지고 그러한 엉터리 주장이 필자의 글 어느 대목에 있는지를 구체적으로 입증해주기 바란다. 상대방의 논리를 비틀고 극단화시키는 것도 정도 문제이지, 이렇게 허구적인 소설을 쓰는 방식이라면 대화 자체가 힘들 것이다. 나는 논쟁을 이상한 방식으로 왜곡시키면서, 사실상 논쟁을 피폐하게 만드는 류보선이나 남진우의 행태를 선명하게 드러내기 위해서라도 이 논쟁을 계속할 수밖에 없을 것 같다.

다음과 같은 류보선의 발언도 필자의 문학적 입장을 기묘한 방식으로 왜곡하고 있다.

> 정작 중요한 문제는 권성우가 어떠한 이유나 근거, 아니면 문학사적 맥락을 제시하는 수고로움도 없이 1990년대의 한국문학에서 비로소 발화(發話)하기 시작한 하위주체들의 힘겨운 목소리들을 '매혹'을 느낄 수 없다며 던져버린다는 점이다. 우리는 권성우에서 자신의 생존을 위해 모든 타자들을 희생시키는 오디세우스의 모습을, 그리고 나아가 자본제적 경영원리 혹은 시민적 냉혹함을 발견할 수 있거니와, 그는 그렇게 '비판적 글쓰기'라는 자신의 동일성을 지키기 위해 모든 것을 폐기처분한다. 결국 권성우의 '비판적 글쓰기'는 근대사회의 타자들을 철저하게 억압하는 기제로 작용한다. (476쪽)

아마도 이러한 식의 비판을 일러 우도할계(牛刀割鷄)라고 할 수 있을 것이다. 우선 류보선이 주장하는 1990년대 한국문학의 하위주체라는 개념이 모호하다. 류보선이 막연하게 설정한 그 하위주체들에 매혹을 느낄 수 없으면 그가 발설하는 온갖 거대한 개념을 뒤집어 쓸 수밖에 없는 것이다. 적어도 이 발언이 구체적인 토론이 되기 위해서는 류보선이 적극적으로 평가하는 하위주체에 대한 엄밀한 개념 규정과 더불어 필자의 글 어떤 대목이 그러한 하위주체를 무시하고 있는지에 대해서 언급되어야 될 것이다. 아울러 필자의 비평에 대한 비판에서 "자본제적 경영원리", "시민적 냉혹함", "근대사회의 타자"와 같은 부적절한 거대담론이 무엇 때문에 필요한지 모르겠다. 류보선은 아무 개념이나 필자에게 함부로 덧씌우면 그것이 그대로 필자의 글쓰기에 연결된다고 생각하고 있는 것이 아닐까. 그 용어의 역사적 맥락이나 고유한 쓰임새와는 상관없이, 아무 대목에나 현학적인 이론들을 마구잡이로 가져다 쓰는 류보선의 이러한 생경한 비판이야말로 "자신의 생존을 위해 모든 타자들을 희생시키는" 글쓰기라는 사실을 부디 자각했으면 한다.

## 4. 1990년대 문학을 바라보는 류보선의 이중성

류보선의 주장을 제대로 파악하고 비판하기 위해서는 무엇보다 그가 1990년대 문학을 바라보는 관점의 이중성을 인식해야 한다. 류보선은 최근 어떤 비평가보다도 1990년대 문학에 대해서 남다른 애정과 호의를 지니고 있는 것으로 보인다. 가령, "최근 한국문학의 큰 변화 중의 하나가 한국문학이 대단히 풍부하고 다양해진 것이라고 한다면"(484쪽)같은 표현이나 필자의 비평이 1990년대 문학에 대한 매혹을 느끼지 못한다고 질타하는 대목들, 그리고 다음과 같은 예문에서 류보선이 1990년대 문학을 조망하는 관점이 명료하게 드러난다.

1990년대는 민족, 문명 등 보편적 내러티브에 의해 버려지고 침묵을 강요당하던 다양한 하위주체 혹은 소수집단(예컨대 죽음, 허무, 섹슈얼리티, 저개발국가의 모더니티, 동양적인 것, 목가적인 것 등등)의 언어가 광범위하게 발화한 시기이며, 또 이러한 작가 각자의 노력이 모아져 다양한 목소리들이 기묘하게 얽혀 들어가는 거대한 카니발이 펼쳐지는 공간이다. 그리고 쉽게 찾은 목소리가 아니기에 아무도 주목하지 않았던 사물이나 대상에서 삶과 죽음, 희망과 종말을 읽어내는 밀도나 아우라로 충일한 것이 바로 1990년대 문학인 것이다.(488쪽)

이러한 류보선의 발언과 같이 과연 1990년대 문학이 다양한 주제를 읽어내는 "밀도"와 "아우라"가 충일한가의 여부는 좀 더 세심하게 따져져야 할 것이다. 동시에 류보선이 주장하는 하위주체들[5]이 과연 1990년대 이전에는 주목되지 않았던 것인가의 문제도 보다 실증적으로 검토되어야 할 것이다. 어쨌든 류보선이 1990년대 문학의 성과에 대해서 적극적인 애정을 보이고 있다는 점, 아울러 "1990년대 문학비평 전반이 현재의 한국문학 속에서 가장 빛나는 작품, 작가, 전통들을 골라 그것을 의미화하고 문맥화하는

---

5 | 지금 우리 사회의 문화적 지형에서 "죽음, 허무, 섹슈얼리티, 저개발국가의 모더니티, 동양적인 것, 목가적인 것" 등등이 과연 류보선의 주장대로 하위주체나 소수집단에 해당되는 것인지도 의문이 아닐 수 없다.

데 정진했다"(467쪽)는 표현에서 볼 수 있다시피, 1990년대의 문학비평에 대한 일종의 자부심까지 지니고 있다는 점은 류보선의 고유한 문학적 취향이라고 이해하기로 하자. 여기서 정작 문제가 되는 것은 류보선의 논리가 최근 문학권력 논쟁에서, 『문학동네』와 연관된 사안이 중요한 논점으로 불거지면서 교묘하게 변신하고 있다는 사실이다.

사실 류보선은 등단 무렵부터 분단문학이나 민족문학, KAPF문학에 커다란 관심을 기울여왔던 비평가이다. 그의 등단작은 1989년에 씌어진 「분단문학의 새로운 지평: 김원일론」이었으며, 그 이후에도 그는 주로 KAPF문학과 민족문학, 현실주의 문학, 역사적 현실을 강조하는 문학에 대해서 깊은 관심을 지녀온 바 있다. 아울러 류보선은 1993년 『창작과비평』에 「그리움과 끈끈한 생명력의 넓이와 깊이」라는 제목의 서평을 쓸 무렵만 해도 1990년대 문학에 대한 비판적 시선을 견지하고 있었다. 가령 이 서평은 주로 신경숙의 『풍금이 있던 자리』와 김소진의 『열린 사회와 그 적들』에 대한 비판적 지적으로 이루어져 있다. 예컨대 류보선은 이 글에서 "개인과 독립되어 존재하는 객관적 현실이 개인의 삶에 아무런 작용을 하지 않으며, 개인도 그 객관적 현실에 어떠한 실천도 행하지 않는다"면서 신경숙의 『풍금이 있던 자리』를 비판하고 있다. 일종의 미학적이며 존재론적인 질문을 던지고 있는 『풍금이 있던 자리』에 대한 문학적 평가치고는 오히려 지나치게 거친 사회적 문맥을 들이대고 있는 것이 아닌가 여겨질 정도로 이 무렵의 류보선은 비판적 사유와 역사 사회적 현실을 중요시했던 것이다. 이러한 류보선의 비평적 지향은 적어도 1996년 무렵까지는 유지되었던 것으로 보인다. 류보선이 『문학동네』 창간호(1994년 겨울)에 발표한 「전환기적 현실과 민족문학의 운명」의 다음 대목을 보자.

> '즐거움을 주는 자본' 이나 문화산업의 논리가 제반 현실을 통어하는 지배적인 요인으로 자리 잡아가는 시기가 1990년대라고 한다면, 1990년대는 분명 '민족의 위기' 를 넘어 '민족' 이라는 용어 자체가 사전에서 찢겨져나갈 상황이다.

1990년대를 문화산업의 논리가 지배하는 시기로 부정적으로 규정하는 이러한 시각은 이 즈음의 1990년대 문학의 매혹과 1990년대 문화의 새로운 의미를 강조하는 류보선의 입장과 얼마나 다른가! 류보선은 "'민족' 이라는 용어 자체가 사전에서 찢겨져나갈 상황"이라며, 절박한 걱정까지 하고 있으며, "지금 우리는, 민족문학을 옹호하기 위해서 민족문학을 비판해야 하는 역설적인 상황에 살고 있다"면서 민족문학의 정체성에 관한 자못 비장한 주장을 전개하기도 한다. 여기서 더 나아가 류보선은 한창훈과 성석제의 소설을 상대적으로 호의적으로 평가한 평문에서 다음과 같이 주장하고 있다.

> 1990년대 한국문학의 흐름은, 한 선전광고의 문구를 빌자면, '새

로운 것만이 세상을 바꾼다'로 집약되는 감수성이라 할 수 있을 것이다. 이 표현에는 어떤 것이 새로운지, 또 바꾸고자 하는 세상이 무엇인지에 대한 질문이 빠져 있다는 것이 특징이다. (중략) 그 결과 현재의 한국문학은 새롭게 나타난 삶의 방식, 첨단의 문화적 양식을 찾아내야만 위대한 문학이 가능한 것 같은 허위의식에 사로잡혀 있다. (중략) 뿐만 아니라 첨단의 문화적 양식에 대한 관심은, 동시대 인간의 삶을 심각하게 왜곡할 위험성도 동시에 지니고 있다. 한 인간이 평생 동안 사회규범을 거부하는 전위적인 삶을 살고 또 첨단의 문화적 양식을 좇을 가능성은 그리 많지 않다. 또 전체의 사회성원 중 전위적 삶을 사는 존재란 소수일 뿐이다. 그렇다면 현재 대대적으로 수행되는 첨단의 문화 양식에 대한 담론화는, 한 개인의 삶 중에서 아주 작은 부분을 한 개인의 삶 전체, 또는 세대 전체, 더 나아가 시대 전체로 환원하는 오류에 빠져 있는지도 모른다. (중략) 파괴와 쇄신이라는 원리를 가장 중요한 미적 전범으로 설정하고 있는 현재의 한국문학의 조건은 이처럼 불길하다.[6]

위의 예문에서 류보선이 힘주어 비판하고 있는 새롭게 나타난 삶의 방식 및 첨단의 문화적 양식은 필자에 대한 비판의 과정에서 류보선이 적극 옹호한, 1990년대에 부각된 다양한 하위문화의 연장

6 | 류보선, 「스러진, 그러나 가야 할 세계에 대한 동경-한창훈, 성석제의 소설에 대하여」, 『문학동네』 1996년 겨울호, 259~260쪽.

선상에서 파악될 수 있을 것이다. 그렇다면, 우리는 류보선이 1990년대 문학과 문화를 바라보는 관점의 기본적인 일관성에 대한 근본적인 문제제기를 하지 않을 수 없다. 1990년대 문학이 새롭게 생성시킨 다양한 하위문화를 긍정적으로 평가하고 있는 이즈음의 류보선의 관점은 위의 예문과 거의 정반대의 논리를 보여주고 있지 아니한가. 1990년대에 횡행했던 첨단문화와 하위문화에 대한 류보선의 시각이 불과 5년 사이에 이처럼 뒤바뀐 것을 목도하니, 필자는 솔직히 어리둥절할 뿐이다. 왜 이렇게 류보선은 변모해간 것일까.

류보선은 「전환기를 건너는 법」이라는 평문에서 "80년대의 아들, 딸들 중 아무런 해명 없이 자신이 부정하던 질서에 합류해 들어간 부류도 있을 것이다. 그렇게 그들은 '변호사'가 되었으며, 정치인이 되었을 것이다"[7]라고 말한 바 있다. 그렇다면 비슷한 방식으로 우리는 류보선에게 다음과 같은 질문을 던질 수 있을 것이다. 『문학동네』 편집위원으로 합류하던 초기만 하더라도 나름대로 비판적이며, 1990년대 문학의 새로운 미학적 경향에 대해서 회의적이던 비평적 입장이 최근에는 과연 무슨 이유로 인해 갑자기 변해버린 것인가. 류보선은 그 과정을 설득력 있게 해명해야 하는 것이 아닐까.

류보선의 이러한 이중적 행태는 이성욱이 말했던 바, 에콜의 논리에 자신의 비평적 입장을 종속시키는 전형적인 케이스에 해당

---

7 | 류보선, 「전환기를 건너는 법」, 『문학동네』 1997년 겨울호, 509쪽.

된다. 즉, 1990년대 문학에 대한 평가를 둘러싼 류보선의 현격한 변신은 "자신의 비평적 자의식을 주장하기보다 거꾸로 특정 에콜의 메카니즘에 자신의 몸을 맞추는 방식"이자, "어떤 에콜에 들어가기 전에는 그래도 발견되던 나름의 독자적 자질이 특정 에콜의 동일화 논리에 먹혀 들어가 그 자질조차 애매해져버리는 경우"[8]에 해당되는 것이다. 그렇다. 류보선의 고유한 비평적 자질과 미학적 입장은 최근 1990년대에 새롭게 분출된 문학적 경향에 대해서 가장 적극적으로 평가하고 있는 『문학동네』의 논리에 먹혀버린 것이 아닐까.

류보선의 이러한 현격한 변화를 일종의 문학적 입장의 자가변모과정이라고 이해하더라도 문제는 남는다. 과연 류보선이 「비판적 글쓰기, 혹은 대중기만으로서의 비판」에서 보여준 입장과 같이 1990년대 후반의 문학적 경향을 그처럼 긍정적으로 볼 수 있는가 하는 문제에 대해서 우리는 좀 더 냉철하게 따져보아야 할 것이다. 이에 대해서는 다른 비평가의 주장을 예로 들 것도 없다. 『문학동네』 1998년 여름호 서문에서 개진된 다음과 같은 입장은 최근에 류보선이 1990년대 문학에 대해서 취하고 있는 입장과 너무나 선명하게 배치된다.

이번 당선작 없음의 '맥락과 징후'는 실로 심각한 것이다. 본심

---

8 | 이성욱 외, 「특집 좌담: 다시 문학이란 무엇인가」, 『문학동네』 2000년 봄호, 420쪽.

심사평에서 도정일 교수가 비장한 목소리로 지적했듯이, 이번 응모작들은(예년에 비해 훨씬 많았다) 소설의 위기, 작가의 위기가 어느 정도인지를 여지없이 보여주고 있다. 이번 응모작들에 대한 우리의 독후감은 '과연 우리 문학에 자의식이 있는가' 라는 질문으로 압축된다. (중략) 저 쓰라린 질문은 짧게는 1990년대 문학, 길게는 한국 현대문학사 전반에 대한 뼈아픈 자기 반성이다. 문학 지망생들의 교과서는 당대의 문학이자, 문학사의 전범들이다. 그러므로 문학 지망생들의 수준에 대한 책임은 우선적으로 그 교사들인 기성작품과 작가들에게 있다. 구제금융 시대의 가혹한 여름을 통과하고 있는 한국문학에서 문학의 위엄, 작가의 존엄을 찾아보기가 어렵다. 글쓰기에 대한 자의식, 작가로서의 자의식이 희박해지는 문학의 현실이 문학 지망생들에게 그대로 전염되고 있는 것이 아닌가 하는 우려가 이번 '당선작 없음' 에서 느끼는, 우리의 가장 큰 위기의식이다.

위의 논리대로라면, 이 글이 발표되던 시점에 해당되는 1990년대 후반의 문학이야말로 가장 지리멸렬한 문학, 필자의 표현에 따르자면 진정한 문학적 '매혹' 을 느끼기 힘드는 문학에 해당되는 것이다. 문제는 당대문학에 대한 『문학동네』의 이러한 비판적 인식은 단지 구두선(口頭禪)에 불과하다는 사실이다. 실제로 『문학동네』에서 출간된 작품들에 대한 평가에는 이러한 비판적 인식이 거의 적용되지 않는다. 류보선이 비판의 대상으로 삼은, 최근의 문학에서 문학적 매혹을 상대적으로 느끼기 힘들다는 필자의 발언도 바로 위의 예문에서 개진된 『문학동네』의 주장과 일맥상통하는 것이다. 그러니, 류보선은 우선 위의 서문과 자신의 관점이 얼마나 모순적인 관계인지를 정확하게 인식한 연후에 필자를 비판하든지 했어야 하는 것이 아니었을까.

사실 1990년대에 새롭게 분출한 문학적 흐름에 대한 비판적 지적은 어느 정도 보편화되었다고도 할 수 있다. 그 예는 무수히 많다. 가령 『문학동네』 지면에 「도정일의 신화 읽기」를 연재하며, 『문학동네』에서 주관하는 문학상의 단골심사위원이라고 할 수 있는 문학평론가 도정일조차도 문학평론가 이성욱과의 대담에서 다음과 같이 1990년대에 새롭게 분출한 문학에 대해서 신랄한 비판을 전개하고 있다.

> **이성욱** 근 십여 년 동안 많은 작가들이 새로 등장했는데 그분들의 작품에 대해 어떤 평가를 하고 있습니까.
>
> **도정일** 매우 건방진 생각인데, 한국의 시인, 작가들에게는 시, 소설을 쓴다는 것이 어떤 것인가를 누군가 보여주어야겠구나. 그럴 정도로 답답할 때가 있습니다.
>
> **이성욱** 그렇게 답답함을 주는 까닭은 어디서 온다고 봅니까.
>
> **도정일** 경험을 천착할 능력도 없고 언어적 기술 수준도 떨어지고 소설 공학 수준도 극히 궁핍하고 사상은 더구나 없고, 그래서 소설을 읽을 수 없을 때가 많습니다. 평론의 책임 때문에 어쩔 수 없이 읽을 때가 많은데, 예외적인 작품이 없지는 않지만, 상당수 작품들

이 사람 괴롭히고 피곤하게 하고 책읽기 자체를 혐오하게 만듭니다.[9]

이러한 도정일의 주장이 터무니없는 것일까. 물론 다소 신랄한 대목이 있기는 하지만, 이러한 발언에는 1990년대 문학의 거품 현상에 대한 치명적인 비판을 담고 있는 것이 아닐까. 그런가 하면, 소설가 황석영 역시 출옥 후의 인터뷰 곳곳에서 1990년대 문학에 대한 신랄한 비판을 보여준 바 있다. 가령, "1990년대 문학은 거품뿐인 '사이비문학'이었다. 한국문학은 다시 지금 시대의 아픔에 정면으로 맞서야 한다"(한겨레신문 1998.3.14), "1990년대 이후 우리 문학은 그러한 변화의 와중에서 제대로 된 문제를 잡아내고 시대의 변화에 맞게 새로운 옷을 입는데 실패했다. 변화에 부응하려는 새로움에 대한 조급성이 문제다"(중앙일보 1998.3.27) 등등의 발언은 1990년대 문학의 아킬레스건을 건드리고 있다고 보아야 하지 않을까. 아울러 역시 『문학동네』의 단골 필자이자 단골 심사위원인 김화영의 다음과 같은 최근의 발언은 이즈음의 문학뿐만 아니라 1990년대 후반의 문학적 현상에 대한 지적으로 수용되어도 무리가 없을 것이다.

많은 젊은 작가들이 새로운 주제, 새로운 문체를 찾아 전신을 던

---

9 | 이성욱, 「도정일 인터뷰: 문학 교육과 비평의 사회화」, 『문학동네』 2000년 가을호, 45쪽.

> 졌다가 빈손에 피폐한 모습으로 돌아오고, 또다시 그 새로움을 찾아 떠나기를 거듭하는 것, 이리하여 언젠가부터 이 새로움 찾기가 흐릿한 회색톤의 전반적 타성으로 변한 나머지, 오늘의 입시제도가 생산한 대다수의 나태한 독자들을 몇몇 대형 베스트셀러와 기획출판물 쪽으로 내몰아버린, 화려한 빈집—이것이 오늘 우리가 마주치는 소설계 풍경의 일면이라고 한다면 너무 비관적인 시각일까? (중략) 한편 소설가 지망생 대군을 축축한 밀실로부터 대학이라는 광장으로 끌어들여 작품의 생산방법을 교육·훈련시키는 새로운 환경의 등장 및 그 유행적 번식, 개인용 PC의 활용이 일상화되면서 소설 쓰기가 과도한 육체노동으로부터 어느 정도 자유로워지고 공산품을 방불케 하는 출력원고의 수려한 외형이 일종의 자족적 나르시시즘을 유발하는 현상 또는 오늘의 소설공화국의 양적 확장에 크게 이바지하고 있는 것이 사실이다. 그러나 이 고무적 현실이 오히려 작가들을 조급한 질주의 생산벨트 위에 올려놓아 상상공간을 무리한 엽기나 메마른 타성과 허욕의 불모지로 만들고 있는 것은 아닐까?[10]

김화영의 이러한 지적은 1990년대 후반부터 불어닥친 컴퓨터 문화와 문화산업의 급속한 가속도가 문학적 글쓰기를 어떻게 변모시키고 있는가 하는 점을 일면 예리하게 진단하고 있다. 필자가 1990년대 후반 문학에서 그 이전 연대에 비해서 비평적 매혹을 느

---

10 | 김화영, 「고갯마루에서 조각난 삶을 바라보다」, 『현대문학』 2002년 1월호, 147쪽.

끼기 힘들다고 발언한 대목은 바로 지금까지 살펴본 도정일, 황석영, 김화영 등의 발언과 유사한 맥락에서 솟아 나온 것이다.[11] 물론 1990년대에 새롭게 분출한 다양한 소설미학에 대한 판단은 다양할 수 있다. 류보선과 같이 그 미학적 성과를 적극적으로 인정하는 것도 충분히 존중받아야 한다. 문제는 이 글에서 살펴왔듯이 류보선이 자신과 다른 미학적 입장을 지닌 논자들에게 일방적이고 폭력적인 잣대를 들이대고 있다는 점이다. 류보선이 진정 1990년대에 새롭게 분출한 문학에 대한 적극적인 미학적 옹호를 하고 싶다면, 도정일, 김화영, 황석영과 같은 논자들의 주장이 왜 문제가 있는지를 미학적으로 규명해야 할 것이다. 나는 그러한 작업도 일정한 의미가 있다고 생각한다. 그러나 류보선은 그러한 면밀한 고찰 없이, 필자의 논리에 즉자적으로 대응하기 위해서, 자신이 이전에 1990년대 문학에 대해서 전개했던 비판적 견해와 정반대의 논리를 들이대고 있는 것이다. 이러한 대목은 궁극적으로 류보선에게 비평적 자의식이 결여되었다는 사실을, 그리하여 그가 자신이 소속된 에콜의 논리에 비평적 주체성을 종속시키고 있다는 사실을 암시하고 있다.

그렇다면, 1990년대 작가들에 대한 진정한 애정은 무엇일까. 그것은 그들의 편향과 한계를 세심하게 짚어주고 제대로 비판하는

---

11 | 물론, 예외가 없진 않을 것이다. 그 예외적인 작품으로 인해 비평의 매혹에 대한 소망은 결코 사라지지 않을 것이다.

과정을 통해, 그들이 성공적인 자기 갱신과 문학적 도약을 이룰 수 있도록 도와주는 것일 터이다. 그러나 적절한 비판과 면밀한 조언이 결여된 호평 일변도의 비평들이야말로 어떤 면에서는 1990년대 작가로 하여금 자신의 문학세계에 타성적으로 자족하게 만든 중요한 요인이 아닐까 싶다. 이런 식의 경향이 팽배해지면, 이제 작가들은 사소한 비판에도 오만하게 반응하게 되어 비판에 대한 내성이라고는 찾아볼 수 없는 완고한 문학적 태도를 지니게 될 것이다. 그리고 이러한 현상은 다시 비평가들에게 부메랑으로 돌아가, 작가와 작품에 대한 비판이 그 자체로 커다란 부담을 수반하는 행위로 인식될 것이다. 이야말로 악순환의 고리일 것이며, 현재 우리 평단에서 이미 이러한 추세[12]가 부분적으로 감지되고 있다.

## 5. 푸코를 따라야 할 것인가?

류보선이 필자의 비판적 글쓰기를 비판하는 또 하나의 잣대는 권력 이론 적용에 관한 사안이다. 류보선은 이 점과 연관하여 "그

12 | 가령 강준만이 지적하는 신경숙의 오만 역시 이러한 문학 행위의 제도적 관행 속에서 그 원인을 찾을 수 있을 것이다. 강준만, 「『창작과비평』의 정체성과 오만」, 『문학 권력』 (개마고원, 2001), 140쪽.

자신 푸코 유의 권력 개념이라고 말하고 있음에도 불구하고, 푸코와는 무관한 것처럼 보인다", "푸코의 개념에 기댄 흔적이 역력하지만 푸코 식의 권력이론과는 근본적으로 다르다", "권성우의 푸코나 들뢰즈에 대한 왜곡이나 오독 여부는 그리 중요한 것이 아닐 수도 있다" 등의 언급을 하고 있다. 『문학동네』 편집위원인 황종연 역시 이 문제와 연관하여 다음과 같이 지적하고 있다.

> 문학권력이라는 용어는 '편재하는 권력'이라는 푸코의 개념을 전제로 성립하는 것이지만, 그 용어를 사용하는 방식은 푸코의 개념과 완전히 어긋난다. 문학권력 비판자들은 특정 개인이나 집단이 권력을 획득하고, 장악하고, 소유한다고 생각하고 정치권력을 규탄하는 시사비평 방식으로 문학권력을 매도한다. 서양이론의 개념이 한국에 들어오면 얼마 안 가 재래의 통속적 관념과 뒤섞여버리는 한국적 잡탕주의의 최신 버전이다. 참고로, 정치의 다원화에 결정적인 공헌을 했음에도 정작 그 자신은 권력 개념을 가지고 문학정치학을 설계한 적이 없음을 상기시키고 싶다.[13]

이러한 류보선과 황종연의 언급은 이른바 외국이론에 종속적이며 무비판적인 기지촌 지식인의 근성을 유감 없이 보여준다. 류보

---

**13** | 황종연, 「살아 있는 혼돈을 위하여: 최원식 평론집 『문학의 귀환』을 읽고」, 『문학동네』 2001년 겨울호, 459쪽.

선이나 황종연 식으로 주장하면 문학권력 비판에서 적용된 권력 이론이 푸코의 개념과 동일해야 한다는 것인데, 도대체 그러한 필연성이 어디에 존재하는가. 푸코가 권력을 언급했을 때의 프랑스의 정치 문화적 지형과 문학권력 비판이 적극적으로 전개될 수밖에 없는 우리 문단의 지형 사이에는 분명한 차이가 있을진대, 그리고 푸코가 권력 비판을 전개한 목적 및 방식과 문학권력 비판자들이 권력 비판을 수행하는 목적 및 방식이 엄연한 차이가 있을진대, 무슨 근거로 푸코의 이론이 문학권력 비판을 검증하는 잣대가 되어야 한다는 것인가. 이러한 식의 주장이야말로 최신 버전의 '원전 중심주의'일 것이다. 물론 필자를 포함한 문학권력 비판자들이 푸코의 권력 편재론으로부터 일정한 영향력을 받은 것은 사실이다. 가령, 류보선도 부분적으로 인용한 바 있는 다음과 같은 필자의 주장에는 분명히 푸코의 흔적이 아로새겨져 있다.

> 중요한 것은 자신의 비평이 탈권력적이라고, 혹은 자신의 글쓰기가 권력에 대한 저항이라고 주장하는 태도가 아니라, 자신의 글쓰기도 거의 무의식적인 차원에서 권력과 연계될 수 있다는 사실에 대한 뼈저린 자각이 아닐까 생각된다. 만약에 자신의 글쓰기가 권력과 전혀 상관이 없다고 주장하는 비평가가 있다면, 그는 현대사회이론에 무지하거나 지나치게 순진한 비평가일 것이다. 푸코류의 권력이론을 예시하지 않더라도, 한 편의 탈역사적인 순수문학 작품에 대한 섬세한 작품론조차도 세련된 문학적 권력의 행사일 수도 있다는 사

실을 우리는 이미 인지하고 있는 것이 아닌가. 이러한 사실에 대한 자각은 한편으로는 고통스럽지만, 또 다른 한편으로는 비평에 대한 한층 성숙된 관점을 선사해 줄 것이다.[14]

위의 인용문은 황종연의 주장과는 전혀 달리 "권력이 특정 개인이나 집단이 권력을 획득하고, 장악하고, 소유한다고 생각"하는 입장과는 명백한 거리가 있다. 말하자면, 위의 예문은 글쓰기와 비평 자체에 본원적으로 개입되어 있는 권력적 속성에 대해 환기시키고 있다. 이러한 '권력 편재론'은 국가권력이나 정치권력과 같은 전통적인 의미의 권력만을 권력으로 간주하던 거대담론 중심의 사유를 해체시키면서, 일상과 문화 전반을 통하여 은밀하게 혹은 공공연하게 관철되는 미시권력의 실체에 대한 소중한 깨달음을 제공하였다. 권력에 대한 이러한 사유의 변모는 권력이 한 개인과 개인 사이에도 무의식적으로 존재할 수 있는 힘의 관계망으로 파악되어야 한다는 사실을 일깨우고 있다. 아울러 푸코 식의 권력 편재론은 권력 비판자들에게 자신은 권력과 무관할 것이라는 잘못된 환상을 깨트리면서 비판 방식과 연관된 진지한 성찰의 계기를 제공하는 측면도 있다. 사실 비판적 글쓰기 역시 권력으로부터 자유롭지 못하기에 끊임없는 자기 성찰이 필요하다고 강조한 필자의 주장은 바로 이러한 깨달음에서 비롯되는 것이다.

---

14 | 권성우, 「비평과 권력」, 『비평과 권력』(소명출판, 2001), 212쪽.

그러나 한편 푸코의 권력 편재론이 단순하게 수용될 경우에는, 모든 것이 권력에 해당된다면 권력 비판이 무슨 의미가 있느냐는 질문과 필연적으로 조우하게 될 것이다. 즉, 푸코 식의 권력 개념은 분명히 존재하는 특정한 권력의 실체에 대한 구체적인 해명에 일정한 한계를 지닐 수밖에 없는 것이다. 가령 황종연 자신이 번역한 조셉 칠더즈와 게리 헨치의 『현대 문학 · 문화 비평 용어사전』의 권력 Power 항목에도 이러한 우려가 다음과 같이 명쾌하게 설명되어 있다.

> 이론가 중에는 권력이 도처에 침투하여 존재하며 특정한 장소를 갖지 않는다고 하는 푸코적 권력 개념이 그 용어와 개념을 거의 무의미하게 만든다고 주장한 사람이 많다. 또한 권력에 관한 푸코식의 설명은 권력에 대항하거나 반대하려는 모든 시도가 궁극적으로 '항상 이미' 권력의 구조 내부에서 상상된 것이라고 하기 때문에 저항을 쓸모 없는 것처럼 보이게 한다고 지적한 사람들도 있다.[15]

물론 푸코의 권력이론에 대한 이러한 식의 비판과 해석은 좀 더 면밀한 성찰을 요구하는 문제이다. 그러나 분명한 것은 푸코의 권력이론이 우리 문화의 지형을 설명하고 비판하는 과정에서, 푸코

---

15 | 조셉 칠더즈 · 게리 헨치 엮음, 황종연 옮김, 『현대 문학 · 문화비평 용어사전』, 문학동네, 1999, 342쪽.

의 이론 그대로 기계적으로 적용될 필요가 없다는 사실이다.

필자가 앞에서 인용한 「비평과 권력」의 구절 바로 뒤에 "때문에 우리가 여러 가지 비평담론들을 검토하면서 주목해야 할 것은 권력의 유무 차원의 문제가 아니라, 비평가나 특정한 비평적 에콜이 얼마나 합리적이며 정당한 권력을 행사하고 있는가, 자신의 권력에 대해서 얼마나 성실하게 되돌아보는가, 그리고 타자의 관점에 대한 비판은 얼마나 타당한가 등의 문제일 것이다"라면서 권력 비판의 과정에서 '권력의 정당하고 공정한 행사 여부'라는 잣대로 문제 설정을 분명히 제한한 것은 바로 이러한 푸코식 권력론의 한계에 대한 올바른 인식이 필요하기 때문이다. 그러므로 푸코의 권력이론과 최근의 문학권력 비판을 평면적으로 비교하면서, "정작 그 자신은 권력 개념을 가지고 문학정치학을 설계한 적이 없음을 상기시키고 싶다"면서 푸코의 입장에 기대는 황종연의 논리는 고질적인 서구이론 추수주의에서 전혀 자유롭지 않다고 생각된다. 푸코가 특정한 작업을 설계하지 않았다고 해서, 그러한 사실이 우리의 문화적 지형에서 그 작업이 필요하지 않다는 논리로 곧바로 연결될 수는 없을 것이다. 아무리 '문학정치학'이 푸코의 기획에서는 추구되지 않았던 주제라고 하더라도, 문학장의 모순이 임계점에 도달한 우리의 문화적 지형에서는 딱히 푸코와는 동일한 방식이 아니더라도, 문학정치학이 절실하게 필요하다고 볼 수 있을 것이다. 류보선과 황종연의 주장은 마치 한국 사회의 변혁운동의 논리를 마르크스나 레닌의 원전에 기계적이며 단선적으로 대입시키던 책상물림 좌파들을 연상케 한다. 역사가 반복되는 것이라면, 오류의 방식도 기지촌 근성도 항상 반복되는 것일까.

## 6. 논리적 비약과 왜곡으로 점철된 비판

류보선의 논리적 비약은 다음과 같은 주장에서 절정에 달한다.

(1) 권성우의 표현에 따르자면 **1990년대 문학의 황폐함**은 『문학과 사회』 등의 잡지나 에콜이 편집권을 정당하게 행사하지 않았기 때문이라는 것인데, 이것은 두 가지 점에서 성립하기 힘든 주장이다.

(2) 첫째, 한 나라 문학의 질적 수준이 몇몇 편집잡지들의 편집권의 정당한 행사 여부에 따라 결정된다는 것은 어떻게 이런 발상법이 가능할까 싶을 정도로 단선적이고 직접적이다. (중략) 1990년대 문학의 황폐함의 본질적인 원인을 몇몇 **문학잡지에 관계하는 비평가들의 비합리성**에서 찾는 권성우의 주장을 인정하기 힘든 두 번째 이유는 권성우가 1990년대 문학비평의 비합리성의 내용으로 "문학성의 이름으로 위장된 상업주의적 책략"과 '문학집단의 분파주의화'를 들고 있기 때문이다.

(3) 사실 권성우가 **문학잡지나 출판사에 관계하는 문학비평가들의 문학적 입장이나 행태**를 이렇게 비합리적 정도로 본질적인 것으로

설정한 이유는 여기에 있다.

(4) 권성우가 보기에 **1990년대 문학이 황폐해진 이유**는 1990년대의 문학비평(특히 문학잡지나 출판사에 관계하는 문학비평가들의 문학 비평)이 '매혹'을 느낄 수 없는 문학작품들을 상업주의적 목적으로 혹은 작가들을 관리하기 위해 높이 평가했기 때문인 것이다. (479~480쪽, 번호 및 강조: 인용자)

우선 류보선이 필자를 비판하고자 내세운 전제 자체가 필자의 글쓰기에 대한 명백한 왜곡에 해당된다는 사실을 지적해야겠다. 어떻게 "1990년대 문학의 황폐함"이라는 전체적이며 단정적인 표현의 원인이 단지 몇몇 에콜이나 잡지의 편집권의 부당한 행사에 있다고 단선적으로 얘기할 수가 있겠는가. 류보선은 필자가 하지도 않은 발언을 스스로 창작하여 비판의 근거로 채택하는 이상한 버릇을 가지고 있다. 그것을 "황폐함"으로 표현하든, "거품"으로 표현하든 간에 일단 1990년대 후반의 문학에 어떤 분명한 문제점이 있다고 보자(앞에서 인용한 도정일, 김화영, 황석영의 주장을 참조할 것). 그러나, 그 원인은 상당히 복합적이다. 영상문화의 활성화, 문화산업의 팽창, 인터넷을 비롯한 사이버스페이스의 번성, 비판에 대한 내성을 잃은 작가들의 태도, 출판사 간 경쟁의 심화, 출판자본의 논리에 의해 종속된 비평가들의 편파적인 비평 행위 등등이 그 요인으로 열거될 수 있겠다. 문학권력 비판자들은 현금의 문학 환경을 비합리적으로 만드는 하나의 계기로 특정한 에콜의 논리에 종속된 비평가들의 편파적이며 공정하지 못한 비평적 행태를 비판했을 뿐이다. 류보선과 같이 문제를 단순하게 생각하는 비평가는 그 누구도 없다. 결과적으로 류보선이 주장하는 (1)의 논리 자체가 허황된 가설에 불과한 것이다. 그러므로 류보선은 스스로 오류로 채워진 가설을 제기하고는 그것이 틀렸다고 장황하게 얘기하는 자기 모순을 범하고 있는 것이다.

지금까지 전개된 이 글에서도 드러났지만, 류보선의 평문 상당 부분이 이런 식의 요령부득의 주장으로 채워져 있다. 가령, 예문 (2)와 (3)의 경우도 류보선이 자신의 글에서 지속적으로 발설하고 있는 대목에 해당되는데, 다시 한번 반복하지만 도대체 누가 단지 출판사와 문학잡지에 관여하는 비평가들의 비합리성이라는 단순한 잣대로 문학권력을 비판했다는 것인가? 여기서 필자는 대단히 구체적인 문제제기를 두루뭉실한 일반론으로 치환함으로써, 비판자의 의도와 목적을 곡해시키는 류보선의 논점 흐리기를 지적하지 않을 수 없다. 예문 (4)의 경우 역시 예문 (1)과 유사한 오류를 보여주고 있다. 1990년대 문학의 문제점을 그토록 단순하게 얘기할 수는 없을 것이다.

한편 다음과 같은 예문은 필자로 하여금 류보선이 지니고 있는 어떤 위기의식을 인식하게 만들었다.

> 권성우는 자신에게 좋지 않은 작품은 타인들에게도 좋은 작품일 수 없고, 좋아서는 안 된다고 생각하며, 따라서 그 차이를 곧 그 비

평가가 이윤을 추구하는 출판사에 영혼을 판 때문이라고 못박는다. 자신의 미적 기준, 세계관, 그리고 문학사적 안목과 차이를 보인다고 해서 다른 기준으로 작품을 보는 존재를 곧 상업자본에 영혼을 판 존재로 규정할 수 있는 권성우의 작품 감식에 대한 유별난 자부심이 두렵기도 하지만, 더욱 두려운 것은 권성우가 다른 문학비평가들에 대한 '사형선고(?)'를 치밀한 검증과정 없이 행하고 있다는 사실이다. (480쪽)

필자는 이 대목을 읽고서, 정말이지 상대방의 논지를 집요할 정도로 편의적으로 왜곡하는 류보선의 창작소설(?)에 대해서 한편 "두려운" 마음까지 가지게 되었다. 류보선의 이러한 주장이 설득력을 띠기 위해서는 최소한 필자가 어떤 작품에 대해서 류보선을 비롯한 다른 비평가와 상이한 평가를 수행했는지, 그리고 그 평가의 내용은 무엇인지에 대한 구체적인 분석이 동반되어야 할 것이다. 그것은 사실 대단히 섬세한 미학적 차원의 문제이기도 할 것이다. 아울러 "다른 문학비평가들에 대한 '사형선고(?)'"가 도대체 어떠한 비평 행위를 의미하는 것인지에 대한 분명한 실례가 거론되어야 할 것이다. 그러나 류보선은 시종일관, 구체적인 분석 없이 필자의 입장에 대한 왜곡을 자행하고 있다. 류보선이 위에서 비판한 식으로 글을 쓰는 비평가들이 정말 존재한다면, 내가 먼저 나서서 그들을 혹독하게 비판하겠다. 그 누가 미학적 감수성의 차이를 인정하지 않고, 단지 자신과 다른 견해에 대해서, "출판사에 영혼을 판 때문이라고 못박"을 수 있다는 말인가. 혹시 류보선은 아무리 무리한 주장이라도, 그것이 『문학동네』 지면에 수록되면, 설득력을 얻을 수 있다고 생각하는 것이 아닐까.

한편 아래의 예문은 류보선이 왜곡된 주장의 반복을 통해, 자신의 무리한 가설을 객관적이며 합리적인 사실로 승격시키고자 시도하고 있음을 대표적으로 보여준다.

> 권성우는 하나의 문학작품을 구성하는 본질적이고 다양한 요소들(작가의 세계관, 문학사적 위치, 시점, 거리, 긴장, 낯설게 하기, 다성성, 웃음, 리좀석 사유, 잠재적인 가능성 혹은 전망의 발견, 전형성, 살아 있는 전사 前史 등등)을 문학 논의에서 추방시키고 그 자리에 '문학비평가의 출판사 관계 여부'라는 비본질적이고 부수적인 계기를 **절대적이고 유일무이한 중심**으로 설정한다. 권성우의 '문학권력' 비판은 이처럼 문학에 관한 논의를 하면서 문학성에 관한 논의를 도저히 복원할 수 없을 정도로 지워내는바, 권성우가 90년대 문학의 황폐함의 본질적인 원인을 몇몇 문학잡지에 관계하는 비평가들의 비합리성에서 찾는 것에 대해 동의할 수 없는 또 하나의 이유이다. (481쪽, 강조: 인용자)

류보선은 아무리 허황한 얘기라고 하더라도, 반복해서 주장하면 독자들에게 먹힐 수 있다고 생각하는 것인가. 이제 류보선은 비판적 글쓰기 전반에 대해서 비판한 대목들을 다시 필자에 대한 비판에서 유사한 방식으로 언급하면서, 거기서 한발 더 나아가, "'문학비평가의 출판사 관계 여부'"라는 계기를 필자가 "절대적이고 유일무이한 중심으로 설정"하고 있다고 극단적으로 주장하고 있다.

류보선은 제발, 필자의 글 어떤 대목에 그렇게 판단할 수 있는 근거가 있는지를 지적해주기 바란다. 내가 알기로, 단지 출판사에 관계한다는 사실을, 다른 비평가를 비판하는 주된 기준으로 설정하는 비평가는 단 한 명도 존재하지 않는다. 그러한 비평가는 류보선의 머리 속에서나 존재할 것이다. 아울러 류보선이 자신의 문학적 기준과 문학적 평가만이 옳다는 편협한 생각을 가지고 있지 않다면, 문학권력 비판이 기존의 편향된 문학성을 해체 재구성하면서 새로운 문학성을 창출하려는 지난한 노력이라는 사실을 인지해야 되지 않을까. 이러한 과정이야말로 류보선이 수호하고 복원하고자 하는 문학성이 단지 『문학동네』의 이해관계에 연루된 편파적인 차원에 머물지 않는다는 사실을 입증해 줄 것이다. 아울러 문학권력 논쟁이 아무리 활성화되어도, 류보선이 말한 문학작품을 구성하는 다양한 요소들에 대한 탐색을 수행하는 비평가와 연구자는 존재하기 마련이다. 류보선은 마치 문학권력 비판이 다양한 문학적 탐색을 추방시키고 있는 것처럼 주장하고 있는데, 이러한 시각이야말로 문학권력 논쟁의 역할과 파장을 과대평가하고 확대해석하고 있는 것이 아닌가. 이런 점은 역설적으로 류보선을 비롯한 『문학동네』 측 비평가들의 위기의식과 불안을 되 비추고 있는 것이 아닐까 싶다.

## 7. 다시 비판이란 무엇인가?: 비판의 새로운 기획을 위하여

'비판'은 비판적 글쓰기와 권력 비판의 과정에서 핵심적인 방법일 것이다. 류보선은 다음과 같이 필자의 비판을 평면적이며 단선적으로 규정하고 있다.

> (라) 권성우에게 비판은 **다만** "저항적 사유로서, 흑막을 벗겨내고, 사람 제도 사상 따위의 정체를 폭로하는 행위로서의 비판"이다. (481쪽, 강조: 인용자)

> (마) 권성우는 앞서 살펴본 대로 비판받아야 할 권위를 문학권력이라고 상정하고 그것을 비판하기 위한 방법으로 '폭로' 쪽에 초점을 맞춘다. 그에게는 **그것만이** 비판이다. 그는 자신의 초기 비평에서 행했던 작업은 '매혹'일 뿐 '비판'일 수 없다는 생각에 사로잡혀 있다. 그러므로 권성우는 『문학과지성』 『창작과비평』 『문학동네』의 '사람 제도 사상'을 '폭로'하는 데에 초점을 맞추며, **그 외의 어떠한 길**도 모색하지 않는다. 더 나아가 인정하지 않는다. (482쪽, 강조: 인용자)

(바) 권성우는 누군가 무엇인가를 직접적으로 **'폭로' 하는 것만을** '비판' 이라고 파악함으로써 현재의 한국문학이 행하는 '성찰을 통한 권위에의 비순종' 의 행위 등을 전혀 읽어내지 못한다. (482쪽, 강조: 인용자)

위의 예문은 다음과 같은 점에서 무리한 주장에 해당된다. 우선, 위의 주장들은 기본적으로 사실이 아니다. 류보선이 예문 (라)에서 인용한 배리 스마트Barry Smart의 비판 개념, 즉 "저항적 사유로서, 흑막을 벗겨내고, 사람 제도 사상 따위의 정체를 폭로하는 행위로서의 비판"의 개념은 필자가 특정한 작품을 설명하면서 제한적으로 적용한 범주였다. 필자는 문화계간지 『리뷰』에 '문학리뷰' 를 연재하면서 「다시 문제는 '부정적 상상력' 이다」라는 글을 쓴 바 있다. 이 글은 주로 김지하, 박상우, 이진우 등의 신작을 '부정적 상상력' 이라는 테마 아래 다루면서, 그 부정과 비판의 다양한 양상을 점검하고 있다. 나는 당시 문단의 환부와 모순을 적나라하게 폭로하는 성격을 띠고 있었던 이진우의 소설 『적들의 사회』를 분석하면서 배리 스마트의 '비판' 개념을 원용했던 것이다. 그리하여, "『적들의 사회』에서 시도된 비판은 바로 이러한 배리

16 | 권성우, 「다시 문제는 '부정적 상상력' 이다」, 『비평의 희망』, 문학동네, 2001, 329쪽.

스마트의 비판 개념과 정확히 부합한다"[16]는 발언이 가능했던 것이다. 그러나 류보선은 위에서 인용한 예문들에서 확연히 볼 수 있듯이, 마치 필자의 비판적 글쓰기 전반이 배리 스마트의 "폭로하는 행위로서의 비판"의 개념에 그대로 적용된다는 식으로 무리하게 몰아가고 있다. '폭로'라는 개념 자체가 다소 부정적인 어감을 주기도 하지만, 도대체 필자의 다양한 비판이 어떻게 단지 '폭로'라는 개념으로 설명될 수 있다는 것인지 류보선에게 묻고 싶다. 필자가 김현, 김병익의 대중문화 비평의 한계를 면밀하게 짚어내면 그것도 '폭로'이고, 이인성의 문학적 에세이에 나타나는 엘리트주의적 편향을 발견해 내면 그것도 '폭로'인가? 비평과 논문의 관계를 분석하면서 논문의 한계를 지적하는 글쓰기 역시 단지 '폭로'에 머무는 것인가? 강준만과 김정란의 글쓰기에 나타난 한계에 대해서 지적하는 비평도 '폭로'에 해당하는가?

그리고 류보선이 필자의 글쓰기를 비판하는 과정에서 자주 사용하는 담론의 전략에 대해서도 언급해야 할 것 같다. 위의 예문 (라), (마), (바)의 강조 표시(고딕체)에서도 여실히 드러나지만, 류보선은 적어도 상대방의 논지를 극단적으로 변질시키는 수법에서는 천부적인 재능을 가지고 있는 것이 아닌가 생각될 정도이다. "다만", "그것만이", "…일 뿐", "그 외의 어떠한 길도", "…하는 것만을" 등등의 상대방의 논지를 지극히 제한적이며 극단적으로 만드는 표현들을 보라. 위의 예문뿐만 아니라, 류보선의 글 곳곳에서, "유일무이한 중심으로 설정하고 있다", "어떠한 이야기도

하지 않는다", "못박는다", "…하는 것만이", "그 수많은 문학작품 어느 하나에서도 '자발적이고 행복한 교감'을 얻지 못한다" 등등의 단정적인 어법들이 수시로 발견된다. 물론 단정적이며 극단적인 어법을 사용하더라도 내용 자체가 설득력이 있으면 그 자체로 커다란 문제가 될 수는 없을 것이다. 그러나 류보선의 필자 비판은 내용도 온갖 자의적 왜곡과 오류로 이루어져 있는데다가, 이와 같이 무책임한 단정이 난무하는 담론의 전략을 타성적으로 구사하고 있다는 점에서 더욱 문제가 되는 것이다. 이러한 글쓰기 방식이야말로 상대방의 입장을 평면적으로 고정시켜 놓는, 사실상 대화와 논쟁을 거부하는 비판에 해당된다고 할 수 있을 것이다.

류보선은 필자의 문학권력 비판의 문제점에 대해서 다음과 같이 언급하고 있다.

> 권성우의 말처럼 '문학권력'이 여러 문학작품에 대한 분석과 평가, 문학사적 맥락화를 통해 권력을 행사하고 있다면, 그렇다면 '문학권력'에 대한 근거 있는 비판을 위해서는 대상이 된 작품을 어떻게 자의적으로 자기화하고 문맥화하는지를 정확하게 밝혀내는 것이 필요할 터인데, 권성우는 대상이 된 문학작품에 대해서는 어떠한 이야기도 하지 않는다. (483쪽)

여기서 문학권력 비판이 문학작품에 대한 구체적인 분석을 항상 동반할 필요는 없다는 사실을 다시금 강조해야 할까. 물론 경우에 따라서 문학권력 비판의 과정에서 작품에 대한 분석이 필요하기도 하겠지만, 기본적으로 문학장을 둘러싼 시스템과 습속, 제도적 관행, 다양한 문학적 행태에 대해서 주목하는 문학권력 비판은 실제 텍스트(작품)에 대한 분석 없이도 충분히 유의미한 비판을 전개할 수 있는 것이다. 물론 필자는 실제 텍스트 분석을 통해 편파적인 비평 행위가 어떻게 이루어지고 있는가에 대해서 분석한 바 있다. 가령, 「신세대문학에 대한 비평가의 대화」같은 평문에서는 신예소설가인 김연경과 김설에 대한 과잉 해석의 문제를 텍스트 분석을 통해 규명하기도 했다. 아울러 필자는 비판적 메타비평과 텍스트 분석을 결합시켜, 작품에 대한 과대평가와 배제가 어떠한 방식으로 이루어지는가를 치밀하게 규명하는 단행본을 몇몇 비평가들과 함께 발간할 예정으로 있으며, 현재 그러한 작업을 진행 중이다.[17]

비판적 글쓰기를 비판하는 것은 얼마든지 좋다. 그러나 동시에 앞으로 비판적 메타비평이 지속적인 갱신과 변화를 통해 자율적으로 발전해 나갈 것이라는 사실을 조금이라도 인정해주기를 류보선에게 부탁한다. 비판적 글쓰기가 고정되어 있는 것이 아니지 않은가. 이제 비판적 메타비평은 투철한 비판정신과 실제 텍스트 분석을 결합시켜, 최근의 문학장에서 편파적인 비평이 어떠한 방식으로 문학작

17 | 이러한 작업은 이 글이 발표된 지 몇 달 후에 『주례사 비평을 넘어서』(2002. 8, 한국출판마케팅연구소)라는 단행본으로 그 결실을 맺었다.

품의 공정하고 합리적인 평가를 방해하고 있는가를 구체적으로 입증하는 글쓰기로 나아갈 것이다.

## 8. 류보선의 지식폭력과 현학

이 글을 쓰는 과정에서 류보선이 등단 이후 발표한 평문들을 다수 읽어볼 수 있었다. 그러한 검토의 결과 류보선에게 자신의 글쓰기에 대한 근원적인 자기 성찰의 계기를 제공하기 위해서도 그의 비평이 지닌 몇 가지 중대한 결함에 대해서 언급하지 않을 수 없다. 류보선의 비평은 딱히 이번 글이 아니더라도 간과할 수 없는 문제점들을 지니고 있다. 그것은 외국문학이론이나 철학이론의 어설픈 적용, 작품 자체에 대한 미시적이며 치밀한 해석의 결여, 엉성한 거대담론에의 의존, 타성적인 동어반복 등으로 정리될 수 있다. 필자는 그 중에서도 첫 번째 문제점, 즉 외국문학이론과 철학이론을 생경한 방식으로 적용시키는 것이 류보선의 비평이 시급히 탈피해야할 중요한 한계라고 생각한다.

가령 이 글의 직접적인 비판 대상이 된 류보선의 필자 비판에는 다양하다 못해 종잡을 수 없을 정도로 온갖 철학자와 서구이론, 난삽한 철학적 개념 등이 등장한다. 니체, 푸코, 칸트, 마르크스, 하이데거, 아도르노, 호르크하이머, 벤야민, 들뢰즈, 사이드, 스피박, 이리가라이, 월러스틴, 윌리스, 가라타니 고진, 프랑코 모레

티, 콜린 고드, "잘못된 직접성", "진리내용", "사실내용", "성찰을 통한 비순종의 기법", "쓸모없는 실존", "계보학적 비판", "비본래성", "시민적 냉혹함" 등등. 필자의 비판적 글쓰기를 비판하는 과정에서 도대체 이토록 다양한 서구철학자와 문예이론가 및 난삽한 철학적 개념이 등장해야 될 이유가 어디에 있는지 정말 모르겠다. 물론 외국이론가를 글쓰기에 등장시키거나 서구이론을 적용시키는 행위 자체는 아무런 문제가 안될 것이며, 경우에 따라서 절실하게 필요하기도 할 것이다. 중요한 것은 그 다양한 이론가와 이론이 어떠한 논리적 필연성을 지닌 채 등장하고 적용되는가의 문제일 것이다. 이렇게 본다면, 류보선이 등장시키는 이론가와 철학자는 대부분 단지 자신의 현학성을 과시하기 위한 장식으로 기능할 뿐이다. 예를들어, 다음과 같은 예문을 보자.

> 권성우의 비평적 궤적을 따라 읽는 작업은 '비판적 글쓰기'의 기원과 이후의 역사를 모두 살펴보는 것에 해당될 것이다. "어떤 무엇을 순진하게 절대화하는 자는, 그의 활동이 아무리 보편적이라 할지라도, 고통받는 자로서 **'잘못된 직접성'**에 현혹 당하고 있는 것이다"라고 말한 것 역시 **『계몽의 변증법』**의 **저자들이다.** 자, 이제, 권성우의 비평적 궤적을 따라가며 권성우가 **'잘못된 직접성'**에 현혹되는 과정을 살펴보기로 하자. (468쪽)

이러한 대목에는 과연 무엇 때문에 권성우의 비판적 글쓰기를 살펴보는 작업이 '잘못된 직접성'에 해당되는지에 대한 어떤 구체적인 인과관계도 발견되지 않는다. 그리고 이 대목 이후에도 필자의 비판적 글쓰기가 과연 어떤 이유로 인해 '잘못된 직접성'에 해당되는지에 대한 후속 논의가 전혀 등장하지 않는다.

그렇다면, 무엇 때문에 류보선은 『계몽의 변증법』의 저자들까지 등장시켜 필자의 글쓰기에 대해 '잘못된 직접성'에 현혹되고 있다는 딱지를 붙이고 있는 것일까. 아도르노나 호르크하이머를 등장시키면 혹시 류보선의 주장이 좀 더 그럴듯하게 보일 수 있다고 생각했던 것 아닐까. 류보선은 자신이 접한 모든 외국이론을 어떤 방식으로든지 써먹어야 한다는 일종의 과시벽에 들린 것이 아닐까. 류보선의 필자에 대한 비판 곳곳에서 이러한 생경한 이론적 편향이 발견된다. 물론 이와 같은 류보선의 글쓰기 습관은 비단 필자의 글에 대한 비평에서만 나타나는 것이 아니다. 한창훈에 대한 비평에서 개진되고 있는 다음과 같은 대목을 보자.

> 쉴러는, 인간 각자가 어떠한 노력도 없이 이루어진 자연과 인간의 조화 상태보다는, 근대는 비록 자연과 인간의 조화를 분열시켰다 하더라도, 주체(관)성의 능동적인 역할에 대한 발견이 이루어진 만큼 이 자기활동성을 통해 목적의식적으로 실현되는 자연과 인간의 조화가 보다 풍부한 이념내용이라고 규정한다. 즉 근대가 마련한 이성과 자유를 지니고 자연으로 돌아갈 때 인간과 자연의 조화는 미래적 전망으로 튼실하게 자리잡을 수 있다는 것이다. 그러나 한창훈은

이 작업을 수행하지 않는다. 한창훈이 미정형의 작가인 것은 바로 이 때문이다.[18]

이러한 대목을 소설가 한창훈이 접한다면, 류보선의 비판과 조언을 자연스럽게 수용하면서 그 비판의 가치를 인정하게 될까. 이러한 물음에 대한 답변은 물론 부정적일 것이다. 쉴러를 빌리지 않더라도, 이런 식의 발언은 충분히 전개할 수 있다. 마치 쉴러를 써먹기 위해 이 대목을 쓴 것처럼 위의 예문은 부자연스럽다. 류보선이 과연 그가 인용한 외국이론들을 정확하게 이해하고 있는가 하는 점도 의문이지만, 더욱 문제가 되는 것은 위의 예문들에서 볼 수 있듯이 그 이론들의 심층적인 맥락과 섬세한 이론적 굴절과정이 실종되어 버린 채, 단지 우리의 작가와 비평가들을 고압적으로 비판하는 수단으로 변질되어 버렸다는 사실이다.

공교롭게도 남진우 역시 이러한 현학성[19]을 보여주고 있다. 혹시 일부 문인들이 남진우와 류보선의 기만적인 비판에 대해서 일

---

18 | 류보선, 「스러진, 그러나 가야 할 세계에 대한 동경」, 『문학동네』 1996년 겨울호. 249쪽.

19 | 남진우의 글이 지닌 부정적인 의미의 현학성에 대해서는 다음과 같은 글들을 참조할 수 있다.
강준만, 「'릴케의 시집' 과 '유대인 학살' : 남진우의 반론에 답한다」, 단행본 『인물과사상』 21호, 2001.10.
강준만, 「글쓰기의 기본 윤리에 대하여: 남진우의 글쓰기, 무엇이 문제인가」, 월간 『인물과사상』 2002년 1월호.

말의 설득력이라도 느낀다면, 그것은 다름 아닌 그들의 교묘한 현학성에서 비롯될 가능성이 크다. 그리고 『문학동네』라는 지면의 상징권력이 그들의 글을 실제 이상으로 평가하게 만들 가능성도 있다.[20] 그러나, 그들의 글들을 조금만 유심히 읽어보아도, 지금까지 전개한 필자의 이 글에서도 입증되었듯이, 그 비판들이 얼마나 어설픈 것인지를 분명하게 인식할 수 있을 것이다. 결과적으로 류보선은 서구이론의 조잡한 활용을 통해, 강준만의 표현을 빌자면 일종의 '지식폭력'을 행사하고 있는 것이다. 이러한 현학과 이론과시벽을 극복하지 않는다면, 류보선은 결코 정직하고 제대로 된 글을 쓸 수 없을 것이다.

물론 류보선의 비평에 대한 필자의 견해와는 달리, 평단에는 그의 비평을 높이 평가하는 입장도 존재한다. 최근에 류보선은 월간 문예지 『현대문학』에서 주관하는 제 47회 〈현대문학상〉의 평론 부문 수장자로 결정되었다. 논쟁은 논쟁이고, 어쨌거나 류보선의 현대문학상 수상을 축하드린다. 그러나 나로서는 류보선과 현대문학상을 위해서도 다음과 같은 문제제기는 해야 될 것 같다. 이번 현대문학상의 예심 심사위원 명단 다섯 명 중에 세 명이 『문학동네』 편집위원이다. 즉, 시 부문의 남진우, 정끝별, 소설 부문의 성

---

20 | 이러한 의미에서 남진우와 류보선의 최근 비판은 비평 행위가 근원적으로 정치적이라는 이글턴의 명제를 가장 저급한 방식으로 관철시키고 있는 글쓰기에 해당된다고 할 수 있다.

민엽, 신수정, 평론 부문의 황종연 중에서 정끝별과 성민엽을 제외하면 모두 『문학동네』 편집위원들이다. 나는 이러한 대목이 『현대문학』의 고유한 문학적 정체성을 훼손시키고 있다고 생각한다. 물론 이러한 심사위원 안배가 의도적으로 이루어지지는 않았으리라. 그러나 적어도 대한민국에서 발간되는 문예지 중에서 최고(最古)의 전통을 지닌 『현대문학』에서 주관하는 문학상이라면 혹시 존재할 수도 있을 오해를 불식시키기 위해서라도 최대한 다양한 문학유파별로 심사위원을 안배해야 되는 것이 아니었을까 싶다.

특히 평론 부문의 경우에는 분명히 문제가 있다. 평론 부문 예심은 당선자와 같이 『문학동네』 편집위원으로 활동하고 있는 평론가 황종연이 지난 1년 간 발표된 수많은 비평문 중에서 열 편을 선정하여 본심에 올리는 과정으로 진행되었다고 하는데, 단 한 사람의 비평적 감식안과 비평관은 비록 그가 의도하지 않았더라도 편향적일 수 있다. 가령, 필자가 지난 1년간 발표된 비평문 중에서 열 편을 선정한다고 했을 때, 그 열 편에 류보선의 평문이 포함되었을 것이라고는 생각되지 않는다. 물론 황종연이 그 나름대로 공정한 심사를 위해 노력했을 것이라고 믿는다. 아울러 어떠한 방식으로 심사위원이 안배되어도 완벽한 공정성과 객관성이 확보되기는 쉽지 않을 것이다. 그러나 적어도 특정한 문학적 입장을 선명하게 띠지 않는 권위 있는 문학상이라면, 그 공정성과 객관성을 향한 배전의 노력을 기울여야 하지 않을까. 각 분야별로 분명히 문학적 입장이 다른 최소한 세 명 이상의 심사위원이 예심과 본심

을 보는 방식이 되어야 할 것이다.[21]

나는 지금까지 설명한 점에 대해서, 즉 자신의 수상이 문학장에서 지니는 미묘한 맥락에 대해 류보선이 스스로 성찰할 수 있을 때, 그의 현대문학상 수상이 비평적 갱신과 발전을 위해서 진정으로 소중한 계기가 될 수 있다고 본다. 류보선의 이번 현대문학상 수상이 그의 비평이 생산적으로 거듭나는 기회가 되기를 진심으로 소망한다.

## 9. 글을 맺으며

류보선의 글은 나에게 온갖 오류와 무책임한 단정, 개념의 자의적 적용으로 가득 찬 비판에 대해서 어떻게 대응해야 하는가 하는 고민을 거듭하게 만들었다. 물론 류보선 식의 비판에 대해서는 무시하고 지나갈 수도 있다. 그러나 지금과 같은 첨예한 논쟁의 구도에서는, 특정한 주장은 그 내실과 설득력에 의해서가 아니라 그 글을 둘러싼 상징권력과 이미지에 의해도 규정되기도 할 것이다. 말하자면 최근 문단이나 지식인 사회에서 전개되고 있는 몇몇 논쟁을 살펴보면, 아무리 말이 안 되는 주장을 하더라도, 그 주장이

---

**21** | 만약 빈약한 재정으로 인해 심사비가 문제가 된다면 심사비를 줄이더라도 공정성과 객관성에 한층 세심한 배려를 기울여야 할 것이다. 그것이 『현대문학상』을 진정으로 권위 있는 문학상으로 만드는 지름길이 아닐까 싶다.

실제 이상으로 영향력을 발휘하는 경우가 발견되는 것이다. 이러한 상황에서는 그것이 설령 류보선의 주장과 같이 부실한 비판이라도 적극적으로 대응할 수밖에 없는 것이 아닐까.

비판은, 그것이 제대로 된 비판이라면 비판을 받은 사람에게 창조적인 갱신의 계기를 제공한다. 그 비판의 체험을 소중하게 소화하면서 비판의 대상자는 점차 자신의 편향과 한계에 대해서 인식하게 되는 것이다. 설사, 그 비판의 기본적인 입장에 동의하지 못한다고 하더라도, 정확하고 예리한 비판은 비판의 대상자에게도 정연한 논리와 섬세한 차이에서 비롯되는 아름다움을 선사한다. 그런 비판은 정말 기꺼이 받아볼 만한 비판이다. 그러한 체험을 겪는다면 그는 참으로 행복한 비평가일 것이다. 그 과정을 통해 그는 부쩍 성장할 것이다. 나는 문학권력 논쟁을 통해 정말 그러한 비판의 체험을 겪고 싶었다.

그러나 류보선의 비판은 그러한 아름다운 비판과는 도저히 같은 선상에서 운위될 수 없는 '비판을 위한 비판'에 불과했다. 그러했기에, 이 글을 쓰는 것이 즐겁지만은 않았다.

이번 논쟁을 계기로 나는 류보선에게 다음과 같은 측면에 대해서 한번쯤 진지하게 생각해 보라고 권유하고 싶다. 만약 류보선이 필자를 비판한 바로 그러한 방식으로 다른 비평가가 류보선을 비판한다면 과연 어떠한 결과가 도출될 것인가? 분명 류보선은 그러한 비판에 대해서 도저히 수긍할 수 없을 것이다. 바로 그러한 상상을 해보는 과정이야말로 류보선에게 자신의 글쓰기가 지닌 한계를 투명하게 인식하게 만들 것이다.

류보선은 필자에 대한 비판을 다음과 같은 문단으로 끝맺고 있다.

> 다시 돌이켜보니, 내 안에 권성우가 있었던 것이다. 나도 나 자신도 모르는 사이에 전혀 새로운 하위주체들의 목소리 앞에서 당황하고 그들의 밀도 앞에서 망연자실했으며 그래서 이 전혀 새로운 하위주체들에게서 어떤 잠재적인 가능성을 찾고 계발하는 대신에 또 다른 보편적 내러티브의 출현을 숨죽여 기다렸던 것이다. 내 밖에 있는 권성우가 이제 더이상 1990년대 문학의 숨막힐 정도의 밀도로부터 도피해서는 안 된다는 사실을 분명하게 말해주었다고나 할까. 고맙게도. (488쪽)

류보선은 진정 필자에게 고마움을 느끼는가? 내 기억으로는 류보선은 문학평론가로 등단한 이후에 지금까지 제대로 된 비판을 한번도 받아보지 못했던 것으로 생각된다. 아마, 앞으로도 이번 논쟁을 제외한다면, 근원적인 비판을 받기는 힘들 것이다. 이러한 기회가 아니었다면, 과연 류보선이 자신의 글쓰기에 대해서 되돌아보는 시간을 지닐 수 있었겠는가. 그렇다면, 류보선이 필자의 비판을 통해서 자신의 글쓰기가 지닌 중대한 한계들을 객관적으로 인식할 수 있을까. 분명 류보선은 자신의 비판이 지닌 문제점들에 대해서 성찰하기보다는 이미 프로그램된 논쟁의 구도에 의해서 필자의 비판을 수용할 가능성이 크다.

그러나 나로서는 류보선이 필자의 비판을 통해서 단 한가지 점만이라도 분명하게 깨닫기 바란다. 제대로 된 비판을 전개하기 위해서는 상대방의 글쓰기를 정확하고 면밀하게 읽어야 한다는 사실을. 물론 필자의 비판을 통해 류보선이 자신의 글쓰기가 지닌 객관적인 한계에 대해서 성찰하게 된다면, 류보선을 위해서도 『문학동네』를 위해서도 우리 비평을 위해서도 참으로 바람직한 일일 것이다. 그러나 나는 그러한 커다란 기대는 하지 않기로 했다. 단지 류보선이 이번 논쟁을 통해, 비판이 얼마나 지난한 작업이라는 사실을 알게 된다면, 류보선은 그러한 사실 하나만으로도 필자에게 고마움을 느껴야 하지 않을까. 이제 공은 다시 류보선에게 넘어갔다. 내가 류보선에게 고마움을 느낄 수 있는 기회를 류보선이 제공해 주기 바란다.

앞으로 씌어질 류보선의 재반론을 통해서 필자가 류보선에게 아주 사소한 고마움이라도 느끼기 되기를 소망한다. 진심으로.

(논쟁의 사회학, 단행본 『인물과사상』 21호, 2002.1)

보유

이 글은 류보선의 「'비판적 글쓰기', 혹은 대중기만으로서의 비판」(『문학동네』 2001년 겨울호)에 대한 반론으로 쓰인 글이다. 이 반론 이후 류보선은 아직 아무런 입장을 보여주지 않았다. 독자들은 류보선의 글과 필자의 글을 비교하여 읽는 것이 이 논쟁을 객관적으로 파악하는 데 도움이 될 것이다.

# 우리를 아프게 하는 비판을 원한다

## 1. 문학권력 논쟁의 한 단계 성숙을 위하여

이른바 '문학권력 논쟁'을 발화한 당사자의 입장에서, 문예계간지 『문학동네』가 2001년 여름호에 〈비평과 권력〉이라는 제목의 특집기획을 마련한 것은 어쨌거나 반가운 일이 아닐 수 없다. 일단, 논쟁이 인터넷 속의 익명의 공방전이나 술자리 잡담에서 탈피하여 공식적인 지면을 통해 전개된다는 것은 논의의 진전과 성숙을 위해서 바람직한 현상이라고 판단된다. 특히, 여러 가지 층위가 얽혀 있는 문학권력 논쟁에서 비판의 주요한 대상이기도 했던 『문학동네』 측에서, '특집'의 형식으로 문학권력 논의에 대한 입장을 밝힌 것은, 이제 문학권력 논쟁에 본격적으로 개입하고 성실하게 대응하고자 하는 의도로 해석될 수도 있을 것이다. 그렇다면

〈비평과 권력〉이라는 특집에 대해서는 어떤 평가를 내릴 수 있겠는가? 결론부터 말하자면, 이 특집은 문학권력 논쟁에 대한 여러 가지 형태의 오해와 편견, 지적 불성실을 보여주고 있는 기획이라고 할 수 있다. 이제부터 그 이유에 대해서 얘기해 보자.

우선, 『문학동네』 편집위원 명의로 수록되어 있는 「2001년 여름호를 펴내며」를 주목해 볼 수 있다. 이 서문 형식의 글은 문학권력 논쟁에 대한 『문학동네』 편집위원들의 공식적인 입장을 개진하고 있다는 점에서 문제적인 성격을 띠고 있다. 가령, 다음과 같은 대목들.

> 근래에 들어 이른바 문학권력이 쟁점화되어 떠들썩한 논란과 추문을 양산하는 동안 『문학동네』는 종종 악의적 비판에 시달린 집단 중 하나였음에도 불구하고 『문학동네』 지면에서는 지금까지 이렇다 할 대응을 하지 않았다. 그것은 문학권력 비판이라는 담론이 과연 생산적인 것인지 처음부터 의문이었기 때문이다. 우선 문학권력이라는 용어부터 납득하기 어려웠고, 비판의 숨은 동기들이 적잖이 수상쩍었으며, 그 '비판적' 혹은 '전투적' 글쓰기라는 것이 대체로 이성적 담론의 요건조차 갖추지 못한 선정성, 음해성 언사에 불과했다. 그래서 다른 채널과 매체를 통해 필요한 최소한의 대응을 하는 와중에도 『문학동네』 지면에서만큼은 그것을 화제로 삼지 않았다.

이 대목은 문학권력 논의와 비판적 글쓰기에 대한 대단히 냉소적인 비판에 해당된다. 문제적인 것은, 그 냉소에 상응하는 최소한의 구체적인 분석이 결여되어 있다는 사실이다. 서문이라는 짧은 글쓰기 양식으로 인해 논의가 구체적으로 진행되기에는 한계가 있다는 사실을 감안한다 하더라도, 다양한 글쓰기 층위와 전략이 혼재하는 비판적 글쓰기와 전투적 글쓰기를 일러, "대체로 이성적 담론의 요건조차 갖추지 못한 선정성, 음해성 언사에 불과했다"고 언급하는 대목은 그야말로 비판적 글쓰기에 대한 '음해성' 발언에 해당되는 것이 아닐까. 필자는 이러한 태도에서 부정적인 편견이 지적 불성실과 결합하여, 비판 대상자에 대한 참으로 폭력적인 표식을 붙이는 전형적인 사례를 목도한다. 왜 불성실한가? 비판적 글쓰기로 통칭되는 새로운 문화가 위의 예문과 같이 결코 단순하게 매도될 수 없기 때문이다. 다른 예를 들 것도 없이, 최근 2,3년 동안 특유의 치밀하고 소신 있는 글쓰기로 '비판적 글쓰기'의 자장을 넓힌 철학자 김영민이나 김진석 등의 글쓰기가 과연 이러한 매도의 대상이 될 수 있는가? 진중권, 강준만, 김규항, 홍세화, 유시민, 노혜경, 김명인, 이명원, 김정란 등의 다양한 층위의 비판적 글쓰기가 과연 이러한 악의적인 매도를 해도 좋을 만큼 오로지 부정적인 점만이 존재한다는 말인가?

그들의 글쓰기를 성실하게 검토한 논자라면, 최소한 『문학동네』의 이러한 발언이 익명과 성급한 일반화의 논법을 빈 일방적인 매도에 가깝다는 것을 충분히 인식할 수 있을 것이다.

그리고 "우선 문학권력이라는 용어부터 납득하기 어려웠고"라는 표현은 『문학동네』가 문학권력 논쟁이나 비판적 글쓰기를 바라보는 수준을 좀 허탈하게 보여준다. 이러한 표현은 문학권력, 혹은 문화권력 논쟁의 진행과정 및 '문학권력'이라는 용어가 탄생될 수밖에 없었던 지성사적 맥락에 대한 최소한의 이해를 결하고 있다. 그렇다면, 문학은 권력이라는 용어와 도저히 결합될 수 없는 진공 속의 순수한 행위라는 의미인가.

여기서 굳이 푸코나 부르디외의 이론을 들먹일 필요는 없을 것이다. 이른바 안티 조선 진영으로부터 집중적인 비판을 받고 있으며, 아울러 문학권력 논쟁에서도 주요한 비판의 대상이었던 조선일보 조차도 올해 신년 벽두부터 〈세계의 문화권력〉이라는 특집기획을 통해, 세계문화계 각 분야의 실력자와 명망가들을 '문화권력'이라는 화두를 중심으로 조망하고 있다는 사실을 여기서 적어두기로 하자. 조선일보가 꼽은 대표적인 문화권력에는 프랑스의 갈리마르 출판사 사장 및 독일의 슈피겔지 편집장과 주어캄프 출판사 사장도 포함되어 있다.

그리고 "비판의 숨은 동기들이 적잖이 수상쩍었으며"라는 표현 역시 검증되지 않은 주장에 해당된다. 이러한 발언은 언론개혁과 신문사 세무조사에 적극적인 지지의사를 표명하는 시민 단체들을 현정부와 모종의 거래를 맺고 있는 것으로 추정하는 최근의 몇몇 편견들과 흡사한 논의구조를 띠고 있다. 실제로 앞에서 인용한 대목은 문학권력 논의에 적극적으로 참여한 비평가나 비판적 글쓰기를 진행하는 논자들의 멘탈리티에 대한 근거 없는 공공연한 이미지 훼손에 해당된다고 보아도 무방하다. 누구나 특정한 대상을 비판하는 동기는 있기 마련이다. 그것이 참으로 공정하고 정당한 동기이든, 개인적 감정에서 연유한 불순한 동기이든 간에. 설사 그 동기가 사적인 감정에서 비롯되었다고 하더라도, 그 비판의 내용이 옳다면, 그 주관적인 동기로 인하여 메시지 자체의 정당성이 훼손될 수는 없는 것이다. 그 어떤 논의도 일단 텍스트 자체의 옳고 그름을 통해 판별하는 것이 필요하지 않을까.

한번 거꾸로 생각해 보자. 가령, 문학과지성사와 『문학동네』 진영 상당수 비평가들이 그 해당 출판사에 개인적으로 투자한 자금 때문에 문학권력 논의에 대해서 냉소적인 반응을 보인다고 말한다면, 그리하여 문학권력 논의에 대한 그들의 부정적인 평가에는 내밀한 경제적인 이해관계가 작동하고 있다고 주장한다면, 더 나아가 자신들에 대한 비판을 일종의 재산권 침해로 수용하고 있다고 말한다면 과연 그들이 수긍하겠는가? 어떠한 비판에 개인적이며 주관적인 동기가 존재한다는 것과, 그 비판의 내용이 정당하지 않다는 것은 기본적으로 별개의 차원에서 얘기되어야 마땅할 것이다. 실상 어떤 논자가 특정한 주제로 글을 쓰게 된 동기를 과학적으로, 합리적으로 판단하는 것이 얼마나 가능할 것인가.

문학권력 논쟁과 비판적 글쓰기를 바라보는 『문학동네』 측의 시선이 이러한 방식이다 보니, 그들에게는 당연히 "문학권력 비판이라는 담론이 과연 생산적인 것인지 처음부터 의문이" 들 수밖에 없었을 것이다. 그러나 이 대목에서 나는, 과연 생산적인 담론이라는 것이 무엇을 의미하는가, 서로 적당히 정치적으로 타협하는 차원의 논의를 주고받는 것이 생산적인가, 격렬한 입장 충돌이 벌어질 수밖에 없는 예민한 쟁점에 대해서, 침묵의 카르텔을 깨고 치열한 논의가 진행되고 있다는 사실보다 더욱 생산적인 것이 무엇인가, 문학권력 논쟁과 비판적 글쓰기를 진행하는 논자들에 대한 이처럼 근거 없는 비판이 과연 생산적인 담론에 값한다고 생각하는가, 몇몇 예민한 쟁점에 대한 최근의 격렬한 논의와 혼돈에 가까운 소음(?)들을, 새로운 전통의 모색과 불합리한 관행의 청산을 위한 창조적 진통의 과정으로 생각할 수는 없는 것인가 등등의 질문을 던지지 않을 수 없다.

## 2. 지적 불성실과 권위의식: 윤지관의 경우

『문학동네』의 특집기획 〈비평과 권력〉에 참여한 장경렬, 윤지관, 남진우 등의 논의 중에서, 뚜렷한 쟁점과 어떠한 구체적인 비판도 담지 않은 채, 비평 일반론 차원에서 씌어진 장경렬의 글을 제외한 윤지관과 남진우의 글은 간과할 수 없는 문제점들을 지니고 있다. 우선 윤지관의 글은 특정한 관점을 지니고 있다는 사실 이전에, 기본적으로 불성실하다는 점에서 비판의 대상이 될 수밖에 없다. 예를 들어 윤지관이 「푸코에 들린 사람들—비평과 비판의 경계」에서 발설하는 다음과 같은 주장을 보자.

강준만 씨가 쏟아놓는 엄청난 양의 활자들을 다 읽고 소화하기에는 나처럼 독서에 좀 게으른 사람에게는 역부족이고, 솔직히 그럴 필요성도 느끼지 않는다. 압도적인 것 앞에서는 그냥 졌다 하고 마는 것이 현명하겠다고 판단한다. 다만 몇몇 원로 문인에 대한 강교수의 실명비판은 눈여겨보았고….

「비평과 권력」과 같은 첨예한 주제를 논하면서, 이처럼 자신의 지적 불성실을 공개적으로 정당화하는 자신만만한 발언을 어떻게 보아야 할까. 물론 강준만의 모든 저작을 무조건 다 읽으라고 요구할 수는 없을 것이다. 그러나, 적어도 강준만의 글쓰기를 제대로 비판하기 위해서는 그의 중요한 저작과 쟁점적 논의의 전개과정에 대해서 충분히 섭렵해야 되는 것이 아닐까. 실명 비판과 조선일보 비판, 비판적 글쓰기 등의 비판의 커다란 전제는 변함 없었지만, 강준만의 글쓰기는 몇 가지 고비를 거치면서, 끊임없이 스스로 자기 갱신과 자기 성찰을 수행해 왔다. 그 섬세한 변화의 맥락과 동인(動因)에 대한 충분한 이해 없이, 일부 문인들에 대한 비판 몇 편 읽고서 강준만을 비판하는 윤지관의 태만을 어떻게 받아들여야 될까. 마찬가지로 창비 게시판에 게시된 문학권력 논쟁에 관한 글 몇 편 읽고서 문학권력 논쟁의 다양한 국면과 맥락을 선정적인 비판으로 대치하는 윤지관의 책략을 어떻게 이해해야 될까?

비판이 이와 같이 전개되다 보니, 윤지관 글의 상당 부분에는 구체적인 논리적 분석 과정이 현저히 약화되는 대신 '느낌'과 '추정'이 난무한다. 가령, "이 논쟁에는 무언가 수상한 것이 있다고 그것은 속삭였다", "어딘가 편집권을 둘러싼 평론가 집단의 다툼이 개입해 있다는 느낌", "애초에 나의 감성이 감지한 수상쩍은 느낌" 식의 추정, 예단, 느낌에 해당되는 논리 이전의 주관적인 발언들이 곳곳에 출몰하고 있는 것이다.[1] 나는 한 마디로 윤지관에게는 문학권력 논쟁에 대해서 본격적으로 고찰하는 과정에서 필요한 최소한도의 성실성이 결여되어 있다고 생각한다. 그러다 보니, 윤지관의 평문이 『문학동네』의 기획에 맞추어 급조된 함량 미달의 글이라는 사실이 역력하게 드러난다. 다음의 예문을 보자.

> 실명이냐 아니냐, 권력이냐 아니냐 등의 가짜 물음들이 이 논쟁에서 마치 중대한 문제인 것처럼 되풀이해서 거론되고 다투어지고 있는 것이라든가, 하필 다른 것들 다 두고서 '문지 일파'에 대해서 고집스레 대화를 요구하는 유별난 태도라든가, 따지고 보면 애초에 나의 감성이 감지한 수상쩍은 느낌도 이런 가짜성에 대한 인식과 아주 떨어진 것은 아닐 법하다.

지속적인 느낌 타령(?)은 논외로 하더라도, 이러한 윤지관의 주

---

1 | 윤지관의 「푸코에 들린 사람들」이 지닌 전반적인 한계에 대해서는 이명원의 예리한 비판 「푸코를 넘어서는 사람들」(『비평과전망』 4호, 2001.7)을 참조할 수 있다.

장이야말로 그가 지금까지 전개된 논쟁의 진행과정을 제대로 검토하지 않았다는 증거를 확연히 보여준다. 문학권력 논쟁에서 실명 사용의 문제가 본질적이며 필수적인 과제가 아니라는 것은 이미 수 차례 지적되었다. 예컨대 필자는 "비판적 글쓰기에서 핵심적인 과제나 목표가 실명 비판이냐, 혹은 익명 비판이냐의 이분법적 선택의 문제로 축소될 수는 없을 것이다"라고 말하면서, 다만 첨예한 논쟁적 대화를 진행하는 경우에는 실명 비판이 바람직하다는 의견을 밝힌 바 있다. 아울러 권력 논의에 대해서도 이미 1년여 전에 "이 문제는 권력인가? 권력이 아닌가? 라는 허구적 이분법의 도식을 탈피하여, 주어진 권력을 얼마나 공정하고 객관적으로 행사하고 있는가 하는 차원의 문제의식으로 이동되어야 한다"(「비판적 글쓰기에 대해서 다시 생각해 본다」, 『비평과 권력』)고 분명하게 강조한 바 있다. 이러한 문제의식은 물론 필자만의 생각이 아니라, 비판적 글쓰기를 진행하는 논자들이 공유하고 있는 기본적인 전제이다.

그렇다면 〈문학과지성사〉와 『문학과사회』가 집중적인 비판의 대상이 된 이유는 무엇인가. 그것은 이미 지적되었듯이 그들이 다른 어떤 문학에콜보다도 평소에 열린 대화와 자기 성찰을 가장 적극적으로 주장해왔다는 사실에서 비롯되는 것이다. 말하자면, 최근의 몇몇 논쟁의 과정에서 문학과지성사나 『문학과사회』는 그들의 이러한 평소 소신과 입장을 제대로 지켜가지 못했다고 할 수 있다. 가령, 『문학과사회』가 논쟁과정에서 보여준 반(反)대화적이며 냉소적 자세는 그들이 늘상 주장해 온 '대화' 나 '성찰' 과는 한참 거리가 먼 이율배반적인 모습에 해당된다.[2] 한 마디로 말해서 최근 2,3년에 걸쳐서 나타났던 문학과지성사와 『문학과사회』의 면모는 한국 현대지식인 사회의 이중성과 퇴행성을 극명하게 보여주고 있는 '뼈아픈 상징' 이라고 할 수 있을 것이다. 이러한 점들로 인해서 상대적으로 다른 비평적 에콜에 비해서 『문학과사회』와 문학과지성사에 대한 비판이 활성화되었던 것이다.

지금까지 설명해 왔듯이, 이러한 요령부득의 비판이 전개되다 보니, "문학권력 논쟁이 가짜 문제임을 통찰하는 것은 상식의 힘" 이라는 윤지관의 주장은 결국 아무런 논리적 검증도 동반하지 않은 채, 그 평문을 규정짓는 막연한 선정적인 이미지로 작용하는 것이다. 그러니, 문학권력 논쟁이 왜 가짜인지에 대한 치밀한 분석 없이, 그러한 명제를 통찰하는 것이 단지 '상식의 힘' 이라고 강변한다고 해서, 윤지관의 논리가 지닌 타당성이 자동적으로 확보될 수는 없을 것이다.

이렇게 보면, "최근 논쟁에서 흔히 동원되는 거칠고 과잉된 수사와 감정의 적나라한 표출은 천박해진 이 시대 지식인들의 의식 수준을 비추는 거울이라고 할 수 있다"는 윤지관의 지적 역시 일부 비판적 글쓰기의 한계를 무리하게 일반화시키고 있는 발언에

---

2 | 이에 대해서는 졸고, 「비판, 추억, 그리고 김현」과 「비판, 그리고 성찰의 현상학」(『비평과 권력』 소명출판, 2001.7)을 참조할 수 있다.

가깝다. 윤지관은 위의 발언을 통해, 최근 갖가지 논쟁과 비판적 글쓰기에 참여한 무수한 논자들을 향한 검증되지 않은 일방적인 비판을 전개하고 있는 것이다. 과연, 누구의 글이 그러하다는 애기일까. 바로 이런 식의 비판 때문에, 윤지관의 견해와는 정반대로 강준만과 김영민은 오히려 최근의 논쟁과정에서 내용의 옳고 그름은 접어둔 채, 문체와 어조, 감정 노출에 시비를 거는 편향에 대해서 비판하고 있다는 점을 지적해야 할 것 같다. 예를 들어 김영민은 "그들은 싸움의 실질이 컨텍스트를 통해 이루어진다는 사실을 애써 외면하면서, 말 못하는 텍스트를 심문하느라 바쁘다. 맞춤법은 어긋남이 없는가, 문체는 가지런한가, 감정 노출은 절제되어 있는가?"(「심판은 없다」, 『시사저널』 1999.12.10)라고 언급하면서, 논쟁의 실질적인 내용에 대해서는 냉소적이면서, 논쟁 참여자에 대해서 관조적으로 시비를 거는 잘못한 행태를 지적하고 있다. 윤지관이 바로 이러한 입장에 해당되는 것 아닐까.

윤지관은 과연 안티조선에 관한 김영민이나 유시민, 김진석, 변희재 등의 성실하고 신선한 통찰을 한번이라도 접해보았는가. 이른바 안티조선에 대한 세심한 사유와 진전된 고민의 흔적이 담겨있는 김영민의 「실명비판 : 단계적 자유주의자의 현실타개론」(『왜 조선일보인가』, 개마고원, 2001) 같은 글을 읽어보았다면 그가 위에서 인용한 일방적인 발언들을 쉽게 내뱉지 않았을 것이다. 아니 그 정도까지 요구하지도 않는다. 인터넷 게시판을 성실하게 검토하기만 해도, 그곳에서 안티 조선 및 문학권력 논쟁에 관해서 충

분히 배울만한 익명, 실명의 글들을 무수히 발견할 수 있다.[3]

한 마디로 말해서 논쟁의 지평을 감각적으로 단순화시키는 이러한 윤지관의 논의방식은 최근 조선일보의 기획 〈위기의 지식인들〉의 선정적인 문제제기와 흡사하다. 나는 무엇보다도 윤지관이 문학권력 논의를 비판하는 방식이야말로 진보연하는 이 시대 일부 지식인들의 지적 태만과 권위의식을 역설적으로 드러내고 있는 유력한 증거라고 하겠다.

결과적으로 논쟁의 섬세한 진전과정에 대한 지속적인 관심과 면밀한 이해 없이, 비판적 글쓰기와 문학권력 논쟁을 주로 막연한 '감'과 '편견'에 의해서 평가 절하하는 윤지관의 관점은 이명원의 표현대로 "입론의 일차적인 신뢰감을 스스로 상실하고 있다"[4]고 결론 내릴 수 있을 것이다.

윤지관에 대한 논의를 통하여, 우리는 '관점의 차이' 이전의 가장 기본적인 성실성의 문제에 대해서 다시 한번 환기시키지 않을 수 없다. 만약 문학권력 논쟁에 다소 비생산적인 측면이 분명히 존재한다면, 그것은 무엇보다도 윤지관과 같은 불성실한 비판에

---

3 | 인터넷을 단순히 폭력적이며 선정적인 발언들이 난무하는 공간으로 매도하는 정과리 등의 최근의 논리야말로 실상 얼마나 단순한가. 그것이 인쇄된 잡지가 되었건, 인터넷 게시판이 되었건 간에 진정으로 새겨들을 만한 논의는 항상 드문 법이다. 마찬가지 의미에서, 인터넷의 바다를 세밀하게 검토하면, 충분히 의미 있는 입장과 관점들을 자주 만날 수 있다.

4 | 이명원, 「푸코를 넘어서는 사람들: 윤지관의 문학권력론 비판에 대한 반론」, 『비평과 전망』(새움, 2001.7) 4호.

서 연유할 것이다. 결론적으로 나는 윤지관에게 다음과 같은 물음을 던지지 않을 수 없다. 생산적인 논쟁을 위한 최소한의 성실성과 정보가 결여된 상태에서 논쟁에 참여하는 사람에게 과연 그 논쟁은 비생산적인 가짜 논쟁이라고 말할 수 있는 자격이 있는 것일까?

## 3. 이미지를 통한 비판의 책략과 감정적인 비평

남진우의 글 「주(鴸)와 비(蜚)의 사이에서」는 김현의 글을 인용하는 것으로 시작한다. 1980년대 후반의 역사적 과도기 속에서, 불확실한 역사적 전망을 신화 속의 불길하고 기괴한 새와 짐승으로 비유하는 이 글을, 자신의 평문 모두에 인용한 남진우의 속마음은 무엇인가. 명백하게도 그것은 안티조선 논쟁이나 문학권력 논쟁에 적극적으로 참여한 비판적 지식인들과 그들의 논의에 이미지 훼손을 가하기 위해서이다. 가령 다음과 같은 구절을 보자.

> 그러나 정신 없이 돌아가는 현실의 쳇바퀴에서 내려서서 잠시 주위를 돌아보면 여전히 제 이름을 부르며 우는 새와 짐승들로 가득 차 있다는 사실을 발견하게 된다. 그들은 끈질기게 울며 무한히 증식한다. 차이를 허락하지 않으며 이단이나 이설(異說)을 용납하지 않는 불관용은 어쩌면 우리에겐 오래된 사회적 정신질환의 일종인

지도 모른다. '주와 비의 세계'에선 "또다시, 좋은 세상이 오고 있다"는 소식은 언제나 풍문으로 그칠 따름이다. 제 이름을 부르며 우는 새와 짐승들의 소란한, 하지만 실은 동일한 울음소리.

누가 보아도 이 부분은 강준만을 비롯한 비판적 글쓰기를 수행하는 몇몇 논자들을 겨냥하고 있는 대목이다. 말하자면, 남진우의 비판대상에 해당되는 논자들이 지금 이 시대의 기괴하고 불길한 주와 비에 해당된다는 것이다. 나는 이러한 식의 극도의 부정적인 비유와 불길한 동물 이미지를 통해서 상대방에게 타격을 가하려는 남진우의 이미지 투쟁의 책략이 지닌 위험성에 대해서 지적하지 않을 수 없다. 글의 모두에서 이토록 기괴한 이미지를 등장시켜, 비판의 대상에 비유하는 것이 과연 바람직한 논쟁의 방식일까. 사실 이러한 비판의 방식은 직설적이며 노골적인 비판보다 한층 위험하고 교묘한 비판에 해당된다. 이러한 식의 비판 어디에 상대방을 대화파트너로 생각하는 최소한의 글쓰기 윤리와 품격이 존재하는가. 남진우의 글 어디에 최소한의 정직한 자기 응시가 존재하는가.

남진우의 글에는 어떻게든지 상대방의 이미지에 타격을 입히려는 에스컬레이트된 욕망만이 존재한다. 그가 상징에 관심이 많은 것은 존중할만한 미덕이지만, 적어도 이러한 방식의 기괴한 동물 이미지와 상징을 통해 상대방의 이미지를 훼손하고자 하는 것은 '비평으로 위장된 감정적인 비난'에 가까운 행위가 아닌가. 만약 남진우가 그토록 흠모하는 김현 선생이 살아 계셨다면, 자신의 글쓰기가 이러한 방식으로 이용되는 것에 대해서 흔쾌한 심정이었을까. 정말 이 점이 궁금하다. 지금까지 남진우의 탁월한 심미적 비평문들을 통해서 많은 것을 배울 수 있었던 나는 이러한 아름답지 못한 비판의 방식을 목도하니, 솔직히 안타까울 뿐이다.

아울러 남진우는 강준만의 비평이 고등 비평과 구별되는 일종의 하등 비평에 해당된다고 규정하고 있다.[5] 그런데 그 기준이 무엇인가. 현학적인 발언과 철학적인 담론, 추상적인 논의를 빌려 단아하고 실증적인 논문식 문체로 씌어지면 고등 비평이고, 현실의 첨예한 사안에 대해서 쉽고 명료한 문체로 발언하면 하등 비평인가? 이러한 이분법적 구분 역시, 강준만을 비롯한 비판적 글쓰기를 진행하는 논자들의 이미지를 훼손하기 위한 공공연한 담론의 책략이자, 인위적인 분류에 해당된다.

나는 강준만의 비판적 글쓰기에는 그 어떤 학술논문과 평론이 도저히 할 수 없는 소중한 역할이 존재한다고 생각한다. 가령, 글쓰기의 유형학과 연관하여 강준만의 글과 김우창의 글은 서로 다른 쓰임새를 지닌 것으로 바라보아야 한다. 원칙적인 의미에서 그 두 가지 글쓰기는 상보적 관계를 구성한다. 김우창이 도저히 쓸

---

5 | 이러한 논법은 흥미롭게도 일류와 권위가 천박한 비판에 의해서 배척당한다는 정과리의 논지와 너무나 흡사하다. 정과리, 「일류-권위 배척하는 천박」(조선일보 2001.7.20). 정과리의 논지에 대한 비판으로는 「말하라 당신은 누구인가!:지식사회의 위기와 지식인사회의 응전」(『한겨레21』 370호 기획특집, 2001.8)을 참조할 수 있다.

수 없는 글을 강준만이 쓰고 있으며, 강준만이 도저히 쓸 수 없는 글을 김우창이 쓰고 있는 것이다. 그러므로 그 두 가지 글쓰기는 애초에 하나가 다른 하나보다 우월하거나 고등한 그런 관계가 결코 아닌 것이다. 굳이 '고등'이라는 표현을 사용한다 하더라도, 강준만의 이 시대 현실에 대한 직설적이며 예리한 비판은 때때로 그 어떤 현학적이며 철학적 담론보다 고등한 비평에 해당되는 것이 아닐까.

지금까지 서술한 의미에서 자신과 다른 글쓰기에 대해서 전혀 인정하지 못하는, 그리하여 남진우의 표현 그대로 "차이를 허락하지 않으며 이단이나 이설(異說)을 용납하지 않는 불관용"의 진정한 책임이 과연 누구에게 있는지 되물어볼 일이다.

다음과 같은 남진우의 지적 역시, 자신의 주관적인 편견을 타성적으로 단순화시킨 발언에 가깝다.

> 우리는 비판을 두려워 할 필요도 없지만 비판을 물신화하는 비판 강박증에 걸릴 필요도 없다. 그런 점에서 정작 문제는 강준만의 비판적 글쓰기 자체에 있다기보다 그것을 모델 삼아 무분별하게 흉내내는 문단 일각의 에피고넨들에게 있는지 모른다.

우선 이러한 지적은 사실과도 전혀 부합되지 않는다. 필자만 하더라도 강준만과 지속적인 논쟁을 벌이고 있으며, 또한 비판적 글쓰기를 진행하는 논자들이 강준만을 바라보는 스펙트럼은 그들의 숫자들만큼이나 다양하다. 가령, 김명인, 임우기, 구모룡, 고종석, 『비평과 전망』 동인들, 신철하, 김정란 등이 강준만을 이해하고 조망하는 시선은 제각각이다. 남진우의 논리대로라면 남진우야말로 김현의 저열한 에피고넨으로 불릴 수 있는 것이 아닌가! 비판적 글쓰기를 진행하는 비평가들에 대한 그 어떠한 비판도 환영한다. 그러나 제발 이런 식의 폭력적인 딱지 붙이기 식의 비판만은 서로 삼가야 하지 않을까

지금까지 언급한 남진우 비판의 한계들이, 남진우가 강준만에게 전개한 몇몇 유효하고 정당한 비판의 취지마저 퇴색케 한다는 사실을 남진우가 분명히 인식하기를 바란다. 제대로 제기되었다면, 강준만과 비판적 글쓰기에 대한 예리한 논쟁적 대화가 시작되는 소중한 계기가 되었을 수도 있었을 남진우의 글이, 격렬하면서도 음험한 감정 싸움의 회오리 속으로 스스로 돌진하고 있다는 점이 정말 안타까울 뿐이다. 이것이 우리 지성계의 한계와 풍토를 그대로 보여주는 것일까.

나는 강준만과 김정란의 글이 지닌 몇몇 한계에 대해서 지적한 바 있지만, 『문학동네』 특집 〈비평과 권력〉을 읽어내려 가면서 정작 의미 있는 논쟁에 가장 큰 장애물로 작용하는 글쓰기가 바로 윤지관이나 남진우와 같은 글이라고 생각하게 되었다.

글의 어조로 보았을 때, 남진우는 강준만을 비롯한 비판적 글쓰기를 수행하는 비평가들에게 '감정적인 적대감'을 지니고 있는 것으로 판단된다. 그 복잡미묘하면서도, 너무나 인간적인(?) 감정을

이해하지 못할 이유는 없다. 그러나 적어도 그러한 감정을 최대한 절제하면서 오로지 글의 논리로만 비판하는 것이 그 비판의 효과면에서도 월등히 긍정적인 결과를 가져오지 않을까 싶다. 상대방 논자로 인해 형성된 정당한 분노를 간직하되, 그 분노를 글쓰기 자체의 치열성과 면밀한 논리로 승화시켜 나가는 자세가 지금 이 시대의 논객들에게 절실하게 요청되는 글쓰기 덕목이 아닐까 싶다.

## 4. 우리를 부끄럽게 하는 비판을 원한다.

나는 진심으로 문학권력 논쟁이나 비판적 글쓰기에 대한 정말 제대로 된 비판, 비판적 글쓰기를 진행하는 비평가들이 스스로 흔쾌하게 수긍할 수 있는 비판, 문학권력 비판자들을 근원적으로 성찰하게 만드는 비판을 만나게 되기를 기대한다. 바로 그런 비판과 접하면서, 그토록 지독하게 상투적으로 얘기되는 '생산적인 논의'가 전개될 수 있으며 논쟁의 진전과 성숙이 조금씩 이루어질 수 있으리라. 지금 이 시기는 과연 어떠한 글들이 논의의 진전과 성숙을 방해하는 요인인지 정말 진지하게 검토해 볼 시기라고 할 수 있겠다.

이러한 의미에서라도 나는 흔히 '추문', '진창' 등의 용어로 손쉽게 매도되는 최근의 문학권력 논의와 비판적 글쓰기에 대해서 마음을 열고 접근하면, 대단히 섬세한 논의의 스펙트럼을 발견할 수 있다고 기꺼이 말하고 싶다. 이제 그 차이들을 정말 치밀하게 얘기할 때가 아닌가.

어떤 의미에서 최근의 안티 조선 논쟁과 문학권력 논쟁은 우리 지식인 사회의 상처와 모순, 이중성, 퇴행, 욕망, 권력욕, 인간관계, 연대, 정직함, 용기, 고독 등등의 복잡다단한 모습을 되비추는 거울일 것이다. 이러한 의미에서라도, 논쟁은 냉소주의에 의해서 손쉽게 봉합되어서는 안 된다. 논쟁은 섬세하면서도 치열하게 계속되어야 한다. 그 무수한 상처와 욕망들, 비열함과 용기들을 제대로 응시하기 위하여. 『문학동네』의 특집 「비평과 권력」에 대한 이 비판이 그러한 '응시'를 위한 자그마한 계기가 되기를 바란다.

(『황해문화』 2001년 가을호)

보유

이 평문이 발표된 후에, 남진우는 반론을 제기했다. 남진우의 「권성우에게 답함」(『황해문화』 2001년 겨울호)이라는 글이 바로 그 반론이다. 남진우의 글 「권성우에게 답함」에 대해서는 강준만, 권성우, 이명원 등이 재반론을 제기했다. 강준만은 「글쓰기의 기본 윤리에 대해」(월간 『인물과사상』 2002년 1월호)라는 글을 통해, 이명원은 「다시, 문학권력 논쟁에 대하여」(『비평과 전망』 제5호, 2002년 상반기)라는 평문을 통해, 그리고 권성우는 「심미적 비평의 파탄-남진우의 반론에 답한다」(강준만·권성우 『문학권력』, 개마고원, 2001)라는 글을 통해 각각 남진우의 반론에 대한 재반론을 펼쳤다. 이 글들을 함께 읽으면, 필자의 글 「우리를 아프게 하는 비판을 원한다」가 지닌 맥락과 의미를 한층 명료하게 인식할 수 있을 것이다. 아울러 문학권력 논쟁 전반의 정보에 대해서는 이명원의 『파문』(새움, 2003)에 수록되어 있는 참고문헌과 글들이 소중한 참조가 될 것이다.

# 3 논쟁의 풍경들

1. 논쟁의 혁신과 진전을 위한 제안 | 2. 신진비평가의 선택과 실천 | 3. 한 언론학자의 문학계 비판 | 4. 창비 비판을 둘러싼 한 비평가의 내면풍경

# 논쟁의 혁신과 진전을 위한 제안

## 1. 최근 문학권력 논쟁의 맥락과 경과

이른바 문학권력 논쟁은 최근 들어와 문학권력에 대해 비판적인 논자(비평가)들과 문학권력 비판의 정당성에 대해서 부정적인 태도를 취하는 논자(비평가)들 사이의 집단적 논전 형식으로 전개되고 있다. 문학권력에 대한 비판을 지속적으로 전개하고 있는 논자는 강준만, 김정란, 이명원, 홍기돈, 권성우 등이고, 그들에 맞서 남진우, 류보선, 윤지관 등이 격렬하면서도 냉소적인 반론으로 대응하고 있다. 일단 논쟁이 한 쪽의 적극적인 문제제기와 다른 한 쪽의 침묵이라는 비정상적인 구도를 탈피하여 치열한 난상토론의 장으로 진입한 것은 '논쟁의 정치학'과 연관하여 분명 진일보한 모습이라고 할 수 있을 것이다. 김정란의 「조선일보를 위한 문학」(1999)을 계기로 본격적으로 점화된 문학권력 논쟁은 주로 문학권력의 배타성과 전횡, 편협한 자기동일성에 대한 비판적 문제제기가 주를 이루었다고 할 수 있다. 그 과정에서 문학권력이라고 비판받은 측의 대응이 없었던 것은 아니다. 그러나 그 대응은 일시적이며 산발적인 차원에 그쳤으며, 그 논리라는 것도 명료한 구체성을 담보하지 못한 모호한 일반론 수준에서 크게 벗어나지 못했다. 그러므로 비판적 글쓰기를 통해 문학권력 비판이라는 선명한 논쟁적 화두를 이끌어 가는 문학권력 비판 진영의 행보는, 엄밀한 의미에서 근본적인 반론과 마주친 적이 없었다고 말할 수 있으리라. 적어도 남진우의 등장 이전에는.

그러나 남진우를 위시한 『문학동네』 진영 비평가의 적극적인 개입으로 인해 최근 문학권력 논쟁은 완전히 새로운 판도로 전개되고 있다. 그 분기점이 된 것은 『문학동네』 2001년 여름호의 특집기획 〈비평과 권력〉이었다. 그 이후 문학권력 논쟁은 치열한 비판과 재비판을 거듭하며, 한국 현대비평사에서 유례가 없는 장기적인 논쟁을 전개하고 있는 것이다. 문학동네 진영 비평가들의 특징은 문학권력 비판에 대해서 극도의 냉소적이며 부정적인 반응을 보이면서, 문학권력 비판의 의미를 애써 평가절하하고 있다는 사실에 있다. 이 과정에서 진보적인 비평가에 해당되는 윤지관이 『문학동네』의 특집기획에 참여하면서 문학권력 비판에 대한 냉소적인 문제제기를 통해 남진우와 유사한 문제의식을 보여주고 있다는 점은 흥미로운 사실이다. 어쨌든 이들의 등장으로 인해 문학권력 논쟁이 치열하고도 전면적인 논쟁으로 확대되고 있다는 점은 『문학동네』의 공로(?)가 아닐 수 없다. 무엇보다도 이들의 씩씩한 등장이 아니었다면, 의제화되기가 쉽지 않았으리라고 짐작되는 다양한 쟁점이 새롭게 분출하고 있다는 점에서.

가령, 남진우의 인신공격적이며 감정적인 글쓰기를 어떻게 볼 것인가?, 감정싸움은 과연 소모적이기만 한 것인가?, 남진우, 류보선 등의 문학동네 진영 비평가들의 현학성과 지식폭력을 어떻게 볼 것인가?, 사적인 복수심이라는 잣대로 글쓰기의 의도를 추정하는 것은 정당화될 수 있는가?, 아울러 그러한 추정은 과연 논리적으로 입증될 수 있는 것인가?, 한 비평가가 특정한 비평적 에콜에 소속된다는 것과 그 비평가의 비평적 주체성과 독립성은 어떤 관계를 맺고 있는가? 문학권력 비판의 한계는 무엇인가? 한국적 현실 속에서, 푸코와 부르디외의 권력 이론이 문학권력 비판을 통해 어떠한 방식으로 섬세하게 굴절되고 있는가? 등등의 쟁점에 대해서는 앞으로도 면밀한 후속 논의가 진행되어야 할 것이다.

위의 쟁점과는 별도로 필자는 이 글에서 앞으로도 계속될 문학권력 논쟁이 조금이라도 유의미한 논쟁이 될 수 있도록 몇 가지 구체적인 제안을 하고자 한다. 왜냐하면, 최근 문학권력 논쟁은 논쟁의 애초 목적 및 그 성과와는 무관하게 남진우의 글쓰기에서 전형적으로 나타나듯이 일면 감정싸움을 보이게 됨에 따라서 논쟁의 주요쟁점이 희석되는 현상이 분명 발생하고 있기 때문이다. 그러므로 논쟁의 온전한 전개와 새로운 진전을 위해서도 기본적인 쟁점을 다시 확인하고, 원활한 논쟁을 위한 바람직한 자세를 가다듬는 작업이 절실하게 요청되는 것으로 보인다.

필자의 제언 이전에 우선 논쟁의 경과부터 정리하기로 하자. 이제 이 논쟁을 파악하는 것은 거대한 숲을 세밀하게 조감하는 작업에 다름 아니다. 그래서 논쟁의 구체적인 과정을 면밀하게 검토한 논자가 아니라면, 문학권력 논쟁을 정확하게 따라가기가 결코 용이하지 않은 것이다. 최근 일부 저널리즘을 중심으로 문학권력 논쟁에 대한 잘못된 이해 및 안이한 양비론적 관점이 난무하는 것도 일면 문학권력 논쟁의 이러한 감자넝쿨 같은 복잡한 성격에서 연유하는 것이다(이와 연관하여 몇몇 논자들은 문학권력 논쟁에 대한 극히 일부 문건이나 신문보도만을 접한 채, 문학권력 논쟁에 대한 단선적이며 손쉬운 판단을 내리기도 하는 것으로 보인다).

앞에서도 언급했듯이 문학권력 논쟁은 수많은 논자들이 동시다발적으로 참여하여 집단적인 공방전을 벌이고 있으며 그 쟁점 자체도 참으로 다양하다. 이러한 논쟁의 정확한 쟁점과 섬세한 입장차를 제대로 인식하기 위해서는 지속적인 관심과 성실성을 필요로 하리라. 나는 적어도 최근의 문학권력 논쟁에 대해서 소신껏 발언하고자 하는 논자라면 이러한 논쟁의 전모에 대한 정확한 이해라는 기반 하에서 자신의 주장을 구체적으로 전개해야 한다고 생각한다. 논쟁의 성숙과 발전을 위해서, 그리고 논쟁에 대한 이해를 돕기 위해서 『문학동네』의 「비평과 권력」 특집 이후, 지금까지 전개된 문학권력 논쟁을 간단히 정리하면 다음과 같다.

Ⅰ. 남진우와 윤지관이 『문학동네』 2001년 여름호 특집 「비평과 권력」에 참여하여 강준만과 문학권력 비판자들에 대한 본격적인 비판을 전개함

1) 남진우, 「주(鵃)와 비(蜚)의 세계에서」: 강준만 비판

2) 윤지관, 「푸코에 들린 사람들」: 문학권력 비판의 문제점과 강준만의 비판적 글쓰기에 대한 문제제기

Ⅱ. 남진우와 윤지관의 논리에 대한 문학권력 비판자들의 반론

3) 강준만, 「'릴케의 시집'과 '유대인 학살'」, 단행본 『인물과사상』 20호: 남진우의 1)번 글에 대한 반론

4) 강준만, 「좌파 · 진보적 지식인의 지식폭력」, 단행본 『인물과사상』 20호: 윤지관의 2)번 글에 대한 반론

5) 이명원, 「푸코를 넘어서는 사람들」, 『비평과전망』 4호: 윤지관의 2)번 글에 대한 반론

6) 권성우, 「우리를 아프게 하는 비판을 원한다」, 『황해문화』 2001년 가을호: 남진우의 1)번 글과 윤지관의 2)번 글에 대한 반론

7) 홍기돈, 「'진보적인 비평의 길'을 함께 모색하기 위한 충언-『문학동네』 2001년 여름호 특집 「비평과 권력」 비판」, 「아웃사이더」 5호: 『문학동네』 특집 「비평과 권력」에 수록된 장경렬의 평문과 남진우의 1)번 글, 윤지관의 2)번 글에 대한 반론

Ⅲ. 남진우, 류보선 등 『문학동네』 진영 비평가들의 대응

8) 남진우, 「권성우에게 답함」, 『황해문화』 2001년 겨울호: 권성우의 6)번 글에 대한 재반론

9) 남진우, 「문학권력논쟁에 대하여」, 『문학동네』 2001년 겨울호: 문학권력 비판 일반과 강준만의 3)번 글에 대한 반론

10) 류보선, 「'비판적 글쓰기', 혹은 대중기만으로서의 비판」, 『문학동네』 2001년 겨울호: 권성우의 문학권력 비판과 비판적 글쓰기에 대한 문제제기

Ⅳ. 『문학동네』 측 논자들의 대응에 대한 문학권력 비판자들의 재반론

11) 권성우, 「심미적 비평의 파탄」, 『문학권력』: 남진우의 8)번 글에 대한 비판

12) 권성우, 「비판을 위한 비판, 그 맹목적인 글쓰기에 대하여」, 저널룩 『인물과사상』 21호(2002.1): 류보선의 10)번 글에 대한 반론

13) 강준만, 「글쓰기의 기본 윤리에 대하여-남진우의 글쓰기 무엇이 문제인가」, 월간 『인물과사상』 2002년 1월호: 남진우의 8)번 글에 대한 비판

14) 강준만, 「논쟁의 기본 윤리에 대하여-남진우의 글쓰기 무엇이 문제인가 · ②」, 단행본 『인물과사상』 21호(2002.1): 남진우의 9)번 글에 대한 반론

15) 강준만, 『문학권력』(2001.12, 개마고원) : 『문학과사회』, 『창작과비평』, 『문학동네』 등의 유력한 문학에콜을 비롯하여 주례사 비평, 문학상, 문학제도 등의 문학권력의 부정적인 행태로 야기되는 다양한 문제점에 대해 단행본 저술을 통해 전면적으로 비판

16) 이명원, 「다시, 문학권력 논쟁에 대하여-문학동네와 조선일보」, 『비평과 전망』 5호: 남진우의 9)번 글과 류보선의 10)번 글 및 조선일보 문화부 기자 김광일의 편향적인 기사에 대한 비판

물론 위의 정리는 최근 전개되고 있는 이른바 문학권력 논쟁이라고 통칭되는 모든 논쟁 항목을 포함하고 있지 않다. 예컨대 『창작과비평』을 둘러싼 논쟁이나 이문열 논쟁, 서정주 논쟁 등등은 위의 목록에서 제외되어 있다. 그러나 『문학동네』 지면의 「비평과 권력」 특집 이후 문학동네 진영 비평가들의 적극적인 개입으로 유발된 최근의 격렬한 문학권력 논쟁에 연관된 비평문들은 위의 목록에 대부분 포함되어 있다(「비평과 권력」 특집 이전의 논쟁의 경과에 대해서는 또 다른 글과 목록이 작성되어야 하리라). 이 논쟁을 필자는 '『문학동네』를 둘러싼 문학권력 논쟁' 으로 칭하고자 하는데, 논쟁의 격렬함과 치열함에서는 그 이전의 어떤 문학권력 논쟁도 이번 논쟁에 미치지 못할 것이다. 이 대목에서 정말 중요한 것은 '『문학동네』를 둘러싼 문학권력 논쟁' 이 단지 다른 논쟁에 비해서 격렬

하거나 감정적이라고 말하는 것이 아니라, 그 격렬함의 휘장 속에 숨겨져 있는 여러 가지 맥락과 권력의 심층적 역학관계, 권력의 행사방식 등을 면밀하게 탐사하는 작업이리라. 바로 이러한 작업을 통해서 우리 문단과 비평계를 둘러싼 중요한 모순과 불합리한 문학적 관행의 실체가 제대로 드러나리라고 생각된다. 그 작업에 대한 기대로, 아울러 문학권력 논쟁에 참여하고 있는 비평가의 한 사람으로서 필자는 이번 논쟁에 대한 다음과 같은 세 가지 제안을 하고자 한다.

## 2. 논쟁의 혁신을 위한 세 가지 제안

### 구체적인 쟁점에 대해서 세밀하게 논의하자

논쟁이 논점에서 벗어나 주로 상대방에 타격을 가하는 방식으로 전개되면 논쟁은 평행선을 달릴 수밖에 없다. 이러한 논쟁의 과정에서는, 서로 의견 차이가 존재하는 부분에 대한 논리적인 분석과 섬세한 검증이 이루어지기 힘들다. 특히 최근의 논쟁과정에서 남진우가 이러한 바람직하지 못한 논쟁태도를 보여주고 있는 것으로 판단된다. 이미 강준만이 「글쓰기의 기본 윤리에 대하여」라는 글에서 언급했듯이 남진우는 논제에서 벗어나 상대방에 대한 감정적인 공격에 치중하고 있는 것이다. 앞으로 남진우가 이번 논쟁을 조금이라도 생산적으로 이끌 마음이 있다면 상대방이 제기한 논점에 대한 구체적인 입장을 밝히면서 반론에 임해주기를 기대한다. 예를 들어, 앞의 논쟁목록 중에서 필자의 11)번 글, 강준만의 13), 14)번 글, 이명원의 16)번 글 등이 남진우의 최근 주장에 대한 비판에 해당된다. 물론 남진우는 그러한 비판들에 대해서 적극적으로 대응할 것으로 믿는다. 앞으로 씌어질 남진우의 반론이 정직하고 진지한 비판이 되기 위해서는 적어도 위의 비판들에서 제기된 주요한 쟁점에 대해서 성실하게 응답하는 방식으로 씌어져야 할 것이다. 좀 더 구체적으로 말해서, 필자의 글 「심미적 비평의 파탄」에서 제기된 '사실의 왜곡과 에피고넨'이라는 제목을 비롯한 아홉 가지의 커다란 쟁점들, 강준만이 「글쓰기의 기본 윤리에 대하여」에서 남진우의 「권성우에게 답함」에 대해서 제기한 〈"말싸움하다가 욕하기" 수법〉, 〈누워서 침 뱉고 웃는 병〉 등을 비롯한 모두 15가지 글쓰기 "수법"에 대한 비판들, 강준만이 「논쟁의 기본 윤리에 대하여」에서 남진우에게 던진 15가지 질문 및 〈제목을 바로 달고 상상력을 자제하자〉를 포함한 다양한 문제제기, 이명원이 「다시, 문학권력 논쟁에 대하여」에서 "은유의 정치학→감정적 어사의 남발→논증 없는 비난"이라는 구도로 정리한 남진우의 최근 글쓰기의 한계 등등에 대해서 남진우가 구체적이며 면밀하게 대응할 때, 논쟁이 공허한 평행선에서 탈피할 수 있을 것이다. 바로 그 작업을 남진우에게 기대한다.

동일한 의미에서 류보선 역시, 필자의 류보선 비판에 해당하는 「비판을 위한 비판, 그 맹목적인 글쓰기에 대하여」에서 개진된 11

가지 항목의 문제제기와 이명원의 「다시 문학권력 논쟁에 대하여」에서 제기된 류보선 비판에 대해서 구체적으로 대응하는 과정을 통해 반론을 작성해 주기를 기대한다. 이제 의제에서 벗어난 논증 없는 비난은 논쟁적 글쓰기의 설득력을 감소시킨다는 사실을 인식해야 하지 않을까. 남진우와 류보선이 무엇보다도 쟁점에 대한 구체적인 언급을 통한 진지한 반론을 작성했을 때, 그에 대응하는 문학권력 비판자들의 비판 역시 한층 유의미한 글쓰기가 될 수 있을 것이다.

### 인신공격적 비난을 삼가자

최근의 문학권력 논쟁이 저널리즘을 비롯한 제 삼자에게 진흙탕 논쟁으로 비춰지는 원인은 무엇보다도 남진우의 인신공격적 글쓰기에 있다고 판단된다. 최근 남진우의 감정적 비난과 인신공격적 글쓰기에 대해서는 다양한 논자들이 문제제기를 시도하고 있다(예컨대 필자의 「심미적 비평의 파탄-남진우의 반론에 답한다」와 이명원의 「다시, 문학권력 논쟁에 대하여」, 유성호의 「매혹과 냉소 사이: 비평의 존재론」, 강준만의 「글쓰기의 기본 윤리에 대하여」 등을 참조할 것). 이와 연관하여 강준만이 지난 호 『황해문화』에 수록된 남진우의 글 「권성우에게 답함」을 그대로 게재한 『황해문화』 편집진에 대해서 비판하는 대목은 흥미롭다. 강준만은 남진우의 글이 시종일관 인신공격과 논점의 왜곡으로 이루어져 있다고 주장하면서, 그와 같은 감정적인 반론까지 수용할 필요는 없다고 주장하고 있다(강준만, 「글쓰기의 기본 윤리에 대하여」 참조).

지금까지 소개한 남진우의 글쓰기 자세에 대한 비판이 모두 전혀 근거 없는 것인가? 이에 대한 남진우의 견해를 듣고 싶다. 남진우가 위의 비판들에서 전개된 주장들의 취지를 조금이라도 수용하고자 한다면, 자신의 글쓰기 자세가 논쟁을 정당한 논리적 대결보다는 일면 감정싸움의 양상으로 만든 중대한 요인으로 작용하고 있다는 사실을 인정하고 겸허하게 자기 성찰을 전개해야 할 것이다. 치열한 논쟁의 과정에서 전개되는 감정적인 비난과 인신공격은 애초의 중요한 논점을 탈색시키는 역할을 수행하게 되며, 논쟁의 구도를 평면적으로 만든다는 사실을 인식해야 하지 않을까.

물론 남진우의 감정적인 글쓰기와 인신공격은 남진우의 글쓰기 행태와 연관된 많은 것들을 검증하고 드러내게 만들었다는 점에서 무의미한 것은 아니다. 그러나 동시에 남진우식의 인신공격적 글쓰기가 지금과 같은 방식으로 지속될 필요는 없을 것이다. 이러한 주장이 단지 제 3자에게 보기 좋은 논쟁을 전개하자는 의미로 수용되기를 바라지 않는다. 치열하면서도 아름다운 논쟁이 충분히 가능하지 않겠는가. 이러한 의미에서 남진우에게 강력하게 제안한다. 논쟁의 진전과 쇄신을 위해서 인신공격과 지나친 감정적 발언을 최대한 삼가자고. 그리하여, 문학권력 논쟁이 한편으로는 격렬하고 치열하면서도 또 다른 한편으로는 아름답고 정당한 논쟁이 될 수 있도록 노력하자고.

### 안이한 양비론에서 탈피하여 논자간의 차이에 대해서 섬세하게 인식하자

마지막으로 제삼자의 입장에서 문학권력 논쟁을 조망하는 논자나 문학권력 논쟁에 대해서 발언코자 하는 논자(기자)들에게 제안한다. 제발 타성적인 양비론에서 탈피하여, 각 논자의 섬세한 차이에 대해서 주목하기 바란다. 물론 문학권력 비판자들에게도 비판할 점이 있을 것이고, 문학권력이라고 비판받는 논자들에게도 문제가 있을 것이다. 그러나 지금과 같은 치열한 논쟁과정에서는, '양 쪽 모두에게 문제가 있다', '둘 다 똑같다'는 식의 안이한 양비론은 평행선을 달리는 논쟁의 매듭을 풀고 각 주장의 상대적 정당성을 확인하며, 논점과 연관된 논리적 설득력을 구체적으로 검증하는 작업에 아무런 도움이 안될 것이다.

가령, 과연 누가 논점에서 일탈해 감정적인 인신 공격을 남발하고 있는가?, 누가 상대방의 관점을 왜곡하고 있는가? 하는 문제에 대해서는 논쟁의 추이를 제대로 검토해 본 논자라면 분명히 결론을 내릴 수 있는 것이 아닐까. 만약 남진우나 류보선의 주장에 상대적인 설득력을 느끼는 논자가 있다면, 그들의 견해를 과감하게 지지하기 바란다. 또한 역으로 강준만이나 이명원의 주장에 상대적인 설득력을 인식하고 있는 비평가라면 역시 그들의 견해를 과감하게 지지해주기 바란다. 자신이 지지하는 입장의 문제점은 우호적인 관점에서 얼마든지 내부 비판의 형식으로 전개할 수 있는 것이 아닌가.

물론 나는 철저하고 성실한 양비론의 존재 가능성을 믿는다. 필자로 말하자면, 양비론이 지니는 원천적 한계와는 별도로 성실한 논리적 탐구에서 비롯되는 철저한 양비론의 역할을 일정 부분 인정한다. 그러나 대부분의 저널리즘이, 혹은 대부분의 논자가 문학권력 논쟁 관계 문헌 몇 편만을 달랑 읽고서 엉성한 양비론을 펼치는 것은 문제가 있는 것이 아닐까. 이와 연관하여, 대다수의 신문이 문학권력 논쟁과 연관하여 양비론을 펼치고 있는 대목을 나는 안타깝게 생각한다. 각 신문 사이의 이념적, 문학적 차별성을 근거로 하여, 문학권력 비판자와 문학권력 옹호자 사이의 섬세한 차이에 대해서 주목하면서 차별화된 논리를 보여줄 수 있을 때, 우리의 문화적 지평도 그만큼 풍부해질 수 있을 것이다. 진정한 문화적 다양성과 성숙한 논쟁을 위해서는 바로 이러한 차이에 대한 예민한 감각이 필요한 것이 아닐까 싶다.

지금까지 전개한 필자의 제안의 근본적인 취지에 대해서 남진우와 류보선 역시 흔쾌하게 동의하리라고 믿는다. 이러한 의미에서, 최근에 씌어진 필자, 강준만, 이명원의 남진우, 류보선 비판에 대한 남진우와 류보선의 성실하고 예리한 반론을 보고 싶다. 앞으로 씌어질 그들의 비판이 진정으로 생산적인 대화정신에 의해 채워지기를 진심으로 기대한다. 이러한 과정을 통해서, 문학권력 논쟁이 정말 아름답고도 치열한 논쟁이 될 수 있지 않겠는가.

(『황해문화』 2002년 봄호)

# 신진비평가의 선택과 실천

「비평과 전망」 동인과 백지연의 경우

뚜렷한 자기 목소리를 가진 의욕적인 신진비평가들이 이 땅의 문학장에서 비평 행위를 수행할 때 어떠한 문제와 대면하게 되는 것일까. 이 점은 근본적으로 자신의 글을 주체적으로 발표할 수 있는 지면의 존재여부와 무관할 수 없다. 말하자면, '발표지면의 정치학'으로 표현할 수 있을 문학장과 문학제도의 시스템은 신진비평가들의 존재론적 위상과 비평의 성격에 커다란 영향을 미치고 있다고 할 수 있다. 대부분의 신진비평가들은 문예지의 청탁이나 작품집 해설 의뢰를 통해 자신의 비평문을 작성한다. 물론 자신이 자발적으로 선택한 비평적 테마에 의해서 씌어진 비평문을 스스로 문예지에 투고하는 경우도 존재할 것이다. 그래서 장정일의 최근 주장처럼 청탁에 의존하는 글쓰기를 단호히 거절하고 자발적인 투고에 의한 글쓰기를 진행하는 것이 근본적인 의미에서 바람직한 태도일 것이다.[1] 그러했을 때, 비평가 자신의 주체적인 문제의식과 장기적인 비평적 기획이 뚜렷하게 드러날 수 있을 것이다. 그러나 문제는 이러한 자발적인 투고가 문예잡지의 촘촘한 제도적 그물망을 돌파하여 '독자적인 글쓰기 형태'로 지속적으로 전개되기란 결코 쉬운 일이 아니라는 사실이다.

글쓰기의 욕망은 정말 묘해서, 상당수의 경우 청탁에 의해서 그 욕망이 자극되거나 상승할 수도 있다. 이 대목에서 글쓰기 욕망 자체가 순전히 자발적으로 구성되는 것은 아니라는 점을 인식할 필요가 있다. 예상컨대 상당수의 문인들이 청탁이 없다면 지금보다 글을 훨씬 적게 쓸 것이다. 나 스스로 이러한 문단의 관행으로부터 결코 자유롭지 않다. 이런 예를 들어볼 수 있겠다. 가령, 스스로 소재와 대상을 선택하는 비평이나 에세이 연재는 언뜻 자발적인 것처럼 보인다. 그러나 그러한 연재의 상당수는 '청탁'이 없었다면 씌어지지 않았을 것이다. 이 글을 포함한 필자의 『황해문화』 연재물에서 제기된 민감한 주장들 역시 『황해문화』의 청탁이 아니었다면 과연 자발적으로 씌어졌을 것인지에 대해서 나는 확신할 수 없다. 청탁 제도는 글쓰는 사람에게 하나의 '덫'이자 '마약'과 같다. 동시에 그것은 자신의 잠재적인 능력을 현실화시키는 강력한 수단일 수도 있다. 청탁은 문제의식은 있으되 게으른 필자

---

1 | 장정일, 「단상 · 아무 뜻도 없어요」, 「장정일 화두, 혹은 코드: 우리시대의 인물 읽기 1」(행복한 책읽기, 2001.10) 참조.

를 기꺼이 글쓰기로 만드는 현실적인 제도이다. 특히 유력한 매체로부터 청탁받은 문인은 자신이 선택받았다는 모종의 선민의식을 글쓰기의 활달한 동력으로 삼을 것이다.[2] 특히나 자신의 비평적 문제의식을 의욕적으로 가다듬어 가는 신진비평가의 경우, 유력한 지면으로부터 얼마나 청탁을 받느냐의 문제는 글쓰기의 열정과 자신감에 분명한 영향을 미칠 것이며, 자신의 비평적 문제의식을 구체화하는 데도 커다란 도움을 받을 것이다.

그렇다면, 현금의 비평계의 현실에서 신진비평가는 청탁이라는 관행과 유혹으로부터 얼마나 자유로울 수 있을까. 청탁이라는 제도적 관행으로부터 자유로운 순수한 글쓰기 욕망은 떳떳하고 아름다운 것이지만, 신진비평가가 그 투철한 욕망을 지속적으로 현실화시키기 위해서는 현실적으로 많은 어려움이 존재한다. 가령, 문단제도와 행복하게 혹은 수동적으로 공존하지 못하는 비평가의 경우 독자적인 매체를 소유하고 있어야 그러한 주체적인 글쓰기가 가능할 것이다. 이와 연관하여, 특히 문단, 작품에 대한 소신 있는 비판이나 논쟁적 글쓰기를 수행하는 신진비평가의 경우, 안정적인 지면을 확보하는 것은 더더욱 쉽지 않을 것이다. 그러다 보니, 대부분의 신진비평가들은 주로 청탁에 의한 짧은 서평, 촌

---

2 | 『창작과비평』으로부터 처음 청탁을 받았을 때의 가슴 설렘을 고백하고 있는 소설가 박완서를 보라. 이러한 점들과 연관하여 나는 '청탁'이라는 관행에 대한 문화사적 연구가 필요하다고 생각한다. 이러한 탐색은 문학장의 구조와 글쓰기의 동력학을 해명하는 유력한 방법이 될 것이다

평, 작품집 해설 위주로 평론 활동을 전개하게 되며, 그에 반해 문예지의 편집위원들은 굵직한 기획특집을 맡거나 자신이 스스로 선택한 주제에 참여하게 되는 것이다. 사실 이러한 차이는 각자 글쓰기의 성격에도 커다란 영향을 미친다. 이러한 점이 신진비평가 및 매체를 소유하지 못한 비평가들이 부딪칠 수밖에 없는 비애라면 비애가 아닐까 싶다. 이미 최익현이 예리하게 갈파했듯이 서평(촌평)의 정치학은 출판자본이나 문학 계간지들의 이해관계와 밀접하게 연루되어 있다. 다음과 같은 설명을 보자.

> 물론 일부 예외는 있겠지만, 대부분의 문학계간지들이 촌평(또는 서평) 제도를 모(母) 출판사와 연계된 홍보전략의 일환으로 활용하거나 동종 출판사들 사이의 상호부조로 이용하고 있음을 쉽게 확인할 수 있을 것이다. 촌평(또는 서평) 제도는 '문학의 장' 안에서 분출하는 다양한 문학담론을 적절히 통제하여 자신들의 문학담론 하에 재편하려는 메이저 계간지들의 전략과 깊은 관련을 맺고 있다. 촌평(또는 서평)의 대상 선정에서부터 필자 선정에 이르기까지 이러한 전략은 직 · 간접적으로 그리고 의식 · 무의식적으로 관철된다"[3]

그러니, 서평, 촌평, 작품 해설 형식의 글에서 제대로 된 비판이

---

3 | 최익현, 「'해석의 금기'를 넘어 '기원의 신화' 허물기」, 『사회비평』 제27호, 2001년 봄호, 227~228쪽.

나 근원적인 문제제기가 이루어지기란 생각보다 쉽지 않다. 특히 그 서평이나 촌평의 대상이 해당 문예지의 모(母) 출판사에서 발간된 경우라면 더욱 그러할 것이다. 서평의 필자가 문학제도 시스템으로부터 스스로 고립되는 것을 각오하지 않는다면 힘겹게 이루어지는 '비판' 조차도 일정한 수위에서 조절될 가능성이 크다. 여기서 적어도 서평의 관행에 대해서 문제의식을 느끼는 신진비평가라면, 고뇌가 생길 수밖에 없다. 그러나 그 고뇌는 현실적인 관행을 수동적으로 따르는 것으로 귀결될 가능성이 크다.[4] 그것은 고립되는 것에 대한 두려움, 앞으로 청탁을 받지 못할 수도 있다는 것에 대한 두려움과 현실적으로 강력하게 존재하는 비평-청탁 시스템의 관행이 타협한 결과일 것이다.

글쓰기의 형식적 측면에서도 두 세 권의 책을 한꺼번에 다룰 수밖에 없거나 짧은 매수로 제한되어 있는 서평(촌평) 형식은 글쓰는 주체의 주체성과 운신의 폭을 결정적으로 제한한다. 물론 그러한 글쓰기를 통해서도 마치 낭중지추(囊中之錐)에 해당하는 탁발하고 예리한 글들이 씌어질 수도 있으리라. 그러나 그것은 예외적인 경우이다. 기본적으로 '청탁' 은 문인의 글쓰기 내공이나 문제의식 못지 않게 문단 인맥이나 학맥, 문학적 취향, 등단 지면 등의 여러 가지 비합리적 · 우연적 요소가 작용하게 된다. 가장 바람직

4 | 애초의 청탁과정에서 이러한 점을 고려하여, 매끈하고 긍정적인 서평을 감당할 수 있는 필자를 섭외하는 경우가 많을 것이다.

한 상태는 그 모든 비합리적 요인을 돌파할 수 있는 출중한 글쓰기 실력을 갖추게 되는 것이다. 그러나 모든 문인과 비평가가 그러한 행운을 만날 수 있는 것은 아니다.

이러한 몇 가지 요인들이 작용하면서, 신진비평가가 자신의 문학적 입장을 의욕적으로 드러내거나 기존의 문학장에 대한 근원적인 비판이나 전복적인 문제제기를 표출하는 글쓰기를 충분한 지면을 통해서 보여주는 것은 점점 힘들어지고 있다. 예를 들어 이어령, 백낙청, 김현, 최원식, 김명인, 정과리 등의 초기 비평이 지닌 문학적 패기와 근원적인 전복정신에 비추어 보면 최근의 신진비평가들의 글쓰기는 몇몇 예외를 제외하면 대체로 지나치게 온순하고 지리멸렬한 것이 아닐까.[5] 물론 보다 본질적인 문제는 비평 쓰기를 둘러싼 제도적인 차원에 존재한다. 이 문제를 비평가 개개인의 책임으로 돌리기에는 비평 쓰기-청탁-서평 등을 둘러싼 제도적 차원의 문제가 워낙 심각해 보인다. 마치 독과점 행태로

---

5 | 예컨대, 이어령은 1956년 씌어진 등단작 「우상의 파괴」를 통해서 기성 문인들을 신랄하게 비판하고 있다. 아울러 이어령은 그 글에서 "내가 이 순간 '우상들의 분노'를 생각하지 않은 것은 아니다. 또한 이 거룩한 우상들에 의하여 '프로메테우스'와 같은 모진 형벌을 받을 것도 잘 알고 있다"면서, 자신의 비판적 글쓰기가 가져올 파장까지 각오하는 모습을 보여주었는데, 그가 20대 중반에 등단작을 통해서 보여준 자세는 지금의 시점에서 보더라도 인상적이다. 다만, 그의 이러한 태도가 지속적인 글쓰기를 통해서 실천적으로 계승되지 못한 것은 참으로 아쉬운 대목이 아닐 수 없다. 이어령의 글쓰기에 대한 새로운 관점은 강준만의 「지식인의 '우상 파괴'와 '인정 투쟁'의 정치학: 이어령의 '영광'과 '고독'에 대하여」(『인물과사상』 22호, 2002.4)에서 엿볼 수 있다.

한국 문단을 분할 점유하고 있는 주류 문예지들, 비판과 논쟁을 성숙하게 수용하지 못하는 몇몇 문학권력의 행태들, 대학 강단에의 진출이라는 현실적인 욕망으로부터 자유로울 수 없는 상당수 신진비평가의 존재론적 위상[6] 등등의 조건들이 신진비평가의 주체적인 목소리를 제한하고 있는 제도적 · 현실적 장애물일 것이다. 나는 물론 이러한 현실적인 조건을 면밀하게 고려하면서, 신진비평가의 가능성과 한계에 대한 공정한 평가가 이루어져야 한다고 생각하고 있다.

그러나 여기서 문제삼고 싶은 대목은 그러한 현실적인 조건들이 신진비평가의 주체성의 결여에 대한 면죄부가 될 수는 없다는 사실이다. 예컨대 신진비평가로 왕성한 비평활동을 보여주고 있는 백지연의 발언을 통해 이러한 점을 확인해 보자. 백지연은 『출판저널』의 특집 「비평과 권력, 그리고 글쓰기」(2001년 6.20, 통권 304)의 설문조사에 참여하여 최근 비평의 문제와 역할에 대한 문제적인 발언을 전개하고 있다. 백지연은 "비평의 위기는 문학작품의 생산시스템에 얽혀 있는 정실비평, 권력비평의 폐해로부터 촉발된다. 비평이 출판자본으로부터 온전히 자유로울 수 없다는 현

6 | 전업비평가가 존재하기 힘든 비평계의 풍토를 감안하면 이러한 측면은 충분히 이해 가능한 것이다. 이러한 의미에서 대학강단과는 또 다른 선택을 했던 일군의 비평가들의 선택에 대해서 우리는 경의를 표해야 할 것이다. 가령 임헌영, 황광수의 존재는 전업비평가로 살아가는 일의 지난함을 온 몸으로 보여주면서, 자신만의 고유한 비평적 표정을 보여주고 있다.

실은 안타깝지만 사실이기도 하다"[7]라고 언급하고 있다. 이러한 대목은 최근 비평의 위기로 표현되는 사태의 핵심을 분명히 인식하면서도 그러한 제도적 시스템으로부터 자유롭지 못한 비평가의 고뇌를 보여준다. 그러나, 문제는 백지연의 이러한 발언이 출판자본에 종속되어 공정하고 주체적인 비평을 수행하지 못하는 몇몇 권력형 비평가들에게 일종의 면죄부 역할을 수행하고 있다는 사실이다. 동시에 백지연의 주장은 출판자본으로부터 독립적이고자 하는, 그리하여 출판자본과 비평이 맺고 있는 부정적 고리를 스스로 차단하고자 하는 일군의 비평가들의 존재를 충분히 고려하지 않은 신중치 못한 발언이기도 하다. 여기서, "비평이 출판자본으로부터 온전히 자유로울 수 없다는 현실"이라는 표현은 지나치게 수세적이며 패배주의적인 논리가 아닐까. 특히 "온전히 자유로울 수 없다"는 표현은 신중함을 넘어, 비평적 자기 정당화로 보이기도 한다. 예를 들어 기성 정치권을 비판하는 진보적 논객에게 '기성 정치권으로부터 온전히 자유로울 수 없다는 현실은 안타깝지만 사실이기도 하다' 라고 지적하는 것은 의미 없는 동어반복의 논리이다. 비슷한 의미에서 만약 청탁을 받고, 문예지에 비평을 발표하는 과정 자체가 "출판자본으로부터 온전히 자유로울 수 없는 현실"이라면, 그러한 현실로부터 자유로운 비평가는 단 한사람도

---

7 | 백지연, 「젊은 비평가들이 말하는 비평의 자리: 인문학과 대중문화 아우르는 총체적 시각 필요해」, 『출판저널』 2001.6.20, 12쪽.

존재하지 않을 것이다. 그와 같은 방식이라면, 『인물과사상』이나 『비평과 전망』도 출판자본으로부터 온전히 자유로울 수 없는 것 아닐까. 이러한 식의 주장은 가령 『인물과사상』과 『문학동네』의 본질적인 차이에 대해서는 전혀 주목하지 않은 채, 출판자본의 거대한 영향력에 대한 일반적인 담론만을 내놓을 뿐이다. 위기에 대한 일반적인 지적은 있되, 구체적인 해결책이나 능동적인 타개방안을 발견할 수 없다는 것, 출판자본과 관계 맺는 다양한 방식의 섬세한 차이에 둔감하다는 것이 바로 백지연이 주창하는 논리의 한계일 것이다.

결과적으로 이러한 논리는 그 의도와 상관없이, 비평가의 주체성과 독립성을 스스로 제한하게 되는 것이다. 정말 중요한 것은 기성 정치권 혹은 문화산업의 논리와 출판자본의 입김에서 탈주하고자 하는 자발적인 의지이자, 그러한 의지를 현실화시킬 수 있는 연대적 노력이 아니겠는가.[8]

그러한 연대와 실천 없이, 출판자본의 영향력을 비평 전반에 걸쳐 일반화하는 백지연의 발언은 그 자신의 비평적 정체성을 우회적으로 표출하는 대목이기도 하다. 그의 비평은 때로는 섬세하고 때로는 평범한 해설비평에 머무르고 있다. 백지연의 비평 상당수가 서평이나 작품집 뒤의 부록처럼 붙어 있는 평이한 해설이라는 사실은 그의 이러한 수세적인 비평관과 연관되어 있는 것이 아닐까. 성실한 신진비평가 백지연에게 이 시대 문학판에 대한 근원적인 문제제기와 소신 있는 비판, 전복적 패기, 청탁이 아닌 자발적인 기획에 의한 글쓰기 등을 기대하는 것은 지나친 바램일까.

만약 백지연의 주장대로 "비평가 자신이 의식적, 무의식적으로 압박해오는 불공정한 여건을 경계하는 끊임없는 노력을 늦추지 말아야 한다"[9]면 그러한 노력은 자연스럽게 출판자본의 부정적인 영향력으로부터 스스로 거리를 두고자 하는 투철한 의지를 동반하게 될 것이다. 어떤 경우에는 자발적인 선택에 의해 고립을 자초할 정도의 확고한 의지를 다지지 않는다면, 어느 순간 출판산업의 이해관계에서 흔들리고 있는 나약한 비평가의 초상을 발견하게 될 것이다. 어쨌든 신진비평가 백지연의 존재는 출판자본과의 관계, 글쓰기의 방식과 연관하여 중요한 암시를 던져준다.

지금까지 언급한 의미에서 백지연과 동갑내기인 1970년생 비평가들인 이명원, 홍기돈, 고명철, 하상일로 이루어진 『비평과 전망』

---

8 | 물론 여기서 말하는 '연대'는 서로 자주 어울리면서, 술자리에서 끈끈한 동지애를 확인하는 조직이나 에콜, 패거리를 의미하는 것이 아니다. 거의 만나지 않지만, 단지 서로의 입장에 의해서 신뢰가 생성되는 '마음의 연대', 현실적인 문학장에서 고립되어 있지만 오로지 서로의 글을 통해서 관심이 생기는 '글의 연대'를 의미한다. 이러한 의미에서라도 최근 '동무'에 대한 새로운 해석을 시도하고 있는 김영민의 관점은 주목할만하다. 김영민, 「동무론 — 연대, 혹은 인문적 삶의 양식」, 『사회비평』 2002년 봄호 참조. 김영민의 글은 특히 공정성을 최우선시하는 비평가가 취해야할 인간 관계와 연대의 모습, 사귐의 방식에 대해 소중한 시사를 던지고 있다. 나는 그의 글을 읽으면서, 나 자신을 포함한 우리시대의 인문학자나 문인들이 스스로 고독과 고립을 견디는 연습을 해야 한다고 생각하게 되었다. 그리고 '사귐의 방식'에 대한 혁신 없이, 진정으로 새롭고 혁신적인 글쓰기를 수행할 수 없다는 사실을 절실하게 깨닫게 되었다.

9 | 백지연, 앞의 글, 13쪽.

동인의 존재는 참으로 문제적이다. 백지연이 제기했던 비평적 딜레마들을 실천적으로 돌파하는 선상에 바로 『비평과 전망』 동인들의 존재가 있다. 그들은 등단 직후부터 『비평과 전망』이라는 독립적인 매체를 통해 주체적이며 소신 있는 비평 활동을 펼치고 있다.

창간호에서 「비판과 관용의 네트워크: 내부에서 실천하고 외부에서 연대하자」는 모토를 내세우면서 문단의 쟁점과 논쟁에 대해서 적극적으로 발언해 왔던 『비평과 전망』은 벌써 5호를 발간하였다. 그들이 신진비평가라는 입장에도 불구하고 남다른 왕성한 비판적 열정으로 무장하고 있다는 점, 문학권력, 문학상, 문학제도 등의 문단의 여러 가지 금기와 묵계에 대해서 정면으로 문제제기하고 있다는 점은 참으로 인상적인 대목이다. 아울러 그들의 비평 상당수가 청탁이 아닌 자발적인 문제의식에 의해서 씌어지고 있다는 점도 출판자본에 대해 수동적인 입장을 취하는 신진비평가들과 구별되는 측면이다. 이러한 점은 그들이 독자적인 매체를 지니고 있다는 사실과 밀접한 상관성이 있을 것이다.

『비평과 전망』이라는 독립적인 매체를 지니고 있다는 사실만으로 『비평과 전망』 동인들이 감당해야 할 역할은 막중하다. 왜냐하면, 스스로 문학장과 기성의 문학적 관행에 대한 비판적 열정과 투철한 문제의식을 가지고 있다는 사실과 그러한 문제의식을 현실화시키는 작업 사이에는 만만치 않은 장애물이 있기 때문이다. 그 어떤 치열한 전복정신과 강렬한 비판적 의지도 현실적인 매체 없이는 지속되기가 쉽지 않을 것이다. 이러한 의미에서 독립적인 매체를 지닌 『비평과 전망』 동인은 한편으로는 행운아들이며, 또 다른 한편으로는 엄청난 책임감이 부여되어 있는 존재들이다. 기성 문단의 시스템과 맞서고자 하는 문제의식과 비판적 의지에도 불구하고, 현실적으로 매체의 한계로 인해 그러한 문제의식을 제대로 구현할 수 없는 수많은 비평가들의 존재에 대해서 『비평과 전망』 동인들은 엄중하게 생각해야 할 것이다. 이러한 문제의식의 연장선상에서, 『비평과 전망』 동인들의 작업이 지속적으로 유의미한 성과를 거두기를 기대하는 마음에서 다음과 같은 몇 가지 조언을 하고자 한다.

우선 『비평과 전망』이라는 비평 무크지의 재생산구조를 장기적인 차원에서 치밀하게 고려해 볼 필요가 있을 것이다. 그래서 과연 지금과 같은 방식으로 『비평과 전망』이 얼마나 지속될 수 있을 것인지, 비평적 사안 개입의 순발력을 고려하면 무크지가 아닌 계간지 방식이 현실적으로 요청되는 것은 아닌지, 그렇다면 그 요청에 부합되는 물질적인 재생산구조를 '독립성'과 '비판성'을 견지하면서 어떻게 확보할 수 있을 것인지 등등의 물음에 대한 면밀한 재검토가 필요할 것이다.

두 번째로 때때로 비판적 열정이 앞서다 보니, 섬세한 논리적 검증이나 성실한 분석 등의 면에서 취약성이 발견된다. 진정으로 설득력 있는 비판은 그 비판의 치열성을 논리적으로 뒷받침해 줄 수 있는 정교한 분석을 동반해야 할 것이다. 이러한 측면에서, 『비평과 전망』 동인들의 의욕적인 비판은 때로 성김과 지적 불성실을 보여주기도 한다. 가령, 3호의 기획특집 「문학, 권력과 반권력」의 『창작과비평』, 『문학동네』, 『문학과사회』 비판은 기존의 비판에서 얼마나 더 나아간 대목이 있는지 의문이다. 특히 『문학동네』, 『문학과사회』 비판은 기존에 전개된 비판들의 동어반복에 가까운 글이 아닐까 싶다.

세 번째, "우리는 동시대의 문학지형에 비판적으로 개입하기를 희망한다. 그러나 그 개입은 기존의 문학지형에 적당하게 편승하는 방식이 아니라, 그것의 구도를 지속적으로 재구성하는 비평적 실천의 형태로 이루어질 것이다"라는 『비평과 전망』의 당찬 선언은 실제 비평문들을 통해서 충분히 구체화되지 못하는 경우가 발견되고 있다. 예를 들어, 창간호에 수록된 임규찬, 한기의 비평집에 대한 서평이나 반경환의 평문을 보면, 『비평과 전망』 동인들이 내세운 원칙들이 필자들에게 충분히 공유되지 못하고 있는 것이 아닌가 하는 의문이 들게 만든다. 물론 동인들의 입장과 비평관이 모든 필자들에게 동일한 층위에서 수용되기는 쉽지 않을 것이다. 그럼에도 불구하고, 필자들과의 성실한 대화를 통해 『비평과 전망』이 내세운 원칙들을 최대한 수렴하는 과정이 부족했던 것이 아닌가 하는 질문을 던지지 않을 수 없다..

지금까지 제기한 몇 가지 조언과 문제들에 대해서 진지하게 대면할 때, 『비평과 전망』은 우리시대의 신진 비평가들에게 하나의 소중한 비평적 참호 역할을 수행하게 될 것이다. 『비평과 전망』의 의욕적인 비판적 기획이 이 시대의 문학장에서 얼마나 성공적으로 관철되느냐의 여부는 단지 『비평과 전망』 동인들에게만 한정되는 문제는 아닐 것이다. 이러한 의미에서 『비평과 전망』의 존재는 우리 시대의 젊은 비평이 얼마나 주체적이며 독립적일 수 있는가 하는 문제를 가늠하는 바로메터의 역할을 수행하게 될 것이다. 이 즐거운 부담(?)을 『비평과 전망』 동인들이 온 몸으로 견뎌내어, 소중한 비평적 성과를 거두기를 마음 깊은 곳으로부터 희망한다. 그들의 존재에 의해 우리시대의 비평문학은 공정성과 객관성을 향한 발걸음을 조금씩 앞당기게 될 것이다.

젊음은 패기의 다른 이름이다. 나는 적어도 공정성과 객관성을 소중히 생각하는 우리시대의 비평가라면, 고립과 은둔을 기꺼이 감당할 수 있는 마음자세가 되어 있어야 한다고 생각한다. 스스로 고립을 선택하는 패기 속에서 진정한 비평의 희망이 싹틀 것이다. 이러한 의미에서 나는 지금보다 비평가들이 고독해져야 한다고 믿는다. 스스로 고립을 선택한 사람들끼리 자연스럽게 흐르는 '마음의 연대'야말로 그 어떤 인위적인 조직이나 패거리보다 생산적인 동력을 보여줄 수도 있을 것이다. 『비평과전망』 동인들과 백지연이 지금보다 더 고독할 때, 그리고 그 고독을 정직하게 응시하고 버텨나갈 수 있을 때, 그들의 비평도 한 단계 성장할 수 있을 것이다.

(『황해문화』 2002년 여름호)

# 한 언론학자의 문학계 비판

한 집단이나 조직의 모순과 한계는 내부의 시점에서보다는 외부의 시점에서 한결 투명하게 인식할 수도 있다. 내부의 시점, 철학적 논리로 표현하자면 '동일자'의 세계에서는 그 내부와 동일자에 내재되어 있는 모순이 객관적으로 인식될 수 없는 경우가 많다. 내부의 창은 본질적으로 내부의 이해관계로부터 자유로울 수 없기 때문이다. 그렇다면, 그 내부의 시점의 한계를 돌파하는 한 방법으로 그 내부의 이해관계에 연루되어 있지 않은 외부의 시선(타자의 시선)을 통해서 내부의 모순에 대해서 성찰해 보기를 들지 않을 수 없다. 그 외부의 시선, 타자의 창은 흔히 내부의 구성원들이 암묵적으로 지나치던 불합리한 관행과 모순, 무의식적 편향에 대해서 한층 예민하게 반응한다. 가령, 외국에서 오랫동안 유학생활을 하던 사람들이 한국에 돌아왔을 때, 한국문화에 적응하지 못하는 것도 바로 이러한 측면에서 얘기될 수 있을 것이다.

지금까지 설명한 맥락에서 최근 언론학자인 강준만 교수가 발간한 『한국문학의 위선과 기만: 단행본 인물과사상 20호』는 각별한 의미를 지니고 있는 저서라고 할 수 있다. 이 책은 문단 외부에서 바라본 문단과 문인의 행태 및 모순에 대한 면밀하면서도 과감한 비판으로 채워져 있다. 물론 강준만은 이 단행본 이전에도 문단과 문학계에 대한 비판과 개입을 적극적으로 시도해 왔다. 이를테면 『무덤 속의 한국문학: 시사인물사전 10권』이라는 단행본을 통해, 다양한 문인들의 정치적 입장과 문학적 태도에 대해서 비판적 견해를 개진하기도 했으며, 김정란과 남진우 사이에 진행된 이른바 '문학권력 논쟁'에도 본격적으로 개입하여 김정란의 비판의 지닌 사회적 의미를 적극적으로 옹호하기도 했다. 그런가 하면, 기존에 발간된 저널룩 『인물과사상』을 통해서도 백낙청, 이문열, 김우창, 김병익, 복거일, 이동하, 최인호, 반경환, 『창작과비평』, 『문학과지성』 등등의 문인들과 문학에콜에 대해서도 열정적인 비판을 전개한 바 있다.

그러나 이러한 비판과 지적들은 궁극적으로 안티 조선이나 비판적 글쓰기의 문맥에서 도출된 제한적인 비판이라는 점에서 『한국문학의 위선과 기만』과는 일정한 거리가 있다. 이번에 발간된 『한국문학의 위선과 기만』은 무엇보다도 강준만의 문학계 비판이 전면적으로, 구조적으로 이루어지고 있다는 점을 역력히 보여주고 있다. 이제 강준만은 문학판의 생리와 행태를 자신의 한국사회

비판을 구체적으로 검증할 수 있는 주요한 연구대상으로 삼고 있는 듯하다.

『한국문학의 위선과 기만』에서 강준만은 이문열, 서정주, 고명철, 남진우, 윤지관, 백낙청, 박철화 등의 문인들의 글쓰기와 행태에 대하여 비판하고 있다. 그 중에서 내가 흥미롭게 읽은 글은 남진우 비판에 해당되는 「'릴케의 시집'과 '유대인 학살'」, 윤지관 비판인 「좌파 · 진보적 지식인들의 '지식폭력'」, 백낙청 사단 비판에 해당되는 「'백낙청 사단'의 '영문학 패권주의'에 대한 의혹」 등의 평문들이다.

우선 남진우-강준만, 김정란 논쟁의 연장선상에 있는 남진우 비판은 『문학동네』 2001년 여름호에 수록된 남진우의 강준만 비판인 「주(鵃)와 비(蜚)의 세계에서」에 대한 반론 차원에서 씌어진 글이다. 강준만의 비판의 대상이 되었던 대부분의 논자들이 침묵을 지키거나 소극적으로 대응하고 있는 것에 반해서 남진우는 강준만의 비판에 대해서 지속적이며 적극적으로 대응하는 드문 논자에 해당된다. 김정란의 「조선일보를 위한 문학」으로부터 점화된 이들 사이의 논쟁은 최근 전개되고 있는 문학권력 논쟁의 가장 예민하고도 뜨거운 쟁점에 대해서 집요한 논리적 대결을 벌이고 있다. 강준만은 이번의 남진우 비판을 통해, 남진우의 심미적 비평과 문학적 행태 사이에 놓여진 심각한 모순에 대해서 질타하고 있다. 실제로 최근의 남진우 비평을 검토해 보면, 기묘한 부조화를 발견할 수 있다. 그는 자신이 매혹시킨 텍스트를 비평할 때는 지극히 유려하고 섬세한 글쓰기를 보여주고 있지만(가령 최근의 비평집 『그리고 신은 시인을 창조했다』에 수록된 황동규론 「한 삶의 끝, 한 우주의 시작」과, 정현종론 「행복의 시학, 유출의 수사학」을 보라! 이 평문들은 텍스트에 자발적으로 동화된 행복한 글쓰기의 전형을 보여준다), 자신이 동의하지 않는 대상을 비판할 때는 비판대상에 대한 경멸과 냉소, 적의가 그대로 배어 있는 감정적 표현과 공격적 문체를 구사하고 있다(월간 『인물과사상』 2001년 2월호에 수록된 「강준만의 '김정란 일병 구하기' 2」나, 「그리고 신은…」에 수록된 김언희론의 보유 형식으로 씌어진 김정란 비판이 특히 그러하다. 이러한 비판에는 간혹 인격적 비난이나 조롱에 해당되는 표현들도 발견된다. 이러한 대목은 실제로 남진우가 개진하는 주장의 설득력을 결정적으로 약화시키고 있다).

당분간, 남진우와 강준만의 논쟁은 지속될 것으로 보인다. 그 둘 사이에 존재하는 관점의 차이는 토론과 대화에 의해서 봉합되거나 어느 한 쪽의 명백한 논리적 우세로 귀결될 수 없을 만큼 팽팽한 평행선을 달리고 있기 때문이다(그 둘이 서 있는 입지와 맥락이 판이하다는 사실이 근원적인 입장 차를 생성시키는 요인으로 보인다). 어떤 면에서는 강준만과 남진우는 서로 임자를 만난 것인지도 모르겠다. 내 생각에는 이 논쟁이 어설프게 수습되는 것보다는, 선의의 논리적 고집을 통해 각자의 논지를 끝간데까지 밀고 감으로써, 주요 논점에 대한 치열하면서도 심화된 토론이 진행되어야 한다고 본다. 이러한 의미에서 이들이 정말 제대로 아름답게 싸우게 되기를 기대한다.

한편 강준만의 윤지관 비판은 무엇보다도 진보적 진영 비평가의 이중성에 대해서 조목조목 비판하고 있다는 점에서 주목된다. 윤지관이 『문학동네』 여름호의 「비평과 권력」 특집에 발표한 「푸코에 들린 사람들」에 대한 반론에 해당하는 강준만의 평문은 기본적으로 다음과 같은 문제의식을 지니고 있다. 즉 강준만은 표면적인 담론의 면에서는 진보를 표방하지만, 인간관계나 일상적 문학적 행태에서는 보수적이며 퇴행적인 진보적 지식인에 대한 통렬한 문제제기를 시도하고 있는 것이다. 이러한 논리에 따라서 강준만은 윤지관의 비평을 실천이 담보되지 못한 '살롱 좌파'의 글쓰기로 평가절하하고 있다. 강준만의 윤지관 비판은 궁극적으로 백낙청 사단에 대한 비판으로 나아간다. 「'백낙청 사단'의 '영문학 패권주의'에 대한 의혹」이 바로 그러한 시도이다. 강준만이 보기에 백낙청 사단으로 불릴 수 있는 윤지관, 김영희 등의 영문학 연구는 백낙청이 그린 영문학적 지도를 그대로 복사하고 있다는 점에서 문제가 되는 것이다. 이들은 진보적인 사이드나 이글턴 대신에 보수적인 아놀드나 리비스를 상대적으로 부각시키고 있는데, 이러한 관점은 백낙청의 구도와 너무나도 흡사하며, 백낙청 사단으로 불릴 수 있는 집단의 이해관계와 연루되어 있다고 한다. 궁극적으로 이러한 행태는 서울대 영문과 중심의 백낙청 사단과 『창작과비평』이 지닌 '일상적 파시즘'에서 연유한다는 것이 강준만의 생각이다.

이러한 강준만의 백낙청 사단의 영문학 패권주의 비판은 『한국

문학의 위선과 기만』에서 전개된 비판 중에서 가장 흥미로운 대목이라고 할 수 있다. 지금까지 어떤 문학비평가도 이와 유사한 문제제기를 시도한 적이 없었던 것이다. 강준만은 이제 문학비평가 이상으로 전문적인 문학비평 공부에 몰두하고 있는 것이 아닐까. 일단 그 엄청난 성실성과 학구적 열정을 존중해주고 싶다. 아울러 이 비판은 강준만의 비판적 글쓰기가 개별적인 인물 비판에서 한 발 더 나아가, 인물과 인물간의 관계에 대한 탐색 및 궁극적으로는 특정한 학파에 대한 비판으로 나아가는 면모를 보여주고 있다는 점에서 강준만의 비판적 글쓰기의 향방과 연관하여 흥미로운 대목에 해당된다고 할 수 있다. 강준만은 인물 비평에 치중하는 자신의 글쓰기 전략과 연관하여 한겨레신문 이상수 기자와의 대담에서 "인물 비평이 구조의 문제나 제도의 문제를 은폐시킨다는 비판이 있다"는 지적에 대해서 다음과 같이 대답한 바 있다.

> 물론 그런 면이 있을거다. 그러나 난 인물비평이 자유로운 내 기질에도 맞는 것 같다. 또, 제도나 구조도 중요하지만 난 인물이 일단 중요하다고 본다. 가령 백낙청이라는 개인 한 사람이 중요한 거고, 김대중이란 개인 한 사람이 중요한 거다. 한국의 지식인들은 너무나 구조나 제도 중심에 함몰돼 있다. 인물비평이 구조나 제도의 문제를 은폐시키는 면만 있는 게 아니라, (인물비판이 제도와 구조에 대한 비판으로 이어지는) 연계효과도 갖는다. 지금까지 인물에 대한 비평이 주례사식 홍보말고 제대로 된 비판이 있었는가.

이러한 강준만의 글쓰기 전략에 본질적인 변화가 있을 것으로 생각하지는 않는다. 그러나, 이번에 강준만이 시도한 백낙청 사단의 일상적 파시즘에 대한 비판은 일면 인물 개개인의 행태를 무의식적으로 규정하기도 하는 제도적 학맥이나 학파에 대한 비판과 성찰을 담고 있다는 점에서 일정한 변화가 예견되기도 한다. 강준만은 『한국문학의 위선과 기만』에 이어, 한국문학계의 생리와 행태를 면밀한 실증적 분석을 통해 구조적으로 분석한 『문학권력』이라는 단행본을 곧 출간한다고 한다. 문인 집단의 습속과 행태, 제도적 모순에 대한 집중적인 분석이 전개될 것으로 예견되는 이 단행본을 통해서 강준만의 문단 비판은 새로운 차원을 열게 되리라고 예견된다.

아울러 『한국문학의 위선과 기만』에서 비판의 대상이 되었던 문인들의 성실한 반론도 역시 기대된다. 이제 강준만의 비판에 대한 제대로 된 반론이 절실하게 필요한 것이 아닐까. 비판의 대상자들이 단지 강준만의 비판을 오물처럼 생각하고 흘려버릴 때, 강준만의 주장은 면밀한 검증과 토론의 기회가 부여되지 못한 채, 오만한 '관점의 제국' 으로 군림할 수도 있지 않겠는가? 이러한 방식이야말로 강준만과 비판 대상자 양자 모두에게 진정한 성찰과 토론의 기회를 앗아가게 될 것이다. 그러므로 강준만의 문학판 비판에 대한 구체적인 반론을 통해, 가령 강준만이 줄기차게 시도하는 문단이나 문학인 비판의 한계는 무엇인가 하는 문제부터 구체적으로는 김정란의 비판은 과연 강준만의 주장대로 사소한 문제만을 지니고 있는 것인가? 등등의 문제제기가 있어야 할 것이다.

강준만의 문단 비판, 문학인 비판에 대한 성실한 대응과 내부로부터의 성찰이야말로 궁극적으로 강준만과의 대화를 통해 문학과 문단을 살리는 길이 되지 않을까 싶다. 생각건대, 강준만이 『한국문학의 위선과 기만』을 쓴 것도 바로 이러한 기대 때문이 아니었을까. 이제 문학장의 내부에서 시도되는 강준만에 대한 대화와 문제제기를 기대해보기로 하자. 드디어 외부에 자극에 대해서 내부에서 성찰할 때가 되었다.

(『황해문화』 2001년 겨울호)

# 창비 비판을 둘러싼 한 비평가의 내면풍경

비평적 변화를 모색하며

## 1. 글쓰기의 욕망

『사회비평』 가을호의 특집기획 〈『창작과비평』의 정체성을 묻는다〉에 「열린 진보주의와 권위주의 사이」를 발표한 이후에 한 동안 많이 아팠다. 그 아픔은 육체적인 차원과 정신적인 차원 양쪽의 통증을 동반했다. 비판을 받는 쪽보다 비판을 전개하는 쪽이 더 아플 수밖에 없다는 사실을 이즈음 정말 절실하게 실감한다. 『창작과비평』(이하 '창비'로 약칭한다) 비판에 대한 이례적으로 집중적인 신문 보도와 인터넷상에서 진행되는 논의들을 지켜보면서, 나는 다시 비판적 글쓰기를 수행하는 비평가의 운명에 대해서 사유해 보지 않을 수 없었다. 이 짧은 에세이 형식의 글은 창비 비판을 둘러싼 한 비평가의 사색과 고민의 흔적이다. 그 흔적을 공적인 지면을 통해서 남기려는 내 욕망에 대해서 생각해 본다. 이러한 욕망은 때로 내 글쓰기가 그 정확한 의도대로 이해받지 못하고 있다는 사실에 대한 절망에서 연유하는 것이 아닐까 싶다. 자신의 입장을 이해받고, 자신이 수행하는 비판의 공적인 대의를 확보하려는 이 집요한 욕망은 과연 없어질 수 있을까. 솔직히 회의적이다. 다만, 모든 사람들에게 내 입장을 이해받고자 하는 어리석은 욕망으로부터 자유롭도록 하자. 타인의 시선보다 더 중요한 것은, 내가 선택한 입장에 대해서 얼마나 투명한 태도로 내 자신을 실존적으로 기투(企投)하고 있는가 하는 점일 터이다.

## 2. 비판의 계기

우선 이번 창비 비판의 계기에 대해서 언급하고 싶다. 창비에 대한 비판을 시도한 이유는 무엇보다도 비판의 공정성과 일관성 때문이었다. 『문학과사회』(이하 '문사'로 약칭함)와 진행되었던 이른바 '문학권력 논쟁'의 과정에서, 내 비판적 글쓰기를 근원적으로 되돌아보게 했던 지적 중의 하나는 과연 문사에만 문제가 있으며 문사만 문학권력인가 하는 문제제기였다. 그래서 나는 설사 문사가 논쟁의 과정에서 내보인 반대화적인 관점이 상대적으로 심각한 부정적 징후를 지니고 있다 해도, 비판의 공정성을 위해서는 언젠가 창비와 『문학동네』도 비판해야 한다는 생각에 도달하게 되었다. 그렇게 하지 않으면 비판의 순수한 동기가 부분적으로 신뢰받지 못할 수도 있다고 생각했다. 이러한 고민의 과정에서 이번 가을호 계간지에 쓰게 된 글들이 창비 비판에 해당되는 「열린 진보주의와 권위주의 사이」라는 평문과, 『문학동네』 비판에 해당되는 「우리를 아프게 하는 비판을 원한다」(『황해문화』 가을호)라는 평문이다.

또 다른 한편으로는 이제 창비와 『문학동네』를 비판하면서, 대의적인 글쓰기나 비판적 글쓰기로부터 자유롭고자 하는 의도도 있었다(나는 근본적으로 자유주의자가 아니었던가!) 말하자면, 문사에 대한 비판에 한정되지 않고, 우리 문단의 대표적인 문학권력에 해당되는 창비와 『문학동네』까지 비판했을 때 비판적 글쓰기가 갖추어야할 최소한의 공정성을 지닐 수 있다고 생각했던 것이다. 그래서 비판적 글쓰기의 대상 선택과 연관하여 균형감각을 확보했을 때, 혹여 존재할 수도 있을 비판적 글쓰기의 검은 그림자로부터도 자유로울 수 있다는 생각이 나로 하여금 창비와 『문학동네』 비판으로 이끈 심리적 기원이다.

그렇다면 지금 나는 자유로운가? 적어도 심정적으로는 많이 자유로워졌다. 가장 유력한 문학에콜들을 비판한 마당에 이제 내가 문단에서 무슨 눈치를 볼 수 있을까 하는 생각도 든다. 솔직히 이 자유로움을 온전히 누리고 싶다. 어느 날 갑자기 나는 자발적인 비평적 욕망에 따라 '비평의 매혹'으로 불릴 수 있는 세계로 귀환할지도 모른다. 진정한 자유주의자의 입장에서는 비판적 글쓰기를 지속해야 한다는 대의적 의무감으로부터도 탈주할 필요가 있을 것이다. 그러나 이러한 심리적 정황이 아무런 원칙 없는 지적 무정부주의로 떨어지는 것을 경계하자. 어떤 비평적 관점을 선택하든, 노예선의 벤허만큼은 아니더라도, 정말 성실한 아웃사이더로 살아야 되지 않겠는가.

## 3. 창비 비판에 대한 반응에 대해

사실 『사회비평』의 창비 비판 특집을 내보이고 나서 창비 편집진의 반응이 무척이나 궁금했다. 생각보다 언론에서 창비 비판에 대해서 커다란 비중을 두고 보도하다 보니, 창비 측에서도 많은 부담감을 지닐 수밖에 없었을 것이다. 그래서 비판을 수행한 주체의 입장에서도 마음이 편치만은 않았다. 토씨 하나만 틀려도 다른 어감이 풍길 수 있는 섬세한 논쟁의 과정을 지면의 제한이 있는 일간지를 통해서 정확하게 요약한다는 것은 쉽지 않았을 것이다. 그래서 애초에 창비 편집진이 신문기사만을 접한 후에, 『사회비평』의 창비 비판에 대한 적극적인 대응의사를 표명했다가, 실제 원문을 접한 후에 대응하지 않기로 했다는 최원식 선생의 인터넷 동아일보 인터뷰 발언이 십분 이해가 된다.

이번 창비 비판에 대한 최원식 선생의 동아일보 인터뷰나 '검정고무신' 이라는 아이디로 창비 게시판을 통해서 자신의 의견을 밝힌 김이구 씨의 견해는 일단 창비에 대한 기본적인 신뢰를 간직하게 만든다. 적어도 창비는 타자의 비판에 대해서 냉소적으로 반응하지 않으리라는 생각이 단순한 기대만은 아니었다는 사실을 실감할 수 있었다. 특히, 창비 비판이 "기본적으로 '창비'의 역할에 대한 기대의 표현이고, 제대로 그 역할을 하라는 채찍질이라고 생각한다"는 최선생의 관점이나, "권성우, 이명원 두 분의 비판은 창비의 역할을 더 바람직한 방향으로 견인하고자 하는 진정어린 것이었다고 생각"한다는 김이구 씨의 언급은 이번 창비 비판이 헛된 작업만은 아니었다는 생각을 하게 만들었다. 아울러 두 사람의 몇 가지 지적들은 이번의 창비 비판 기획의 한계에 대해서 근본적으로 성찰해 보는 소중한 계기를 제공했다고 할 수 있다. 이제 그 점에 대해서 말해보자.

우선 이번 『사회비평』 가을호의 특집기획 〈창비의 정체성을 묻는다〉가 다양한 필자에 의해 풍부하게 구성되지 못했던 점에 대해서 흔쾌하게 인정하고 싶다. 이러한 측면에서 김이구 씨의 "좀 더 본격적이고 아픈 비판이 되기를 기대했는데, 저로서는 좀 못 미친 감이 있습니다"라는 발언은 충분히 지적될 만한 내용이다. 애초에 이번 특집은 네 편의 글로 기획되었었다. 근대성이나 동아시아 문제를 비롯한 창비의 사회과학적 입장에 대한 비판적인 검토의 글, 창비의 문학이념과 문학출판에 대한 전반적인 검토 및 비판의 글, 백낙청 선생을 비롯하여 온라인 공간에서 진행되는 창비 편집위원들의 글쓰기에 대한 비판적 검토의 글, 최근의 첨예한 논점에 대응하는 창비의 문제점과 창비 2세대의 권위주의에 대한 글 등등의 네 편의 글이 애초에 『사회비평』 편집진이 기획한 창비 비판의 세부 항목들이었다. 이 네 편의 글은 서로 명확한 차별성을 지니면서, 지금까지 창비 비판에서 제대로 논의되지 못한 주제를 담게 될 것이었다. 그런데 청탁을 하고 원고를 받는 과정에서, 앞의 두 주제에 관한 글들이 수록되지 못했다. 물론 이 점은 전적으로 『사회비평』 편집진의 능력 부족에서 연유한다고 생각된다. 다만, 이번 특집의 원고 섭외과정을 통해, 아직까지도 창비 같은 권위 있는 주류 에콜에 대한 비판적 기획이 생각보다 비판자에게 커다란 심적 부담감을 제공하고 있다는 사실을 실감할 수 있었다. 무엇보다도 필자 섭외가 무척이나 힘들었고, 기획에 참여하기로 했던 필자도 막판에 원고를 펑크내는 바람에 애초의 기획의도보다 현저하게 축소된 완전치 못한 형태로 창비 비판이 나오게 되었던 것이다. 이 점에 대해서 『사회비평』 편집진의 한 사람으로서, 참으로 안타깝게 생각하며 필자 섭외에 대한 능력 부족을 절감하고 있다. 이 점은 비판적 글쓰기를 소신 있게 감당할 수 있는 필자층이 얇다는 우리 지성계의 한계에서도 연유한다고 생각된다.

이러한 의미에서 한편으로는 김이구 씨의 지적을 기꺼이 수용하면서도, 우리 지식 사회의 전반적인 분위기를 고려해서 창비 비판이라는 상징적 행위를 바라보아야 하지 않겠느냐는 제언을 드리고 싶다. 물론 이번 창비 비판은 분명히 보완되어야 할 한계들을 지니고 있다. 그러나 여기서 고려되어야 할 대목은 이 정도의 비판마저도 참으로 지난한 과정을 통해서 세상에 나올 수 있었다는 사실이다. 술자리에서는 온갖 얘기를 하면서도 정작 글로는 절대 비판을 하지 않는 지식인 사회의 이중적인 풍토가 함께 지적되어야만, 이번 『사회비평』의 창비 비판의 성과와 한계가 공정하게 얘기될 수 있지 않을까 생각된다. 한 마디로 말해서, 우리 지식인 사회에서 창비와 같은 주류 비평적 에콜을 전면적으로 비판한다는 것이 정말 지난한 작업이라는 사실을 이번 창비 비판 기획을 통해 다시 한번 확인하게 되었다.

"『창작과비평』지의 담론의 스펙트럼이 매우 넓은데, 그에 비해 비판의 스펙트럼은 상당히 좁게 잡혀 있습니다"라는 김이구 씨의 지적은 원칙적으로 옳다. 그러나 여기서 한 발 더 나아가, 어차피 한번의 기획으로 창비의 모든 것을 비판할 수는 없다는 점, 아울러 제대로 된 창비 비판은 이제 비로소 시작이라고 할 수 있다는 점 등등이 고려된다면, 이번의 비판에 대한 한층 세심하고 현실적인 지적을 담게 되지 않을까 싶다. 우리로서는 창비 편집진이 이상적인 비판을 척도로 하여, 창비에 대한 비판을 평가절하하기 보다는, 좀 더 면밀한 논리와 치열한 성찰을 통해 인정할 것은 인정하고, 반론을 제기할 대목에 대해서는 구체적인 반론을 제기했으면 한다. 이러한 측면에서 비록 짧은 인터뷰 방식이었지만, 최원식 선생의 성찰적 태도에 대해 환영하는 마음이다. 창비 비판을 시도한 입장에서는 앞으로 후속작업을 통해 창비와의 열린 대화를 시도하는 것이 김이구 씨의 지적을 합리적으로 극복하는 유일한 방안이 될 것이다.

「열린 진보주의와 권위주의 사이」에서 유독 창비 후속세대를 중심으로 비판한 이유는 이미 기존의 내 글에서 최원식 선생과 백낙청 선생에 대해서는 비판적 언급을 수행한 바 있다는 사실과 다른 글과의 역할 분담 문제를 고려해야 한다는 문제의식 때문이었다. 아울러 적어도 최근의 창비 지면의 지체와 문제점을 낳은 중대한 원인으로 창비 후속세대의 권위적 태도를 들 수 있다고 생각했기 때문이다. 그런데, 전체적인 기획의도가 관철되지 못해, 단 두 편의 글이 수록되다 보니, 이러한 비판의 의도가 다소 협소하게 드러난 면도 있었다는 점을 인정한다. 이 점에 대해서는 뼈아프게 생각한다. 내 비판이 아무리 정당하다고 해도, 임규찬 씨에게는 개인적으로 죄송한 마음을 가지고 있다. 결과적으로 마치 이번 창비 비판의 전체적 초점이 임규찬 씨에게 있는 것으로 인식될 수도 있기 때문이다. 그러나 전혀 비판의 가치가 없는 대상이었다면, 아예 비판하지도 않았을 것이라는 점을 인식해 주기 바랄 뿐이다.

## 4. 김윤식 선생의 견해에 대해

김윤식 선생이 정년퇴임 기념 강연을 마치자, 동아일보 윤정훈 기자가 취재차 소감을 묻는다. 나는 "앞으로 국문과는 김윤식 선생의 수업을 들은 세대와 그렇지 않은 세대로 나뉘어질 것이다. 김윤식 선생의 수업을 다섯 차례나 듣고, 수많은 저서를 접할 수 있었던 것은 내 인생의 가장 커다란 행운에 해당된다"는 취지의 발언을 했다. 강준만 선생은 나의 김윤식 존경이 지나치다고 하지만, 이러한 실존적 체험은 단지 논리적인 지평에서만 접근할 수 없는 대목이 아닐까 싶다. 그런데 우연히 옆에 있던 비평가 방민호가 보고 있던 중앙일보를 보니, 김윤식 선생은 퇴임 인터뷰에서 문학권력 논쟁에 대해서 자신의 뜻을 다음과 같이 간접적으로 표출하고 있었다.

> 김씨는 문학권력을 비판하는 행위 또한 권력을 만들려는 게릴라전 아닌가고 묻는다. 문학권력에 대한 비판이 성공하려면 비판 행위자 역시 자신을 분석. 반성하며 권력 구도가 우리 문학의 생리와 생존방식과 어떤 연관을 맺고 있는가를 살피며, 치고 빠지는 것이 아니라 책임 있는 비판을 가해야한다는 것이다. 이는 문단뿐 아니라 지금 중구난방 혼란스럽고 사방이 적인 우리 사회에 대한 충고이기도 할 것이다.

지면의 한계와 더불어, 중앙일보 기자의 정리를 통해 개진된 이러한 주장이 김윤식 선생의 정확한 견해를 제대로 전달하고 있는지는 모르겠다. 위의 견해를 있는 그대로 존중한다면, 적어도 김윤식 선생이 최근의 문학권력 논쟁에 대해서 성실하게 접근했다고 볼 수 없을 것이다. 선생의 탁월하고 거대한 비평적 업적에 대한 존중과는 별도로, 이러한 대목을 읽고서 솔직히 안타까웠다. 이러한 식의 비판은 이미 수차례 존재했으며, 그에 대한 반론이 몇 차례 나간 적이 있었다. 적어도 김윤식 선생에게는 비판적 글쓰기나 문학권력 논쟁에 대한 좀 더 신선하고 새로운 비판, 그리하여 지금까지 우리가 들어보지 못했던 비판을 기대했던 것이다. 나는 이러한 대목에서 때때로 비슷한 얘기를 반복하는 강준만 교수나 김영민 교수의 심정을 십분 이해할 수 있을 것 같다. 계몽적 논의를 펼치는 경우, 필연적으로 동어반복으로부터 자유로울 수 없게 되는 것일까.

문학권력을 비판하는 주요 논자들 역시, 자신의 글쓰기가 일종의 권력으로 작용하고 있다는 것을 기본적으로 부정한 적이 없다. 다시 강조하건대, 문제는 권력이다/권력이 아니다의 이분법적인 구분이 아니라, 권력의 공정하고 합리적인 행사 여부인 것이다. 아울러 문학권력 비판을 비롯한 최근의 비판적 글쓰기에서 자기 성찰이라는 주제가 예민하게 개입하고 있다는 사실을 또 다시 이 지면에서 강조할 수밖에 없을 것 같다(졸저, 「비평과 권력」 참조) 상당수의 문학권력 비판은 주류 에콜의 반대화적 생리와 습속에 대한 비판으로 나아가고 있으며, 이와 연장선상에서 단지 일회적인 비판에 그치는 '치고 빠지는' 비판에 머무는 권력 비판자들을 나는 아직 보지 못했다. 오히려 집요하다는 냉소적인 표현을 받을 정도로, 몇몇 비평가들은 지속적으로 비판적 대화를 시도하고 있다.

문학권력 비판에 한계와 보완할 점이 있다는 사실을 나는 지속적으로 강조해 온 바 있다. 그러나 이러한 사실과 별도로, 김윤식 선생과 유사한 비판이 타성적으로 반복된다는 것은, 문학권력 논쟁이나 비판적 글쓰기의 의의와 한계를 정확하게 탐구하는 작업이 결코 용이하지 않다는 사실을 다시 한번 일깨워 준다. 편견에 얽매인 시선은 얼마나 완고한 것인지. 짧은 신문 인터뷰는 어쩔 수 없다 해도, 이런 식의 비판 중에서 구체적인 논거나 실명을 들어, 면밀한 논리적 검토를 통해 문학권력 논쟁을 비판하는 평문을 거의 보지 못했다. 대부분의 비판은 선입견에서 탈피하지 못한 채, 구체적인 논거가 실종된 단선적인 지적에 머물고 있다. 최근의 논쟁에 대해서 툭 한번 던지는 식으로 넘겨짚는 비판이 아니라, 이제 정말 비판적 글쓰기나 문학권력 논쟁을 수행하는 비평가들을 근원적으로 자극하게 만드는 그런 비판을 보고 싶다. 누구보다도 이론과 철학에 대한 깊은 관심을 지닌 김윤식 선생이야말로 이러한 작업을 감당할 수 있는 흔치 않은 비평가가 아닐까 싶다. 김윤식 선생으로부터 제대로 된 비판을 받았을 때, 비판적 글쓰기와 문학권력 비판 논의도 소중한 자기 갱신의 계기를 부여받게 될 것이다.

## 5. 비평은 교묘한 칭찬?

김윤식 선생은 최근에 비평은 작품을 교묘하게 칭찬하는 것이라는 고바야시 히데오의 언급에 동의하면서, 자신의 비평관을 밝힌 바 있다(「문학 속에 인류의 길이 있다고 믿었다」, 한국일보 인터뷰, 2001.9.5). 이 발언의 표면적인 맥락만을 수용한다면, 나야말로 스승의 비평적 입장과는 반대의 길을 걸어온 셈이다. 그러나 이 발언은 정말 그 숨은 의미를 제대로 해독해야 한다. '비평은 작품을 교묘하게 칭찬하는 것'이라는 진술이 지닌 미묘하고 섬세한 맥락은 무엇일까. 이러한 진술의 핵심은 '교묘하게'라는 어구에 있다. 말하자면 비평은 단순하고 일방적인 칭찬이 아니라는 사실을 이러한 진술이 역으로 드러내고 있는 것 아닐까. 이 대목은 작품에 대한 비판이라 하더라도, 그 작품의 성취와 장점을 최대한 이해한 상태에서 정교한 비판을 전개해야된다는 주장으로 수용될 수 있을 것이다. 말하자면 애정과 관심에 기반한 적확한 비판이야말로 교묘한 칭찬의 또 다른 방식일 것이다. 그러므로 김윤식 선생의 발언을 단순하게 이해하여, 비판적 글쓰기 전반에 대한 부정으로 수용하는 것은 명백한 오독이다. 아울러, 비판적 글쓰기에 대한 지독한 냉소적 대응이 횡행하고 있는 우리 비평계의 현실에서, 이러한 김윤식 선생의 발언은 그 의도와 관계없이 속류적으로 수용될 가능성도 있다는 사실도 지적하고 싶다. 이러한 맥락에서 보자면, 지금 우리 비평계는 작품을 단순하게－교묘한 방식으로가 아니라－칭찬하는 비평이 득세하고 있다는 점에서 문제가 되는 것이 아닐까 싶다.

## 6. 메타비평/실제비평이라는 허구적 이분법에 대해서

최원식 선생이 보내주신 『문학의 귀환』을 받고 우선 〈책머리에〉를 읽어보았다. 실제비평이 부족하다는 대목에 대한 성찰이 인상적이다. 최원식 선생은 "그런데 앞으로도 이쪽에 더 공력을 쏟을 자신이 없는 게 더 문제다. 『손님』 같은 작품들이 접종하여 동시대 문학에 대한 나의 감흥이 하루빨리 되살아나길 기원한다"고 언급하고 있다. 나 역시 비슷한 고민을 하고 있기에 이러한 견해에 대해서 기본적으로 동감한다. 그러나, 동시에 이론비평/실제비평, 메타비평/텍스트비평이라는 허구적 이분법이 지니는 문제에 대해서도 얘기가 되어야 할 것이다. 나 자신 최원식 선생의 「생산적인 대화를 위하여」에 대한 서평을 쓰면서, 실제비평의 부족이라는 척도로 비판한 바 있다. 아울러 최근에 내가 비평적 글쓰기와 연관하여 자주 듣는 말 역시 이제 문학권력 논쟁이나 비판적 글쓰기는 할 만큼 했으니, 실제비평으로 돌아가라는 조언이다. 이러한 조언은 기본적으로 내 글쓰기에 대한 애정과 관심에서 나온 것으로 생각된다. 그러나 실제로 메타비평에 많은 관심을 두면서, 비평 쓰기를 하는 입장에서 생각해 보니, 이러한 원론적 지적이 지닌 또 다른 방식의 편협함에 대한 비판도 필요한 것 같다.

물론 능력이 된다면, 메타비평, 이론비평, 텍스트비평 등 비평의 모든 분야에서 열정적인 능력을 발휘할 수도 있으리라. 그러나 대부분의 경우, 이 모든 것에 대해서 남다른 비평적 열정을 발휘하기란 쉽지 않다. 엄청나게 다양한 비평적 스펙트럼 중에서, 각기 자신이 선택한 비평방법에 상대적으로 비중을 둘 수밖에 없는 것이다. 가령, 평생 동안 이론비평에 해당되는 비평만을 쓴 비평가가 있다고 치자. 그에 대한 진정한 비판은 일단 이론비평이라는 선택을 인정한 상태에서, 그 깊이와 넓이를 따지는 가운데 비로소 가능해질 것이다. 이러한 비평가에게 실제비평으로 귀환하라는 말은 분명 핀트가 어긋한 비판에 해당된다. 아울러 이 땅의 무수한 문예지를 통해 발표되는 비평 중에 과연 이론비평이나 메타비평에 해당되는 비평이 얼마나 되는 것인가 하는 문제도 충분히 고려해야 할 것이다. 내 생각에는 오히려 이론비평이나 메타비평을 수행하는 비평가들이 너무나 희소하다는 점에 오히려 문제가 있는 것이 아닌가 생각된다. 비평 역시 하나의 텍스트이자 작품이라면, 비평에 대한 비평은 당연히 필요한 것이다. 그러므로 메타비평이나 이론비평에 상대적으로 비중을 두고 있는 비평가에게 실제비평을 왜 하지 않느냐고 묻는 말은 비평가에게 왜 시나 소설을 쓰지 않느냐고 묻는 말과 흡사한 단순한 논리에 해당된다. 이론비평/실제비평, 혹은 메타비평/텍스트비평을 타성적으로 구분하면서, 비평가에게 단지 어느 쪽을 줄이고 다른 쪽을 늘리라는 차원에서 논의가 전개되어서는 안될 것이다. 그것보다는 각각의 독자적인 영역의 깊이를 얘기하는 것이 월등 생산적인 비판이자 의미 있는 조언에 해당된다.

지금까지 언급한 측면에서 보면, 「생산적인 대화를 위하여」에 실제비평이 부족하다고 지적한 나의 비평은 다소 섬세하지 않은 타성적인 주문이었던 셈이다. 오히려 이론비평을 상대적으로 중시하는 최원식 선생의 선택을 일단 인정하고서, 그 자장 내에서 이론비평의 정합성과 설득력 여부에 대한 좀 더 치밀한 대화를 시도했어야 했다. 나는 최원식 선생이 자발적으로 행복한 실제비평에 참여하는 것은 자연스럽다고 생각하지만, 실제비평이 부족하다는 강박관념으로 인해, 이론비평에 투자할 열정을 상대적으로 분배하는 방식으로 실제비평에 헌신할 필요는 없다고 생각한다. 최원식 선생이 아니라도 그러한 작업은 누군가 할 것이다. 한 사람의 비평가로서 최원식 선생이 걸어가야 할 길은 오로지 최원식만이 보여줄 수 있는 비평세계에 깊이 있게 투신하는 것이리라.

이러한 점과 연관하여 비평가 이남호 씨의 최근 행보는 신선하다. 이남호 씨는 비평할 만한 텍스트가 없기 때문에 앞으로 실제비평 활동을 하지 않겠다고 선언했다고 한다(조우석, 「문학, 포르노 마케핑」, 중앙일보 2001.9.1). 이러한 태도는 단지 자신이 문학비평가이기 때문에, 작품에 대한 자발적이며 행복한 교감 없이, 관성적으로 실제비평에 집착하는 행위보다 한결 정직한 태도가 아닐까. 침묵이 필요할 때는 때로 침묵으로 대응하는 것이 궁극적으로 이 시대 문학과 작가에 대한 가장 준열한 애정을 보여주는 방식의 하나일 수도 있다. 이러한 의미에서 나 역시 실제비평으로 돌아가라는 조언에 대해서 심각하게 신경 쓰지 않기로 했다. 정말 좋은 작품이나 정말 제대로 된 비판이 필요한 작품에 대해서는 분명히 어떤 식으로든 언급할 것이다. 최근에 접할 수 있었던 작품 중에서 황석영의 『손님』과 김원일의 『슬픈 시간의 기억』이 가져다 준 커다란 감동을 잊지 못한다(김명인/권성우 「대담으로 엮는 문단리뷰」, 문화일보 2001.8.31. 참조). 그러나, 단순히 양적으로 실제비평이 부족하다는 자의식 때문에, 내 영혼으로 문학적 문제의식을 느끼지 못하는 작품에 대해서 관리적인 차원에서 실제비평을 쓰지는 않을 것이다.

그러나 이러한 사실과 별도로, 내 글쓰기에 진정으로 생산적인 변화가 요청된다는 사실을 부정하고 싶지 않다. 항상 변화에 대한 욕구를 절실하게 느끼고 있다. 그러나 어느 경우에도 비판적 글쓰기를 그만두고 실제비평으로 나아가겠다는 말은 하고 싶지 않다. 다만, 비판적 글쓰기를 지속해야 한다는 부담감으로부터는 앞으로 자유로워질 수 있을 것 같다. 여러 가지로 부족하지만 창비 비판이 나에게 선사한 것이 있다면, 바로 이러한 비평가로서의 자유일 것이다.

무엇보다도 나는 내가 가장 잘할 수 있는 비평적 글쓰기를 통해 한국비평의 진정한 다양성에 조금이나마 기여하고 싶다. 나만의 비평적 입장과 개성, 문체를 드러내는 글을 통해서.

이 비평적 에세이가 그러한 다짐을 위한 작은 출발점이 될 수 있기를 마음 깊은 곳으로부터 기대한다.

(『문학사상』 2001년 10월호)

## 찾아보기

## 인명

### ㄱ

ㅈ